놀이지도

| 이신주 김경아 김경림 김태경 김혜영 윤미경 허은경 공저 |

Play in Early Childhood Education

양성원

머리말

4차 산업혁명 시대에 맞이하여 AI, 빅데이터, 첨단로봇 공학, 사물인터넷 등이 빠른 속도로 우리 사회 전반에 혁명을 가져오게 하였다. 이러한 현대사회의 변화는 영유아 놀이에도 많은 변화를 가져왔다. 인터넷 게임, 다양한 콘텐츠, 스마트폰 사용 증가 등으로 영유아들은 혼자노는 시간이 늘어났고, 친구들과 함께 놀이하는 시간이 점차 줄어들고 있다.

영유아에게 놀이는 자신을 표현하는 수단이고 세상을 배우는 과정으로 영유아에게 놀이는 삶이고 앎이다. 놀이하는 삶은 영유아뿐만 아니라 전 생애에 걸쳐 매우 중요하다. 영유아는 놀이를 통해 자신이 가진 독특한 방식으로 표현하고 우리가 살아가는 공동체 생활에 필요한 사회문화적 규범과 가치를 습득할 수 있다.

어릴 때 친구들과 함께한 술래잡기, 구슬치기, 사방치기, 팽이놀이 등은 자연스럽게 친구와 어울리는 방법을 익히고, 다른 사람을 이해하고 받아들이는 놀이문화가 되었다. 예측 불허한 미래사회를 이끌어 갈 영유아에게 '진짜놀이가 무엇인가'에 대한 고민을 저자들은 하고 있었다. 진짜 놀이는 영유아가 자발적인 선택에 의한 재미있고 즐거운 놀이이다. 영유아교육기관에서 이루어지는 활동 중 영유아들이 '진짜놀이'라고 생각하는 놀이는 얼마나 될까? 영유아들은 놀이를 통해 많은 것들을 배운다. 이 책은 영유아들의 진짜놀이가 될 수 있도록 놀이중심 교육을 통해 개별 영유아의 성장과 주도적인 배움을 강조하였다.

이 책은 최근 개정된 '2019 개정 누리과정'과 '제4차 표준보육과정'을 반영하였고, 내용은 1부 놀이에 대한 이해, 2부 놀이발달, 3부 놀이환경, 4부 놀이지원 5부 놀이지도의 실제편 총15장으로 구성되어있다. 1부 놀이에 대한 이해(1~2장)는 영유아 놀이에 대한 전반적인 이론을, 2부 놀이발달(3~5장)은 연령별 놀이발달, 놀이유형별 발달, 놀이에 영향을 미치는 요인, 3부 놀이환경(6~8장)은 영유아를 위한 실내 · 외 환경과 놀잇감, 4부 놀이지원(9~10장)을 영유아를 위한 교사의 놀이지원, 놀이관찰과 기록, 5부 놀이지도의 실제(11~15)는 쌓기놀이, 역할놀이, 조작놀이, 물 · 모래놀이, 신체운동놀이 실제 놀이 사례를 소개하였다.

끝으로 이 책이 학생들에게 영유아 진짜놀이에 대한 의미를 습득하는데 도움이 있길 바라며, 책이 출판될 때까지 아낌없이 지원해 주신 강철원 양성원 사장님과 직원분들께 저자들이 감사의 말씀을 드립니다.

2021년 2월

저자 일동

차례

PART 4. 놀이지원

PART 5. 놀이지도의 실제

PART

1

놀이에 대한 이해

Chapter 01

놀이의 개념

1. 놀이의 정의
2. 놀이의 개념
3. 놀이의 특성
4. 놀이의 가치

영유아들에게 놀이는 생활이고 삶 그 자체이며, 교육과 발달에 있어서도 큰 영향을 미치는 중요한 요소로 인식되고 있다. 이 장에서는 영유아들의 삶에서 필수 불가결한 요소인 놀이의 정의와 본질적 특성, 놀이가 가지는 교육적 가치에 대해서 살펴보기로 한다.

1 놀이의 정의

영유아는 놀기를 좋아한다. 놀이는 영유아에게 있어서 전부라고 할 수 있을 만큼 영유아의 놀이는 자연스러우며 보편적인 활동이다. 놀이란 무엇일까? 놀이의 사전적 의미는 즐거움을 얻기 위해 자발적으로 행하는 활동이다. 그러나 학자들은 실제적으로 놀이가 무엇인가에 대한 정의는 쉽지 않다고 본다. 영유아가 놀이를 하고 있다는 사실은 인식할 수 있지만 실제적으로 놀이가 무엇인가에 대한 정의는 쉽지 않은 일이다. Frost와 Klein(1979)은 놀이를 과학적으로 명확하게 정의하기는 불가능하다며 '아이의 눈으로 놀이를 정의해야 한다'고 주장하였다.

지금까지 보편적으로 사용되고 있는 놀이에 대한 정의는 다음과 같다(Rubin, Fein, Vandenberg, 1983; 지성애, 채영란, 신금호, 박희숙, 박유영, 2015).

첫째, 놀이는 내적으로 동기유발된다. 놀이는 외부의 강요에 의하여 이루어지는 것이 아니라 개인 내부에서 동기화된 활동으로 유아는 놀고 싶은 마음이 생겨 놀이를 한다.

둘째, 놀이는 과정이 중요하다. 놀이의 특성 중 하나는 결과지향적이 아니고 과정을 중요하게 여긴다는 점이다. 놀이에 참여하는 유아에게는 놀이 과정이 중요하며 놀이를 통하여 달성해야 할 목표가 있는 것이 아니기에 결과지향적이기보다는 과정지향적이라 볼 수 있다.

셋째, 놀이는 비문자적이다. 놀이 속에서 유아는 일상에서 벗어나 상상의 나래를 펼칠 수 있다. 유아가 현실에서 되어 보지 못한 인물이 놀이 속에서는 가능하며, 물체나 상황을 다른 물체나 상황으로 대체할 수 있다. 놀이의 형식 안에서 특정 물체를 지칭하는 의미가 분리될 수 있다.

넷째, 놀이는 자유롭게 선택된다. 놀이에 참여하는 유아는 외부의 강요에 의하지 않고 자신이 놀고 싶은 영역, 놀이 친구, 놀이 주제 등을 자유롭게 선택할 수 있다.

다섯째, 놀이는 즐거움이다. 유아들은 놀이를 하는 중에 즐거워한다. 유아들은 놀이 속에서 기쁨과 즐거움 등의 긍정적 정서나 감정을 느낀다.

놀이는 일정한 시간과 장소의 한계 속에서 자발적으로 또 규칙에 따라 그 자체에 목적이 있으며 긴장과 환희에 충만되어 일상생활과는 다른 아이들만의 의식이라 할 수 있다. 놀이를 활동으로 정의하면 다음과 같다(김나영, 문호열, 2008).

첫째, 자유로운 활동이다. 노는 사람에게 강제로 하게 하면 매력적이며 즐겁고 기분이 좋다는 놀이의 특성이 없어진다.

둘째, 분리된 활동이다. 미리 정해진 엄밀한 시간 및 공간 범위 내에 한정되어 있다.

셋째, 정해지지 않은 활동이다. 노는 사람이 자유롭게 창의적으로 할 수 있으며, 미리 과정이 결정되어 있지 않아 그 과정을 알지 못하며, 또한 결과도 미리 주어지는 것이 아니다.

넷째, 비생산적인 활동이다. 재물도 부도 또 어떤 종류의 새로운 요소도 만들어 내지 않는다.

다섯째, 규칙이 있는 활동이다. 통상적인 규칙은 정지되고 그 대신에 거기에서만 통용되는 새로운 규칙에 대한 약속을 일시적으로 따른다.

여섯째, 허구적인 활동이다. 현실 생활과 대립되는 제2의 현실 또는 완전히 비현실적이라는 특유의 의식을 동반한다.

Hutt, Tyler, Christopherson(1989)은 놀이를 놀면서 배운다는 인식 아래 지적인 흥미가 발현되는 인지적 활동과 재미가 발동한 자연적 활동, 이들의 중간적 입장을 취하는 규칙이 있는 게임으로 해석하고 있다.

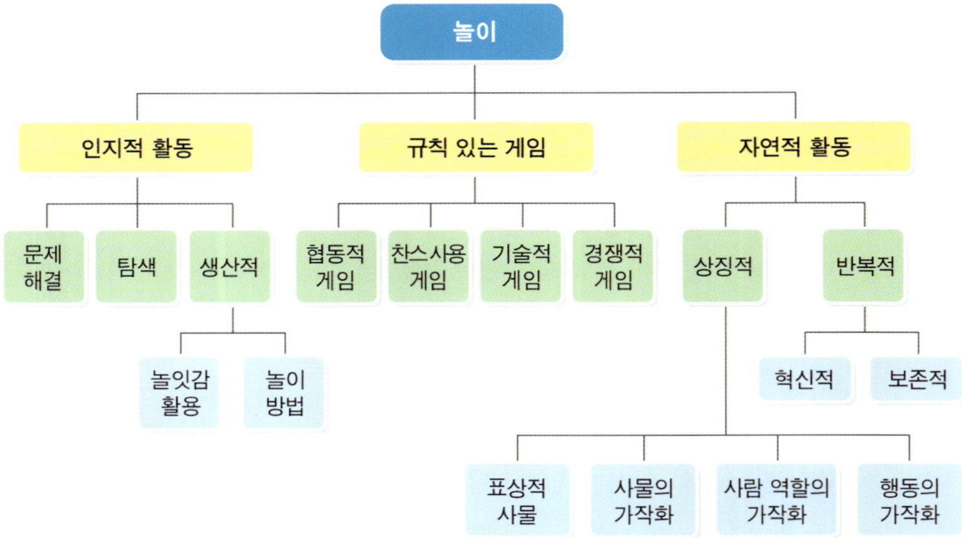

출처: Hutt et al.(1989): 박찬옥 외(2019) 재인용.

그림 1-1 유아 놀이의 범주화

1) 인지적 활동으로서의 놀이

인지적 활동의 성격을 지니는 놀이에서는 지식의 구성에 관심을 둔다. 이러한 활동은 외부에서 제기된 자극에서 동기를 얻어 이루어지며, 비교적 기분이나 정서의 영향을 받지 않는다. 해당하는 활동으로는 문제해결 활동, 탐색 활동, 생산적 활동 등이 있다.

① 문제해결 활동

모양판, 조각 그림 맞추기, 미로 찾기와 같은 활동과제 자체에 목표가 내재된 활동이다.

- **예:** 모양판(○, △, □)을 보면서 모양을 집에 알맞은 곳에 끼우며 성공적으로 활동하려고 하는 모습

② 탐색 활동

새로운 자극물을 접할 때 그것을 만져 보고 조작하여 시험해 보는 활동이다.

- **예:** 인형에게 옷을 입히기 위해 다양한 옷감을 탐색하는 활동

③ 생산적 활동

유아가 이전에 비하여 놀잇감 활용이나 놀이 방법 면에서 변화가 있기를 기대하는 활동이다.

- **예:** 모래놀이터에서 모래만 파는 활동에서 포클레인, 블록 등을 활용하여 성이나 다리를 만드는 활동

2) 자연적 활동으로서의 놀이

자연적 활동의 성격을 놀이에서는 일차적 자기 즐거움에 관심을 둔다. 해당하는 활동은 상징놀이와 반복놀이로 영유아의 기분이나 정서에 따라 이루어지는 경향이 많다.

① 상징놀이

상징놀이는 가작화 요소가 포함된 놀이로서 가작화 측면에 따라 표상적 사물의 사용, 사물의 가작화, 역할의 가작화, 행동의 가작화로 나눌 수 있다.

② 반복놀이

반복놀이는 같은 유형의 놀이를 반복하는 활동으로 두 가지 접근으로 나눌 수 있다. 하나는 혁신적 반복놀이로 같은 유형의 놀이라 할지라도 놀이가 이루어질 때마다 새로운 요소를 첨가해 반복하는 놀이를 의미하고, 다른 하나는 보존적 반복놀이로서 새로운 요소 없이 매번 같은 방식으로 반복하는 놀이를 의미한다.

3) 규칙이 있는 게임

규칙이 있는 게임은 정해진 놀이 규칙이 있거나, 사회적 구성원 사이에 동의가 이루어져 규칙이 만들어지고 이를 지키며 하는 놀이를 의미한다. 게임은 협동적 게임, 찬스를 사용하는 게임, 기술을 요구하는 게임 및 경쟁적 게임 등으로 나눌 수 있다.

Hutt 등(1989)이 놀이를 범주화하면서 주목했던 것은 어린 영유아일수록 인지적 활동의 놀이보다는 자연적 활동의 놀이가 보다 적합하다는 점이다. 이와 함께 영유아들이 자발적으로 문제해결 활동, 탐색 활동을 해 나가면서 지식을 구성하고, 그 지식을 확장함과 동시에 활동 자체의 즐거움이나 만족감도 크게 느낄 수 있다는 것을 강조하였다. 즉, 즐거운 상징놀이나 반복놀이는 인지적 측면의 발달과 병행되며 그 수준도 향상될 수 있다는 것이다.

이와 같이 놀이는 간단하게 정의 내릴 수 없으며, 학자마다 다음과 같이 다양하게 정의하고 있다.

표 1-1 놀이의 정의

학자	놀이의 정의
Fröbel	놀이는 인간의 가장 순수한 정신적 활동이다.
Freud	놀이는 정서 순화의 주요 역할을 한다.
Bruner	놀이는 인간의 적응 능력을 기를 수 있다.
Lazarus	놀이는 자유롭고 목적이 없으며 즐겁고 재미있는 활동이다.
Levy	놀이는 인간의 삶을 긍정적으로 영위하는 필요한 요소이며, 개성을 계발시켜 주는 역동적인 과정이다.
Dewey	놀이는 영유아의 문제해결력을 증진시키는 활동이다.

출처: 하정연, 좌승화, 조채영(2016) 재구성.

2 놀이의 개념

1) 놀이와 탐색

놀이는 탐색에서부터 시작된다. 영유아는 드러나지 않은 사물이나 현상 따위를 찾아내거나 밝히기 위하여 살펴 찾는 탐색을 하며, 이를 통해 호기심과 흥미를 유발하게 되어 고도의 집중력과 지속성을 가지고 놀이하게 된다. 이러한 탐색과정은 놀이로 진행되고, 학습으로 연계된다. 영유아는 놀이를 통해 학습을 하며, 놀이는 학습 그 자체라고 할 수 있다. 또한 놀이를 통해 사물을 구체적으로 탐색하고 상황을 이해하는 지식, 기술, 태도 등을 습득할 수 있다. 영유아는 놀이를 통해 세상에 대해서 배우고 익히며 적응하게 되고, 자기 자신에 대한 표현을 터득하게 된다. Hughes와 Hutt(1979)는 놀이와 탐색을 다음과 같이 제시하였다.

표 1-2 놀이와 탐색 비교

구분	탐색	놀이
시기	놀이 이전에 나타남	탐색 이후에 나타남
상황	처음 보는 사물을 대할 때	익숙한 사물을 대할 때
목적	사물에 대한 정보 수집	자극 창출
행동	정형화된 행동	다양한 행동
기분	진지한	즐거운
심장박동	적은 변화	많은 변화

2) 놀이와 일

놀이는 재미있고 어떤 목표도 없으며, 능동적이고 자발적으로 이루어지는 활동이다. 그와 반대로 일은 수동적 · 강요적이며, 단조롭고 고되며, 외부로부터 부가된 목표를 달성하기 위해 이루어지는 활동이다. 그러나 이러한 서로 상반된 특성을 지닌 놀이와 일은 연속선상에 있다. 따라서 놀이와 일을 명확하게 구별하기란 어려우며 어떤 활동을 놀이 또는 일이라고 하기보다는 놀이에 가까운 활동 또는 일에 가까운 활동으로 설명할 수 있다(이숙재, 2006).

표 1-3 놀이-일 연속체

놀이	일
능동적	수동적
자발적	강요적
재미있음	단조롭고 고됨
목표 없음	외적 목표에 구속
스스로 시작	타인에 의해 착수됨
진지함	무사안일

출처: Frost & Klein (1979).

또한, King(1979)은 영유아가 직접 선택한 활동만을 놀이로 분류하여 교사가 지시한 활동은 일로 여기는 것으로 설명하였다.

표 1-4 놀이-일

일	놀이
해야 하는 것	할 수 있는 것
교사의 참여와 기대 정도가 높음	교사의 참여와 기대 정도가 낮음
끝까지 하는 것	마음대로 그만두는 것
인지적 활동	최소한의 인지적 활동이 요구되는 신체활동
가끔 즐거움	항상 즐거움
일과 놀이는 연속체이다.	

출처: King (1979).

이와 같이 놀이는 즐거움을 동반하는 활동인 반면, 일은 유용성과 목표달성을 중요시 한다. 영유아의 놀이나 일 모두 그들의 자발성에 근거를 둔 활동이다. 성인에게 있어서 놀이는 일한 다음에 얻을 수 있는 것으로 간주되지만 영유아기에는 어떤 것이 일이라는 것을 의식하지 않고 활동을 시작한다(고문숙, 임영심, 황정숙, 2006).

3 놀이의 특성

놀이가 영유아들의 즐거운 표현방식이고 중요한 생활이며 학습활동이 된다면 놀이의 어떤 점 때문일까? Liebeman(1977)은 영유아 놀이 특성의 준거를 신체적 자발성, 사회적 자발성, 인지적 자발성, 기쁨, 유머감각 등으로 제시하였고, 이러한 놀이 특성은 개인의 인성, 발산적 사고와 관계가 깊다고 하였다. Frost와 Klein(1979)은 일과 놀이는 분리 지점이 명확하지 않은 연속선상에 있다고 하면서, 놀이는 능동성, 자발성, 재미, 목표 없음, 내적 동기화, 진지함 등의 고유한 특성을 나타내고, 일은 외적 동기화, 강요성, 단조롭고 고됨, 목표 있음, 구속성 등의 특징으로 나타난다고 하였다. 놀이의 특성에 해당되는 기준 네 가지로는 다음과 같다.

- **내적 동기화:** 놀이는 외부의 규칙이나 사회적 요구에 의해 강요되는 것이 아니다.
- **비문해적:** 놀이는 '마치 ~인 것처럼'이나 가작화 요소와 관련이 있다.
- **긍정적 정서:** 놀이는 즐거움, 특히 웃음과 같은 신호들로 이루어진다.
- **융통성:** 놀이 속에 놀이의 내용이나 형식에 다양한 변화와 관련된다.

일반적으로 밝혀진 놀이와 놀이 아닌 행동의 기질적 요인에 의해 놀이의 교육적 적용이라는 측면에서 놀이의 특성은 다음과 같다(심성경 외, 2017).

1) 내적 동기화

놀이는 개인의 내부, 즉 영유아의 흥미, 욕구, 호기심 등의 내적 요인에 의해 시작된다. 내적 동기화된 놀이는 영유아가 놀이하고 싶을 때 외부의 규칙이나 구속에 얽매이지 않고 능동적으로 선택하고 참여한다. 영유아의 놀이는 외적 자극이나 보상보다는 영유아의 내적 동기가 놀이의 중요한 특성이 된다.

2) 긍정적 정서

놀이는 재미있고 즐거운 활동이다. 영유아는 놀이를 즐겁게 받아들임으로써 무한한 기쁨을 얻으며 자신이 느끼는 긍정의 정서를 표현하는 외적 표현(얼굴 표정, 언어, 동작 등)을 통해 드러내는 특성을 지닌다. 만약 놀이가 즐겁지 않으면 영유아는 놀이를 멈추게 될 것이다. 영유아가 신나게 웃으면서 놀이에 몰입하는 것을 보면 즐거움과 기쁨이 놀이의 주요한 특성이 됨을 알 수 있다.

3) 과정지향성

영유아는 놀이를 하면서 놀이의 결과보다는 활동 그 자체에 초점을 두고 놀이한다. 영유아는 놀이의 목표에 대한 부담이 없으므로 활동이 다양하고 융통성이 있으며, 놀이하는 그 자체가 즐겁고 기쁘다. 즉, 영유아의 놀이는 어떤 외적 목적을 지니지 않으며, 실제 목적보다는 놀이의 과정이 중시되고 과정지향적인 특성을 지닌다.

4) 비실제성

놀이는 상상적이다. 놀이에는 가작화 요소가 많으며 영유아는 놀이 속에서 '~인 척' 하게 된다. 놀이 상황에서는 일상적으로 사용하는 물건이나 일상적 행동은 현재의 제약에서 벗어나 사물이나 행동이 갖는 실제적 의미 대신에 영유아는 스스로 새로운 의미를 부여한다. 이러한 특성은 영유아의 상징놀이에서 많이 나타난다. 예를 들어, '보자기'가 놀이 세계 속에서는 '마법의 양탄자'가 될 수 있으며, 현실 세계의 '나'는 놀이 세계 속에서 '슈퍼맨'이 될 수도 있다.

5) 자유로운 선택

영유아의 놀이에서 자유로운 선택은 매우 중요한 요소이다. 만약 영유아가 놀이를 교사의 지시에 의해 활동하게 된다면 더 이상 놀이로서의 활동이 아니다. 놀이는 무의식적이고 자발적인 특성을 가지며, 영유아에 의해 자유롭게 선택되고, 영유아가 적극적으로 놀이에 참여하는 것을 중요한 특성으로 본다.

4 놀이의 가치

1) 놀이의 교육적 가치

놀이는 영유아들의 전인적 발달을 도울 뿐만 아니라 영유아들에게 즐거움을 제공하고, 그들의 생활을 보다 풍부하게 만들어 준다는 점에서 그 중요성을 찾을 수 있다. 놀이의 교육적 가치를 각 발달 영역과의 관련성을 중심으로 살펴보고자 한다(하정연 외, 2016).

(1) 놀이와 신체 · 운동 능력 발달

영유아는 놀이를 통하여 신체적 기술을 증진시킬 수 있으며, 영유아는 뛰기, 던지기 등의 다양한 놀이를 하면서 기본운동 능력을 향상시킬 수 있다. 영유아가 놀이 동작을 하면서 대 · 소근육을 움직이게 되므로 신장, 체중 등의 신체 성장이 촉진되고 혈액순환, 배설 등의 생리기능도 증진된다. 또한 영유아는 다양한 놀이 동작을 함으로써 바른 자세를 형성할 수 있게 된다. 영유아는 놀이를 통하여 걷기, 뛰기, 던지기, 매달리기, 기어가기 등의 대근육 운동 능력 및 물체의 조작, 눈과 손의 협응, 잡기, 쥐기 등의 소근육 운동 능력을 기른다. 또한 놀잇감을 보고, 만지고, 조합하고, 두드리는 등의 탐색 활동을 통해 감각 및 지각 능력도 향상시킬 수 있다.

(2) 놀이와 정서발달

영유아가 자발적으로 참여하는 놀이는 즐거운 활동이다. 뿐만 아니라 영유아는 놀이를 통해 걱정이나 불안, 좌절감, 갈등 등을 해소하기도 하고, 그 속에서 해결점을 찾기도 한다. 놀이는 억압된 감정을 해소시키고 불쾌한 경험을 극복할 수 있는 통로를 제공함으로써 놀이가 정서발달의 근본이 된다. 영유아는 놀이를 통해 동생을 미워하는 마음, 부모에 대한 섭섭한 마음 등을 해소할 수 있으며, 이를 통해 영유아 자신의 정서를 배출함으로써 정서적 안정감을 느끼게 된다.

(3) 놀이와 사회성 발달

영유아는 다른 영유아와 놀이를 함으로써 사회적 관계를 형성하게 된다. 영유아는 사회적 관계에서 초래하게 되는 문제점들을 해결하는 방안을 배움으로써 사회적인 존재로 성장한다. 영유아의 놀이는 처음에는 혼자놀이가 많으나 점차 다른 영유아들과 어울려 놀게 되고, 친구 만드는 방법을 알게 되며, 이를 통하여 다른 영유아의 행동과 반응을 관찰하는 기회를 갖게 된다. 영유아는 친구들과 놀면서 집단을 형성하는 데 필요한 협동, 규칙, 질서, 양보 등의 사회성을 배우게 되어 사회적 능력이 더욱 발달하게 된다.

(4) 놀이와 인지발달

영유아는 여러 가지 놀잇감과 흙, 나무토막, 돌멩이, 나뭇잎 등 구체적인 사물을 가지고 노는 동안 각 물체의 무게, 질감, 색깔, 크기 등 물리적 지식을 익히게 될 뿐만 아니라 여러 가지 논리 · 수학적 지식도 습득하게 된다. 색연필을 가지고 놀다가 우연히 노란색과 파란색을 섞었더니 초록색이 된다는 것을 배우기도 하고, 놀이를 통해 주의집중력을 기르기도 한다.

(5) 놀이와 언어발달

놀이를 하면서 영유아는 말을 하도록 자극받는다. 영유아의 놀이를 관찰해 보면 혼자 노는 경우에도 중얼거리면서 노는 것을 볼 수 있다. 혼자놀이 상황에서든 다른 영유아들과의 사회적 놀이 상황에서든 영유아들은 놀이를 하면서 언어를 사용하여 의사소통 기술을 발달시켜 나간다.

(6) 놀이와 창의성 발달

놀이 상황에서 영유아들은 기존의 규칙이나 방법에 제한을 받지 않고 자유롭게 선택하고 독창적인 방법으로 놀면서 창의력이 발달하게 된다. 또한 영유아들은 놀이의 주제나 대상이 무엇이든 간에 자유롭게 상상의 날개를 펼 수 있다. 상상놀이에서 상징은 추상적 사고의 발달을 유도하기 때문에 영유아들의 정신적 기술 및 지능이 발달될 수 있다.

이와 같이 놀이는 영유아 생활 속에서 이루어지는 자연스러운 활동으로 궁극적으로는 영유아의 전인적 성장과 발달을 돕는다는 관점에서 교육적 가치가 높다. 따라서 유아중심 · 놀이중심 활동은 영유아 교육의 중요한 교육원리이며, 교사는 영유아의 놀이 행동을 관찰해 발달, 흥미, 개인차 등을 고려한 놀이 활동과 환경을 제공해야 한다.

2) 놀이중심 교육의 중요성

최근 현대사회의 뚜렷한 변화는 유아교육 현장에서도 예외가 아니다. 유아교육 현장은 급변하는 4차 산업혁명 시대의 변화에 어떻게 대비해야 하는지에 대한 관점에서 끊임없는 논의가 이루어지고 있다. 유아들이 살아갈 미래 세상을 예측하기 위해 노력했으나, 그 어떤 누구도 미래를 절대적으로 예측할 수 없다. 불확실한 미래사회를 살아가게 될 영유아들에게 필요한 핵심 역량이 무엇인지에 대한 고민에서 출발하여 '2019 개정 누리과정'과 '제4차 표준보육과정'은 영유아 중심 · 놀이중심 교육과정을 추구하고 있다. 이러한 국가수준 교육과정은 교사와 영유아가 함께 만들어 가는 교육과정이라는 의미와 영유아들의 흥미와 관심을 최대한 존중하고 자발성을 이끌어 낼 수 있는 개별 영유아의 성장과 주도적 배움을 강조하고 있다.

놀이는 영유아 교육의 본질이다. 최근 국가수준 교육과정에서는 영유아 교육의 기본 정신인 놀이를 가장 핵심으로 제시하여 놀이중심 교육과정을 중요하게 다루고 있다. 영유아기의 학습은 교과지식의 구조화된 내용과 요소를 배우는 것이 아니라 경험을 통해 내적으로 구성되는 의미 있는 내용을 스스로 배움의 형태로 나아가도록 한다는 점에서 영유아 중심의 교육과정으로 이동하는 노력이 필요하다. 즉, 많이 배우는 것보다는 즐겁게 배우고 이념이 아닌 실제 행위를 할 수 있는 힘을 지원하는 영유아 중심의 놀이를 의미한다.

영유아에게 놀이는 자유이자 삶 그 자체이기 때문에 놀 권리를 누리지 못한 아이들은 삶의 자유를 박탈당한 것이나 다름없다(김명순, 2018). 이에 정부의 정책 방향에 따라 '2019 개정 누리과정'과 '제4차 표준보육과정'에서는 영유아 교육 현장에 자율성을 지원하며, 유치원과 어린이집에서 영유아들의 놀이와 쉼을 보장하여 결과적으로 영유아들의 건강한 배움을 지원할 수 있는 영유아 중심 · 놀이중심 교육을 지향하고 있다. 따라서 영유아가 자유로운 놀이를 통해 능동적으로 배움을 구성해 가도록 교사는 귀를 기울이고, 함께하고, 지원하며 촉진하는 역할을 수행해야 한다. 영유아 중심 · 놀이중심 교육과정에서는 영유아가 즐거워하는 놀이를 통한 정서적 몰입이 매우 중요하며, 주변 세계와 사물 등에 대한 심층적인 이해를 위한 지적 탐구에 대한 열정과 재미, 즐거움을 주는 요소를 강조하고 있다. 따라서 유아의 놀 권리를 존중하고 영유아 · 놀이중심 교육을 확립하기 위해서는 배움에 대한 영유아의 자주성, 책임감, 자신감을 증진하며, 영유아와 교사가 협력하고 의미 있는 경험 등을 존중하는 놀이교육 접근으로 변화될 필요가 있다(김은영 외, 2019).

Chapter 02

놀이이론

1. 고전적 놀이이론
2. 현대적 놀이이론

놀이이론은 놀이의 본질과 동기, 그리고 놀이의 역할과 현상에 따라 나뉜다. Mitchell과 Mason(1948)은 놀이이론을 놀이의 본질과 동기에 따라 잉여 에너지 이론, 휴식이론, 반복이론, 연습이론으로 구분하였다. 이러한 놀이이론들을 고전적 이론이라고 규정하면서, 놀이의 역할과 현상에 따른 현대 놀이이론을 제안하였다. 고전적 놀이이론은 19세기와 20세기 초에 발생된 이론으로 놀이의 이유에 관심을 두었으며, 현대적 놀이이론은 1920년대 이후에 발전된 이론으로 놀이의 내용에 관심을 두고 있다.

1 고전적 놀이이론

고전적 놀이이론은 생물학적 관점에서 놀이를 보는 이론을 가리키며, 놀이의 신체적 측면에 주목한다. 고적적 놀이이론에 속하는 잉여 에너지 이론, 휴식이론, 반복이론, 연습이론에 대해 살펴보고자 한다.

1) 잉여 에너지 이론

잉여 에너지는 각각의 생물은 생존 욕구를 위하여 일정량의 에너지를 산출하는데, 생존 욕구를 충족시키고 남은 에너지가 잉여 에너지이다. 대표적인 학자로 Schiller와 Spencer가 있다.

Schiller는 18세기 독일의 철학자이자 시인으로 놀이를 잉여 에너지가 뚜렷한 목적 없이 소비되는 것이라고 정의하였고 '놀이란 풍부한 에너지의 표현이며, 모든 예술의 근원'이라고 주장하였다. 그의 중심가설은 사람이나 동물은 1차적인 욕구를 충족시키기 위해 노동을 하는데, 1차 욕구가 충족되고 난 후 에너지가 남으면 이 에너지를 쓰기 위해 놀이를 하게 된다는 것이다. 그는 영유아의 경우 자신의 생존을 위해 노동을 해야 할 책임이 없으므로 잉여 에너지가 더 많이 남아 성인에 비해 놀이에 더 많이 참여하게 된다고 하였다(이춘복 외, 2017).

Spencer는 19세기 영국 철학자이자 심리학자로 놀이가 잉여 에너지의 발산이라고 주장하였다. 그는 고등동물은 하등동물에 비하여 생명을 유지하기 위한 목적보다는 그 이외의 목적을 위해 에너지를 방출하며, 이러한 활동이 놀이라고 보았다.

그러나 잉여 에너지 이론은 에너지 과잉 상태가 아닌 때에도 놀이를 하는 사실에서 이론의 모순점이 지적되었다. 영유아가 지쳐 있을 때라도 새롭고 흥미로운 놀이 기회가 주어지면 피로감을 잊고 놀이에 몰두한다는 점을 설명하지 못하였다는 부분에 한계점이 있다(남효순, 신지혜, 전선영, 2020).

2) 휴식이론

잉여 에너지 이론과 반대되는 입장의 휴식이론은 19세기 독일의 시인 Lazarus에 의해 제안되었다. 그는 노동을 통해 소모된 에너지를 재충전하는 것을 놀이의 목적으로 보았다. 또한 Patrick(1916)은 현대인들이 바쁜 일상 중에서도 자신의 시간을 가지며 정신적인 피로감을 풀기 위해 놀이를 한다고 주장하였다(이춘복 외, 2017).

휴식이론은 인간이 정신적인 피로감을 풀고 휴식하고 싶을 때 놀이를 한다는 것이다. 즉, 현대사회에서 사람들은 고도의 집중력이나 추상적인 추리 또는 섬세한 동작이 필요한 활동을 한다. 이러한 활동은 쉽게 피로감을 느끼게 하므로, 피로를 풀기 위하여 뛰기, 달리기 등과 같은 운동이나 레크리에이션을 한다는 것이다. 즉, 고도의 정신적 활동 후 운동 등의 상반되는 활동을 통하여 활기를 찾고, 이로 인하여 다시 할 수 있는 에너지가 충전된다고 보는 관점이다.

영유아들이 교실에서 중요한 활동과 활동적인 활동을 번갈아 하는 것을 볼 때 우리는 이 이론의 타당성을 보게 된다. 그리고 스트레스가 심한 현대사회에서의 놀이는 에너지의 재충전이라는 입장에서 설명될 수 있다. 그러나 휴식이론은 스트레스가 쌓일 정도로 일을 하지 않는 영유아가 놀이에 열중하는 이유를 설명할 수 없기 때문에 영유아기 놀이 해석에는 설득력이 부족하다(남효순 외, 2020).

3) 반복이론

반복이론은 인간이 하등동물에서 진화되었다는 Dawin의 진화론에 근거하고 있으며, 미국의 심리학자이며 교육학자인 Hall에 의해 제기되었다. 반복이론은 놀이를 통해 인류의 진화과정을 반복하고 재연함으로써 원시 본능은 제거하고 진화에 유용한 행동은 계승한다는 것이다. 예를 들어, 영유아들의 놀이 발달을 살펴보면, 기어 다니면서 놀이를 하는 영아는 인간이 네발로 걸었던 진화 시기를 반영하며, 점차 놀잇감을 사용하여 놀고, 경찰과 도둑 놀이에 참여하는 유아기의 놀이 및 야구 경기에서 달리기, 던지기, 방망이로 맞히기 등의 영유아기 놀이는 초기 사냥과 채집 생활을 했던 원시시대의 행동들을 재연하고 있다고 볼 수 있다(Hughes, 2010).

Gulick도 놀이에서 개체 발생은 계통 발생을 반복한다는 진화론적 원리가 나타난다고 하였다. 그에 따르면, 현대 인류의 게임은 원시인의 행동을 재현한 것이다. 예를 들면, 야구에서 달리기, 정확하게 던지기, 방망이로 맞히기 등은 초기 사냥 활동의 재현이라는 것이다.

반복이론에서 놀이의 목적은 놀이 활동을 통해 현대 상황에 더 이상 필요하지 않은 조상의 원시적 본능, 즉 유전 기제를 소거시키는 것이다. 예를 들면, 야구에서 야구장갑을 끼고 공을 던지는 것은 원시시대 조상이 이행했던 사냥의 본능이 현대 생활에서는 더 이상 필요하지 않으므로 놀이 활동을 반복함으로써 소거시키는 것이다. 그러나 현대 기술 문명사회의 다양한 놀잇감이나 새로운 게임 등은 놀이를 통해 재현될 수 없다는 점이 반복놀이 이론의 한계점으로 지적되고 있다(지성애 외, 2015).

4) 연습이론

연습이론은 놀이가 미래에 성인으로서 살아가는 데 필요한 본능들을 강화해 준다고 보는 입장이다. Groos는 『동물의 놀이』와 『인간의 놀이』라는 저서에서 놀이는 영유아기의 전유물이며 영유아기는 놀이를 위해 존재한다고 주장하였다. 신생아는 태어날 때 생존에 필요한 본능 중 상당수가 불완전하고 부분적으로 형성되어 있다. 놀이는 이 어린 생명체가 생명 유지에 필요한 기술을 연습하고 완벽하게 익히는 안전한 방법을 제공한다. 예를 들면, 말벌처럼 하등동물은 특별한 준비 없이도 성인기에 필요한 행동을 잘할 수 있지만, 고등동물인 인간은 생활의 기본 능력을 갖추기 위해 기어가기, 몸 뒤집기, 일어서기 등의 연습을 수없이 해야 한다는 것이다. 따라서 연습이론은 놀이의 목적이 인간의 원시적 본능을 소거하는 것이 아니라 미래생활에 필요한 본능을 강화하는 것이라고 하였다.

Groos는 영유아가 놀이를 통해서 성인들의 활동을 연습해 볼 수 있는 기회를 갖는다고 하였다. 예를 들어, 사회극놀이에서 부모역할을 하면서 성인이 되었을 때 필요한 부모역할 기술을 연습하고, 블록이나 다른 형태의 구성 놀이는 이후의 삶에서 구성활동을 하는 데 유용한 기술과 개념을 발달시킨다고 하였다.

그러나 연습이론은 놀이의 기능을 특정 행동이나 기술을 연습하는 일부 놀이활동으로 제한하고 축소시켜 놀이가 전 발달 영역에 고루 영향을 미친다는 점을 설명하지 못하고 있다. 그리고 놀이를 통하여 이미 성인기에 필요한 기술을 획득한 후에도 놀이가 계속된다는 사실을 충분히 설명하지 못하고 있다(유호순, 김희태, 2004).

이상에서 고전적 놀이이론을 놀이 목적 및 기능을 중심으로 분석하였다. 그러나 각 이론은 놀이를 설명하는 데 한계점들을 가지고 있음에도 불구하고 놀이에 관한 역사적 조망을 제시해 주고 있으며 현대적 놀이이론의 근간이 되고 있다. 고전적 놀이이론을 요약하면 다음과 같다.

표 2-1 고전적 놀이이론

이론	대표 학자	놀이의 목적
잉여 에너지 이론	Schiller, Spencer	잉여 에너지의 발산
휴식이론	Lazarus, Patrick	일에서 소모된 에너지의 재충전
반복이론	Hall	고대의 본능 발산
연습이론	Groos	성인 생활에 필요한 연습

출처: 이미경(2014).

2 현대적 놀이이론

1920년대 이후 제기된 현대적 놀이이론은 현대 심리학의 영향을 받아 체계적인 놀이 이론으로 발전하였다. 고전적 놀이이론과 현대적 놀이이론의 주요한 차이점은 현대적 놀이이론에서는 왜 놀이를 하는가와 같은 단순한 놀이의 목적보다 더 많은 것에 관심을 둔다는 점이다. 현대 놀이이론가들은 영유아의 발달에서 놀이의 역할을 규정지으려 하고 어떤 경우에는 놀이 행동의 원인이 되는 선행 조건들을 파악하기 위해 놀이 자체의 과정을 강조한다.

이러한 현대적 놀이이론으로는 정신분석 이론, 인지발달 이론, 각성조절 이론, 상위의사소통 이론 등이 있다.

1) 정신분석 이론

정신분석 이론의 주창자인 프로이트(Freud)는 놀이가 영유아의 정서발달에 중요한 역할을 한다고 주장하였다. 그의 이론은 영유아가 일상생활에서 느끼는 긴장감, 불안 등의 불쾌한 정서를 놀이를 통해 투사하거나 대치함으로써 해소할 수 있다고 보는 정화이론과 매우 유사하여 놀이의 역할을 정신적 외상에 대한 극복이라고 본다. 예를 들면, 엄마에게 꾸중을 들은 영유아는 인형을 꾸짖거나 벌을 주는 놀이를 하거나 인형을 상대로 괴롭히는 친구들을 혼내 주는 놀이를 통해서 부정적 정서를 감소시킨다. 이런 경우 영유아는 수동적인 피해자였던 경험을 놀이 속에서는 다른 친구나 인형과 같은 대상물에게 힘을 가함으로써 부정적 정서를 풀어 정화시킨다(이춘복 외, 2017). Freud는 영유아가 어른이나 주변 사물들을 통제하거나 지배할 능력이 부족하기 때문에 놀이에서만큼은 자신이 어른이 되어 강한 힘을 발휘해 보고 싶은 강한 욕구를 갖게 된다고 하였다(이숙재, 2009).

에릭슨(Erikson)은 영유아의 놀이에 심리적 · 사회적 발달단계를 반영하였다. 즉, 영유아의 심리 · 사회적 발달 정도는 놀이 행동에 표출되며 놀이는 현실을 숙달시키는 원동력이 된다는 것이다. Erikson은 그의 저서 『아동기와 사회』에서 놀이의 발달단계를 세 단계로 구분하였다.

첫째, 자기세계의 놀이(auto-cosmic play) 단계로 자신의 신체를 가지고 노는 시기이다. 출생 후 1년 동안 영아는 자신의 몸, 팔, 다리, 발가락을 중심으로 놀이를 하면서 자신의 세계를 탐색하고 다른 사람과 다르다는 것을 이해하게 된다.

둘째, 미시영역의 놀이(the micro-sphere play) 단계로 장난감이나 사물을 놀이 대상으로 하는 시기이다. 이러한 놀이는 현실 사회에 적응하기 위한 기술들을 숙달시키는 중요한 의미가 있는 것이다.

셋째, 거시영역의 놀이(the macro-sphere play) 단계로 다른 사람과 함께 놀이하는 시기이다. 영유아는 놀이를 통해 주변 세상에 대한 실제를 배워서 정서적 갈등을 해결하고 다른 사람과의 관계를 형성한다. Erikson은 놀이는 정서적 갈등을 해결하고 정서적 갈등의 재조정을 이행할 수 있도록 독립적인 '자아(ego) 기능'을 강화하는 데 가치가 있다고 하였다.

2) 인지발달 이론

(1) 피아제

피아제(Piaget)는 놀이 경험이 유아의 인지발달과 긴밀한 관계를 맺는다고 주장하였다. 그는 적응행동으로서의 놀이와 모방을 구별해 보면 놀이는 동화가 우세하게 작용하는 데 반해 모방은 조절의 연속이라고 하였다. 즉, 학습이 이루어지려면 동화와 조절 간의 평형이 이루어져야 하는데 영유아 놀이를 보면 새로운 기술을 익히기보다는 배운 기술을 연습하고 견고화한다. 그러므로 놀이 활동을 동화작용이 조절작용을 지배하는 불균형이라고 간주하였다. 예를 들면, 영유아가 잡기, 흔들기, 던지기 등을 배우고 나서 잡기를 통해 즐거움을 느끼면 반복적으로 잡기를 시도하고, 공 던지기를 통해 즐거움을 느끼면 공을 반복적으로 던지게 된다. 즉, 놀이 활동 시 영유아는 새로운 지식이나 기술을 직접적으로 획득하기보다는 새롭게 습득된 지식과 기술을 연습하게 된다(이춘복 외, 2017).

또한 Piaget는 놀이가 유아의 인지발달 단계에 따라 연습놀이, 상징놀이, 규칙 있는 게임의 세 단계로 발달한다고 하였다.

① 연습놀이 단계

연습놀이 단계는 감각운동기인 출생~2세까지 언어 이전 시기로, 이전에 경험한 행동을 쾌감을 위해 단순히 반복하는 행동으로 이루어지므로 대·소근육을 통해 주변세계를 적극적으로 탐색하도록 유도한다. 예를 들어, 영아가 손에 들고 있는 딸랑이를 놓쳤을 때 떼굴떼굴 굴러갔다. 딸랑이가 굴러가는 모습을 보고 재미있었던 경험을 통해 계속 딸랑이를 잡았다가 놓아 보는 단순히 반복되는 행동으로 이루어진다.

② 상징놀이 단계

전조작기인 2~7세까지의 언어발달 시기와 함께 상징놀이 단계가 출현한다. 3~4세가 되면 자신의 사고와 상상이 또래 친구와의 사회적 역할놀이를 통해 상징놀이의 형태로 많이 나타나게 된다. 예를 들면, 연필이 주사기가 될 수 있고, 빈 컵으로 우유를 마시는 것처럼 행동하고, 블록을 귀에 대고 전화를 거는 것처럼 하는 행동이 상징놀이에 속한다.

③ 규칙이 있는 게임

규칙이 있는 게임은 구체적 조작기인 7~11세까지의 유아가 자기중심적인 사고에서 벗어나 도덕적 규칙을 이해함에 따라 사회적 규칙을 정하고 그 규칙에 맞게 놀이하는 것이다. 예를 들어, 달리기를 할 때 반환점을 돌고 오지 않으면 먼저 도착해도 이길 수 없다는 것, 오목놀이는 먼저 직선이나 대각선으로 다섯 개의 바둑알을 놓아야 한다는 것 등이 규칙이 있는 게임에 속한다.

표 2-2 피아제의 인지발달 단계에 따른 놀이 형태

연령	인지발달 단계	놀이 형태
0~2세	감각운동기	연습놀이
2~7세	전조작기	상징놀이
7~11세	구체적 조작기	규칙이 있는 게임

출처: Johnson, Christie & Yawkey (1999).

(2) 비고츠키

비고츠키(Vygotsky)는 인지발달에 미치는 놀이의 영향력을 피아제보다 더욱 강조하였다. 그는 영유아기에는 사물과 의미를 분리하여 사고할 수 없기 때문에 추상적 사고가 불가능하지만 놀이 과정을 통해 영유아의 추상적 사고력이 발달될 수 있다고 하였다. 예를 들면, 유아가 가상놀이에서 블록을 자동차로, 막대기를 칼로 활용하면서 사물과 의미를 분리하는 추상적 사고를 발달시킨다는 것이다. 또한 유아가 게임이나 상상놀이 상황에서 규칙들을 따르지 않으면 그 규칙과 자신의 충동적 행동 사이에서 갈등이 일어나게 된다. 이때 유아는 자신이 원하는 것을 자제하고 즉각적인 충동을 조절하여 자신의 행동을 금지하고 구속함으로써 즐거움을 얻는다.

Vygotsky의 놀이에 대한 관점은 총체적이다. 즉, 놀이가 인지, 사회, 정서발달에 상호 밀접하게 관련되어 있으며 중요한 역할을 한다고 보았다. 더 나아가 유아가 놀이를 하면서 더 높은 수준의 기능을 획득하게 된다고 보았으며 이를 근접발달영역(Zone of Proximal Development: ZPD)의 개념으로 설명하였다. 즉, 유아는 놀이를 통해 보다 높은 발달수준에 도달할 수 있도록 성인이나 또래의 도움을 받으며 잠재적 능력을 스스로 계발할 수 있다. 또한 Vygotsky는 유아가 놀이할 때 주의집중, 기억, 언어 사용, 사회적 협동이 많이 나타나기 때문에 놀이가 잠재적 능력을 나타낸다고 하였다(심성경 외, 2017).

스밀란스키(Smilansky)는 영유아의 인지가 발달함에 따라 놀이도 복잡해지고, 놀이가 창의성과 지적 발달에도 중요한 역할을 한다고 하였다. 그는 유아의 상징놀이가 발전하여 사회극 놀이로 변화됨으로써 유아의 발달에 영향을 미친다는 것을 밝혔다. 이에 Smilansky는 수준 높은 사회극놀이의 조건을 여섯 가지로 제시하였다.

- **모방적 역할놀이(imitative role play)**: 가작화된 역할을 언어와 행동으로 표현하는 놀이

- **사물에 대한 가작화(make-believe in regard to objects):** 실제 사물을 사용하는 것처럼 상상하여 언어나 행동으로 표현
- **행동과 상황에 대한 가작화(make-believe in regard to actions and situation):** 구체적인 상황과 행동을 언어로 표현하며 가작화함
- **지속성(persistence):** 한 가지 놀이주제에 최소 10분간 계속적으로 놀이 진행
- **상호작용(interaction):** 한 가지 놀이에 두 명 이상의 놀이자가 상호작용하며 놀이
- **언어적 의사소통(verbal communication):** 놀이와 관련한 언어적 의사소통

사회극놀이 조건 중 상호작용과 언어적 의사소통은 일반 극놀이보다 좀 더 높은 수준을 나타내는 요소이다. 즉, 사회극 놀이는 모방이나 가작화 요소를 포함하는 극놀이 이상으로 발전된 놀이유형으로, 놀이자와의 상호작용과 놀이참여자들 간의 언어적 의사소통이 이루어지는 놀이 활동이다(심성경 외, 2017).

또한 Smilansky는 Piaget가 제시한 놀이 발달 유형을 준거로 인지발달에 따른 놀이유형을 재조직하였으며, 오늘날 인지놀이 유형의 준거가 된다.

- **기능놀이(functional play):** 사물을 가지고 혹은 사물 없이 활동의 움직임을 계속 반복하는 놀이단계
- **구성놀이(constructive play):** 사물을 결합시켜 새로운 구조물을 만드는 놀이단계
- **극놀이(dramatic play):** 다양한 역할을 이행 또는 주사를 놓는 척하거나 자동차를 운전하는 척하는 등 가상전환이 포함되는 놀이단계
- **규칙 있는 게임(game with rules):** 정해진 규칙을 이해하고 수용하여 진행하는 놀이단계

3) 각성조절 이론

각성조절 이론은 Berlyne(1960)이 제안한 것으로 자극과 놀이 간의 관계를 설명하고 있다. 이 이론은 인간이 각성을 적정 수준에 유지시키려는 중추신경조직의 욕구를 만족시키기 위해 놀이를 한다고 설명하며, 놀이는 각성을 최적의 상태로 유지하고자 하는 중추신경의 조직에서 유발하는 활동이라는 것이다.

Berlyne에 의하면, 영유아는 자극이 과도한 새로운 상황에서 혼란을 느끼며 각성수준이 높아진다. 이때 높아진 자극을 감소시키기 위하여 놀이를 하게 되고, 놀이 상황이 친숙해지면 각성수준이 적절하게 내려온다는 것이다. 반대로 각성을 일으키는 자극이 충분하지 않아 영유아가 지루함을 느끼게 되면 자극을 찾아 낮아진 각성수준을 적절한 수준으로 올림으로써 각성수준을 유지하려고 한다.

예를 들어, 기존의 방식으로 미끄럼 타는 것에 싫증난 영유아는 서서 미끄럼을 탐으로써 자극을 증가시킬 수 있다. 이러한 놀이는 낮은 각성수준을 적정한 수준으로 높여주는 활동이다. 반대로 새로운 자극들이 주어지면 영유아는 주변의 낯선 사물로 인해 각성수준이 높아지고 높아진 각성수준은 그 사물을 탐색하여 친근하게 됨으로써 각성수준이 낮아지게 된다(하정연 외, 2016).

Berlyne의 각성조절 이론은 이후 Ellis가 수정하여 각성을 적정 수준으로 고취시킬 수 있는 '자극 추구 활동(stimulus-seeking activity)'을 놀이로 보았다. 즉, 놀이는 새롭고 독특한 방법으로 사물을 사용하고 활동함으로써 자극을 증가시킨다는 것이다. 예를 들어, 미끄럼을 기존의 방식으로 내려오는 것에 싫증이 난 영유아가 자신이 상상했던 방식으로 미끄럼틀을 타면서 자극을 증가시킬 수 있다. 이처럼 영유아는 각성수준이 낮은 상태일 때 놀이를 통해 '자극 생산 활동(stimulation production activity)'을 한다는 것이다.

4) 상위의사소통 이론

상위의사소통(meta-communication)은 Bateson(1955)이 제안한 이론으로 영유아는 의사소통에 초점을 두고 놀이한다는 것을 설명하였다.

영유아는 놀이를 하면서 실제 상황과 놀이 상황(가상세계)을 넘나든다. Bateson은 영유아가 놀이하는 동안 놀이인지 아닌지를 나타내는 신호를 하며, 언어나 비언어를 통해 놀이의 여러 가지 상황, 행동, 사물 등을 상대에게 나타낸다고 하였다. 예를 들면, 영유아가 사회극놀이에서 '지금은 가짜로 아픈 척하는 거야."라는 메시지를 교환하여 놀이 내에서의 사물과 행동, 사건 등이 실제와는 다른 의미를 가진다는 것에 합의한다. 즉, 놀이자와 놀이 상대자는 현실에서 누구인지를 알며 또한 가장한 역할에 대해서도 이해할 수 있다. 놀이 틀 안에서 놀이에 필요한 가장 의사소통(pretend communication) 뿐만 아니라 놀이의 틀 밖에서 놀이 진행에 필요한 상위의사소통(meta-communication)을 사용하는 데 자신들이 하는 행동이 실제가 아니라 단지 놀이 중에 하는 행동임을 전달해야 한다. 이와 같이 영유아가 놀이를 하는 동안 현실과 가상세계를 넘나들면서 의사소통을 하는 것을 상위의사소통이라고 한다.

Bateson은 영유아의 놀이를 이해함에 있어 놀이의 틀 또는 배경(frame or context)을 설정한다고 주장하였다. 예를 들어, 병원놀이 상황에서 환자 역할을 하는 영유아가 옷을 올리며 "선생님, 배가 아파요."라고 말할 때(가장 의사소통), 의사를 맡은 영유아가 주사기로 주사를 놓으려고 하자 "야, 청진기로 진찰을 해야지! 주사는 간호사가 놓는 거잖아."(상위의사소통)라고 말하는 것을 볼 수 있다. 이는 놀이 중에 자신이 맡은 역할에 충실하면서 동시에 놀이에서 주어진 역할의 개념을 인식하고 있음을 의미한다.

또한 Garvey(1977)는 영유아들은 사회극놀이에 참여하는 자신이 맡은 역할과 실제의 자기 자신 사이에 계속 오락가락하면서 대화하는 것을 발견하였다. 이는 놀이 중에 자신이 맡은 역할에 문제가 발생하면 문제해결을 위해 놀이의 틀(frame)을 부수고 자신의 원래 위치로 되돌아가는 것을 설명한다. 예를 들면, 선생님 놀이를 하는 중 교사

역할을 맡은 영유아가 아이 역할을 맡은 유아에게 체벌을 가했다고 하면 "야, 선생님이 그러는 게 어딨니? 얘들아, 조용히 하고 선생님 말씀 잘 들어라 해야지."처럼 영유아들은 놀이 중에도 자신이 맡은 역할에 충실하면서 동시에 자신이 누구인지 실체를 인식하고 있다(전남련, 최진원, 권경미, 2007).

표 2-3 현대적 놀이이론

이론	대표 학자	놀이활동의 가치
정신분석 이론	Freud	• 상처받은 경험의 부정적 정서를 놀이를 통해 정화 • 반복놀이를 통한 부정적 정서 극복 • 소망 충족
	Erikson	• 자아기능 강화 1) 자기세계의 놀이-자기 신체와 놀이 2) 미시영역 놀이-장난감, 사물과 놀이 3) 거시영역 놀이-다른 사람들과 놀이
인지발달 이론	Piaget	• 인지발달 단계와 놀이 발달 1) 감각운동기-연습놀이 2) 전조작기-상징놀이 3) 구체적 조작기-규칙 있는 게임
	Vygotsky	• 추상적 사고능력 증진 • 사회, 문화적 상호작용 • 근접발달영역 창출
각성조절 이론	Berlyne Ellis	• 최적의 각성수준 유지 • 각성 조절 방법 1) 자극 감소 활동 2) 자극 추구 활동
상위의사소통 이론	Bateson Garvey	• 'This is Play'라는 메시지 전달 • 가상과 세계의 역동적 관계

출처: 박정옥, 김미량, 김수희(2017) 재구성.

PART 2

놀이 발달

Chapter 03

연령별 발달과 놀이

1. 영아기
2. 유아기

영유아기는 성장하면서 급격한 발달적 변화가 이루어지는 시기이다. 이 장에서는 연령별 놀이 발달 특성을 영아기와 유아기로 나누어 살펴보고자 한다(남효순 외, 2020; 박찬옥 외, 2014; 심성경 외, 2015; 이춘복 외, 2017).

1 영아기

1) 만 0세

출생에서 생후 6개월까지의 영아는 주로 손과 입으로 사물을 탐색하는 놀이를 한다. 영아는 누워 있는 상태에서 자신의 손가락이나 발가락을 잡고 놀다가 점차 주변 세계와 사물에 대해 관심을 보이면서 사물에 손을 뻗거나 만져 보고, 입으로 가져가 빨아 보는 등의 행동을 나타낸다. 영아가 사물에 초점을 맞추기 시작하면 눈으로 사물을 추적하고, 소리 나는 방향으로 몸으로 돌린다. 또한 단순한 움직임의 모방을 하면서 음악에 따라 몸을 움직이거나 주위 사람이 말을 걸면 쿠잉이나 옹알이로 언어적 반응을 한다.

7개월 이후 이 시기의 영아는 손과 다리의 근육 기능이 점차 강화되면서 기능놀이와 자신의 몸을 움직여 변화를 가져오는 밀고 당기는 놀이, 공굴리기 등의 감각운동 놀이를 반복하면서 즐거움을 느낀다. 사람의 얼굴과 목소리에 관심을 보이며, 관심을 끌고 싶어 하므로 성인이 함께 반응해 주고 놀아 주는 것을 좋아한다. 즉, 이 시기 영아는 자기주도적 놀이보다는 성인 주도 놀이에 참여하는데 주로 숨기고 찾는 놀이, 까꿍놀이, 촉감놀이를 선호한다.

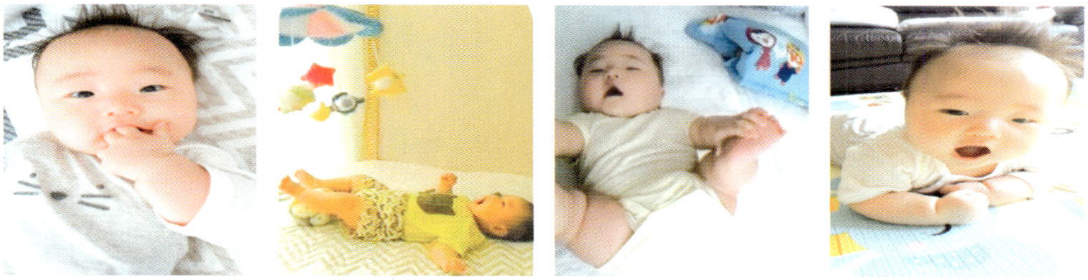

손가락 빨기 | 모빌 축을 발로 차기 | 발을 가지고 놀기 | 앞에 있는 놀잇감 보기

그림 3-1 만 0세 영아놀이

출처: 박정옥 외(2018).

2) 만 1세

만 1세 영아는 혼자 걷기 시작하면서 이동 영역이 확장되고 대·소근육 및 움직임이 활발해져 이동성이 있는 감각 운동놀이를 한다. 이 시기 영아는 눈과 손의 협응력이 발달하기 때문에 블록을 쌓거나 간단한 퍼즐을 맞추는 등의 조작놀이가 가능하다. 또한 타인의 행동을 관찰하고 자신의 행동으로 옮기는 단순 모방놀이를 즐겨 한다. 18개월 정도에 나타나는 상징놀이는 24개월 정도 되면 인형의 머리를 빗겨 주고, 안아 주는 등 몇 가지 행동을 결합해서 놀이하며, 상징놀이를 하게 된다. 이 시기 영아는 주로 혼자서 놀이를 하거나 성인과 함께하는 놀이에 참여한다. 즉, 이 시기 영아의 주요 놀이는 대근육 발달을 위한 끌고 당기는 놀이, 타는 놀이, 바퀴 달린 놀잇감 밀기 놀이, 눈과 손의 협응력 발달에 따른 스펀지 블록 놀이, 종이벽돌 쌓기, 큰 상자 안에 물건 넣기 놀이 등이다.

단추 열기 | 옮기기 | 기어오르고 내려가기 | 끼우기

그림 3-2 만 1세 영아 놀이

출처: 박정옥 외(2018).

3) 만 2세

만 2세 영아는 대·소근육 운동 능력이 증진되어서 주위를 쉽게 돌아다닐 수 있다. 공놀이, 자전거 타기 놀이, 풍선 잡기 놀이 등 공간 속에서 몸을 자유롭게 움직이면서 활동하는 신체놀이를 한다. 그러나 아직 대근육 발달에 비해 소근육이 잘 발달되어 있지 않아 정교한 소근육 발달을 요구하는 자르기, 크레파스로 그리기 등의 활동은 효과적으로 할 수 없다. 따라서 대근육을 사용하는 놀이 활동을 선호하며 찰흙, 페인트, 모래 등을 가지고 놀기는 하지만 무엇을 만드는 활동이라기보다는 만지고 느끼는 감각적 탐색놀이 활동이 나타난다. 또한 눈과 손의 협응력도 발달하여 퍼즐을 가지고 놀 수 있으며, 큰 블록을 가지고 이리저리 옮기거나 단순한 쌓기놀이 하는 것을 선호한다. 만 2세는 언어가 급격하게 발달하는 시기로 좋아하는 그림책을 반복해서 보거나 그림을 손으로 가리키며 말하는 놀이, 성인의 모습을 모방하여 책을 읽는 척하는 놀이를 한다. 이 시기에는 주변의 또래들에게 관심을 보이고 함께 놀이하고자 하는 욕구는 있지만 놀잇감을 나누어 갖거나 협동하는 상호작용은 아직 하지 못한다. 즉, 이 시기 영아는 감각적으로 탐색하는 놀이를 즐기기 때문에 모래, 점토, 물놀이 재료 등을 제공

해 주어야 하며, 일상에서 경험한 것들을 상징화한 놀이로 청소하기, 전화놀이, 아기 인형 돌보기 등을 선호한다.

오르기 / 공놀이하기 / 징검다리 건너기 / 모양별로 놓아 보기

그림 3-3 만 2세 영아 놀이

출처: 박정옥 외(2018).

2 유아기

1) 만 3세

만 3세 유아는 대근육 조절 능력이 발달되어 세발자전거 타기, 달리기 등의 신체놀이를 좋아하고, 소근육도 발달되어 블록 쌓기, 퍼즐 맞추기 등을 좋아한다. 이 시기 유아는 자신이 만들고 꾸민 결과물에 관심이 많으며, 자신이 만든 것을 타인에게 보여줄 때 성취감을 느낀다. 그러나 만들기나 놀이의 목표를 미리 정하지는 않고 만드는 과정을 즐기는 편이다. 쌓기놀이의 경우 사고 과정이 발달되어 상상력이 풍부해 집을

짓거나 다리, 터널 등을 주로 만든다.

특히 이 시기 유아는 어휘 수가 급격하게 증가하고 다양한 문장표현을 시도하려고 하기 때문에 재미있는 소리와 말놀이를 즐겨 한다. 또한 성인들이 하는 일에 관심이 많아 어른처럼 행동하는 역할놀이를 좋아하고, 블록놀이를 할 때도 구조물을 만들고 사용하면서 가상놀이를 한다. 이 시기에는 아직 자기중심적인 성향이 강하고 또래와의 놀이 기술이 부족하기도 하지만 또래에 대한 관심이 증가하면서 또래 곁에서 나란히 놀이하는 병행놀이를 많이 한다. 즉, 이 시기 유아의 주요 놀이는 신체 기술을 연습하고 숙달하는 달리기, 기어오르기, 세발자전거 타기, 블록 쌓기, 퍼즐 맞추기 등의 간단한 조작활동, 소꿉놀이 도구나 인형과 같은 사물을 이용한 상징놀이를 즐겨 한다.

2) 만 4세

만 4세 유아는 신체운동 기술이 발달하여 대근육을 활용하는 활동적인 운동을 할 수 있으며, 균형감각이 발달하여 한 발로 서서 균형을 잡거나 정글짐과 미끄럼 등 다양하고 복잡한 놀이시설을 이용하며 놀이한다. 눈과 손의 협응력은 정교하게 발달하고, 소근육은 점차 섬세하게 발달해 그리기, 종이 자르기, 구슬 꿰기, 색칠하기, 부품이 적은 장난감 조립하기 등을 즐긴다.

이 시기의 유아는 동식물 및 자연현상에 관심이 많아 물, 모래, 비눗방울 등의 놀잇감을 가지고 과학적 탐구놀이를 즐기며, 여러 가지 사물의 속성이나 유사점, 차이점을 분류하고 범주화하는 놀이 등 학습과 관련된 수·조작놀이를 좋아한다. 또한 문장구성력과 어휘력이 증가하면서 재미있는 이야기, 수수께끼 등의 언어놀이와 미적 감각능력이 발달하여 다양한 재료와 방법을 사용하는 방법과 기술에 관심을 보이는 미술놀이, 노래 부르기와 신체표현, 악기연주 등의 음률놀이를 한다. 단순하고 구체적인 놀이에서 점차 복잡하고 다양한 놀이를 시도하며, 또래와의 상호작용이 활발하게 이루어지는 연합놀이 형태가 많이 나타난다. 즉, 이 시기 유아는 그리기, 자르기, 색칠하기, 퍼즐 조각 구성하기, 구슬 꿰기, 장난감 조립하기, 창의적 미술활동, 과학적 탐색놀이, 언어 · 수와 연관된 놀이 등을 선호한다.

3) 만 5세

만 5세 유아들은 신체운동 능력이 정교해짐에 따라 다양한 형태의 대 · 소근육 운동 동작이 가능하다. 원 게임이나 편 게임 같은 모든 게임놀이를 이해하여 주도적이고 적극적인 신체놀이에 참여한다. 복잡하고 다양한 형태의 질적인 구조물 놀이와 건설놀이 등의 쌓기놀이를 하고, 세부적인 기술과 섬세한 표현을 요구하는 미술놀이와 목공놀이도 가능하다. 예측하고 관찰 및 실험하는 활동을 즐기고, 스스로 문제를 해결하는 과정을 좋아하므로 놀이의 지속시간과 주의집중력이 길어진다. 세부적이고 정교한 기술이 발달하여 복잡한 형태의 퍼즐 맞추기, 바느질하기 등의 수 · 조작 놀이와 듣기, 말하기, 읽기, 쓰기 등이 상호 연관된 가게놀이, 음식점놀이, 작가 되어 보기, 책 만들기 등의 책 관련 활동을 즐긴다. 영유아가 스스로 계획하고 실행하는 음악극 활동도 가능하며, 친구 관계에 있어서도 사회적 기술과 태도를 형성하게 되어 집단 내의 놀이 규칙을 지키고 소속감을 느낄 수 있는 협동놀이가 가능해진다. 즉, 이 시기 유아는 주사위 던지기, 게임판을 활용하는 놀이, 작은 퍼즐 조각 맞추기, 복잡한 구조물 만들기, 쌓기놀이, 섬세한 표현의 미술놀이, 게임의 규칙을 인식하고 조정하는 협동놀이를 선호한다.

달리기 | 또래에게 관심 보이기 | 나무 위 걷기 | 새알 만들어 보기

그림 3-4 유아기 놀이

출처: 박정옥 외(2018).

Chapter 04

놀이유형별 발달단계

1. 사회적 놀이단계
2. 인지적 놀이단계

영유아가 참여하는 놀이유형은 신체적 인지적 발달 수준에 따라 다르게 나타나며, 놀이유형마다 일정한 방향으로 단계적인 발달이 이루어진다. 놀이유형은 크게 사회적 놀이와 인지적 놀이로 나눌 수 있다.

1 사회적 놀이단계

Parten(1932)의 사회적 놀이단계는 영유아가 다른 유아들과 어떻게 어느 정도 상호작용을 하느냐에 따라 놀이를 분류하여 발달단계를 나타낸 것이다. Parten은 영유아의 자유놀이를 관찰하여 사회적 참여도에 따라 놀이유형을 범주화하고 놀이 행동 특성을 연구하였으며, 사회적 놀이는 연령과 함께 다양한 형태로 발전해 나간다는 사실을 발견하였다. Parten은 영유아의 사회적 참여 정도에 따라 비참여 행동, 방관자 행동, 혼자놀이, 병행놀이, 연합놀이, 협동놀이 등의 여섯 가지 형태로 나누었다. 그러나 첫 두 개의 놀이 형태는 놀이가 아닌 행동으로 간주되며, 마지막 세 가지 놀이 형태가 사회적 참여 정도에 따라 분류된 것이다.

1) 비참여 행동(0~1.5세)

비참여 행동은 영유아는 놀이를 하는 것이 아니고 우연히 일시적인 관심이 생긴 것을 바라볼 뿐이다. 놀이로 간주할 수 없지만, 놀이 발달 과정에서 겪게 되는 단계라는 데 의미가 있다. 예를 들어, 자기 몸을 가지고 놀거나 의자에 오르내리거나 그냥 서서 돌아다니기, 교사를 졸졸 따라다니는 것 등의 행동이다. 이러한 행동은 놀이에 흥미가 없거나 대상이 낯설 때, 기분이 좋지 않을 때, 친구관계가 원만하지 않을 때 보인다.

2) 방관자 행동(1.5~2세)

방관자 행동은 다른 영유아가 노는 것을 바라보면서 시간을 보낸다. 가끔 영유아에게 말을 걸기도 하고 질문을 하거나 제안을 하기도 하지만 직접 놀이에 참여하지는 않는다. 비참여 행동과의 차이점은 우연히, 순간적인 흥미에 의해 쳐다보는 것이 아니라 특정 놀이 집단을 지켜보면서 말을 주고받는다는 점이다. 이러한 행동은 소극적이고 내성적인 영유아가 놀이에 참여하지 못할 때, 다음 놀이 주제를 찾을 때 관찰된다.

3) 혼자놀이(2~2.5세)

혼자놀이는 주변에 있는 친구와 다른 놀잇감을 가지고 혼자서 독자적으로 놀이하는 형태이다. 다른 영유아와 가까이에서 놀면서도 같이 놀려고 하는 어떤 노력도 하지 않으며, 옆에서 다른 놀잇감으로 놀고 있는 영유아에게 관심도 없다. 혼자놀이는 영유아의 사회성이 발달되지 않아 자기중심적인 사고를 하기 때문에 놀이 시 대화가 거의 없는 것이 특징이다.

4) 병행놀이(2.5~3.5세)

병행놀이는 친구들과 함께 노는 것을 좋아하면서도 상대편 영유아와 상호작용을 하지 않고 곁에서 독립적으로 논다. 즉, 다른 친구와 같은 놀잇감을 가지고 놀지만 서로 접촉하거나 간섭하지 않고 서로 자신의 놀이에만 몰두한다. 즉, 친구들 곁에서 친구와 비슷한 놀잇감을 가지고 놀지만, 상호작용이 없는 것이 특징이다.

5) 연합놀이(3.5~4.5세)

연합놀이는 친구들과 어울려 놀면서 놀이 내용에 대한 공동의 관심에 대해 대화를 나누며, 놀잇감을 빌려주기도 하지만 아직 역할분담이나 놀이내용의 조직적인 전개는 이루어지지 않는다. 즉, 같이 어울려 놀기는 하지만 활동이나 역할의 구분 또는 일정한 조직이 없이 자기가 원하는 대로 놀이하면서 친구들과 노는 형태이다.

6) 협동놀이(4.5~5.5세)

협동놀이는 영유아들이 집단을 이루어 어떤 목표를 가지고 조직적이고 체계적으로 놀이를 하는 형태이다. 놀이의 리더가 있고, 공동의 관심과 목표에 따라 역할을 분담하는 조직적인 놀이이다. 놀이의 목표로는 성인들의 세계를 재현하거나 구조물을 만들거나, 상상놀이 형태가 주로 이루어지며, 학교놀이, 병원놀이, 가게놀이, 게임 시 협동놀이 등으로 노는 형태이다.

이상 살펴본 바와 같이 놀이는 영유아의 중심 활동이므로 영유아의 사회성 능력의 발달은 사회놀이를 통하여 이루어진다. 사회적 놀이 발달 단계는 영유아의 사회적 놀이 행동 참여 빈도에 따라 혼자놀이－연합놀이－병행놀이－협동놀이－방관자 행동－비참여 행동 순으로 대체로 골고루 균형 있게 나타난다.

Parten의 사회적 놀이 분류는 영유아가 혼자놀이로부터 보다 사회적인 놀이 형태로 나가는 긍정적인 발달과정이다. Parten은 혼자놀이를 사회성이 성숙하지 못한 놀이 형태로 보고 있지만, 이후의 많은 연구에서 놀이를 관찰한 결과 혼자놀이가 성숙한 놀이 형태임을 밝히고 있다. Rubin은 사회성이 발달된 만 4세 유아들이 미술활동이나 쌓기 놀이 활동 등에서 혼자놀이나 병행놀이 행동이 많이 나타난다는 사실을 알아냈다. 이는 혼자놀이가 때로는 목표지향적이거나 교육적인 놀이활동으로, 혼자놀이가 사회적으로 미성숙한 놀이 형태라기 보다는 오히려 적극적인 놀이 형태의 하나라는 것이다(하정연 외, 2016).

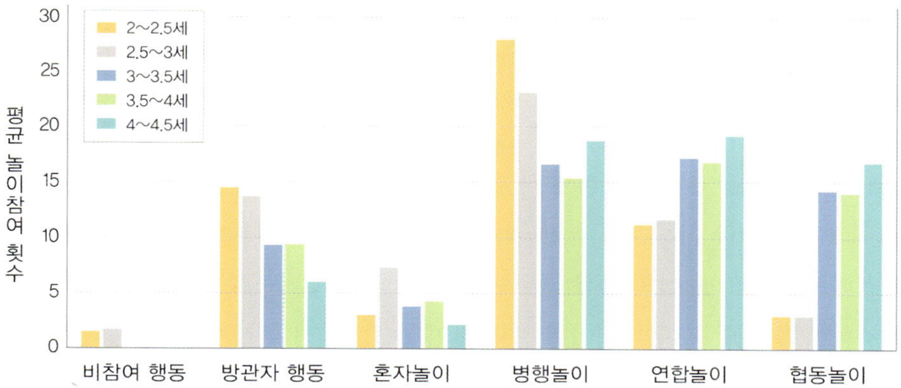

그림 4-1 Parten 사회적 놀이

출처: 권혜진 외(2016).

2 인지적 놀이단계

Piaget의 인지이론에 의하면 영유아의 놀이는 그 자체로서 인지발달이라고 보았다. Piaget는 인지적 발달 단계를 기준으로 놀이 형태를 분류하였다. 이는 영유아의 인지가 감각운동기, 전조작기, 구체적 조작기 및 형식적 조작기로 질적인 변화를 할 때 영유아의 놀이 형태도 감각적이고 기능적인 연습의 수준에서 전조작기 특유의 상징적인 놀이 시기를 거쳐 점차 규칙이 포함되는 높은 수준의 놀이로 변화하게 된다는 설명이다. 즉, 감각운동기에는 기능놀이를 하고, 전조작기에는 상징놀이를 하게 되며, 구체적 조작기에는 규칙이 있는 게임을 한다는 것이다.

영유아의 인지적 놀이 발달과정을 기능놀이, 상징놀이, 규칙이 있는 게임 등 3단계로 분류한 Piaget의 놀이범주는 Smilansky(1968)에 의해 더욱 정교화되었다. Smilansky는 Piaget의 놀이범주를 따르기는 하나 구성놀이를 고유의 독립된 범주로 분류하여 4단계로 제시하고 있다. Piaget의 분류와 마찬가지로 Smilansky는 감각운동기(1~2세) 동안에는 기능놀이가 주요 놀이 형태이며, 전조작기(2~7세)에서 구성놀이와 극놀이가 나타나고 구체적 조작기(7~11세)에는 규칙이 있는 게임으로 놀이가 변화해 나간다고 하였다. Frost와 Klein(1979)은 전조작기에 나타나는 Smilansky의 극놀이 형태를 더 세분화하여 상징놀이와 사회 극놀이로 나누었다. 즉, 기능놀이, 상징놀이, 사회 극놀이, 규칙이 있는 게임으로 분류하였다.

표 4-1 인지적 놀이 발달단계

Piaget의 인지발달 단계	Piaget (1962)	Smilansky (1968)	Frost & Klein (1979)
감각운동기(0~2세)	연습놀이	기능놀이	기능놀이
전조작기(2~7세)	상징놀이	구성놀이 극놀이	구성놀이 상징놀이 사회 극놀이
구체적 조작기(7~11세)	규칙 있는 게임	규칙 있는 게임	규칙 있는 놀이

출처: 이춘복 외(2017).

인지적 놀이단계가 가장 세분화되어 있는 Frost와 Klein(1979)의 놀이유형을 살펴보면 다음과 같다.

1) 기능놀이

기능놀이는 영유아의 최초 놀이로서 감각운동기에 주로 나타난다. 감각운동기의 영아가 기능적인 즐거움을 위해 반복적으로 되풀이하는 단순한 놀이행동으로 인지적 능력을 많이 요구하지 않는다. 즉, 영유아가 우연히 알게 된 행동을 신체 움직임으로 반복하며 재미있어 하는 놀이이다. 특정한 놀이 기술이나 인지 능력을 요구하지 않고 상징이 포함되지 않는다. 뛰기, 구르기 등 사물 없이 신체운동의 움직임을 계속 반복하는 놀이나 매달려 있는 놀잇감을 건드려서 움직이게 하거나 소리 나게 하는 행동이 기능놀이에 속한다.

감각운동적 놀이 기능은 비교적 오래 지속된다고 하면서 생후 14~30개월 된 영유아의 전체 자유활동 중 53% 정도가 감각운동놀이였으며, 이러한 놀이 현상이 3~4세가 되었을 때는 44%로, 4~5세에서는 33%로 감소하였다. 그러나 6~7세에서도 전체 놀이 중 기능놀이의 비율이 16% 정도는 된다는 사실을 밝혔다. 이는 나이가 큰 영유아들의 놀이유형인 사회 극놀이에서도 뛰고, 달리고, 구르는 등 감각운동적인 기능놀이 요소가 많이 나타난다는 사실을 뒷받침하고 있다. 또한 성인이 조깅을 하거나 춤을 추거나 테니스를 치거나 연필로 낙서하는 것은 감각운동적 놀이에 해당한다고 볼 수 있다(김수영, 김수임, 정정희, 2007; 하정연 외, 2016).

2) 구성놀이

구성놀이는 영유아가 다양한 놀잇감을 활용하여 무엇인가를 만들며 노는 창조하는 놀이이다. 예를 들어, 만 2세 영유아는 크고 작은 블록을 끼우거나 쌓으면서 여러 가지 사물을 만들거나 점토와 같은 미술자료들을 이용하여 자동차, 기차, 터널 등 주변 사물과 유사한 사물을 만들면서 논다. 이와 같은 놀이 형태는 사물을 조작하는 단계에서 사물을 구성하는 단계로의 발전을 의미하며 영유아는 구성놀이를 통해 창조하는 기쁨을 느끼게 된다.

또한 영유아는 구성놀이를 시작하면서부터 주의집중 시간이 늘어나게 되며 놀이에 대해 주제 설정이 가능해지고, 놀이의 내용을 조직화할 수 있게 된다. Rubin 등(1983)에 의하면 구성놀이는 영유아기 놀이의 가장 일반적인 형태로서 3~5세에는 전체 활동의 40%를 차지하며, 4~6세에는 약 51%를 차지한다는 사실을 밝히고 있다(김수영 외, 2007).

3) 상징놀이

상징놀이는 존재하지 않는 사물을 상상력을 이용하여 표상화하는 놀이이다. 상징놀이는 학자에 따라 가상놀이(make-believe play), 가장놀이(pretend play), 극놀이

(dramatic play), 환상놀이(fantasy play), 상상놀이(imaginative play), 역할놀이(role-play) 등의 다양한 용어로 불리기는 하지만 가작화(as~if) 요소가 내포되어 있다는 점에서 공통점이 있다.

상징놀이는 영유아의 지적 수준이 높아짐에 따라 발달하는데 초기에는 가작화가 자신의 신체와 일상생활에 대한 가상행동으로 나타난다. 예를 들어, 먹는 척하거나 자는 척하는 놀이, 빈 컵을 입에 대고 물을 먹는 행동, 코를 골며 잠자는 시늉하기 등의 행동이다. 그러나 점점 가작화의 범위가 넓어지면서 자신이 아닌 다른 사람이나 사물에 대하여 가장 행동을 보이기 시작한다. 인형을 업고 달랜다거나 선생님이 하는 일을 흉내 내는 놀이행동을 보이며 이때부터 진정한 의미의 상징놀이가 시작된다고 볼 수 있다. 이처럼 상징놀이는 영유아의 연령이 증가함에 따라 일련의 계열성을 가지며 점차 논리적이고 통합적으로 전개되어 간다.

4) 사회 극놀이

사회 극놀이는 상징놀이의 가장 발전된 형태로, 두 명 이상의 놀이자가 같은 주제를 가지고 언어적으로 상호작용하는 놀이이다. 사회 극놀이가 이루어지려면 역할의 모방(예: "나는 엄마고, 넌 아기야"), 사물의 가작화(예: 빗자루를 들고 청소하는 시늉), 상황의 가작화(예: "여기가 병원이라고 치자"), 언어적 상호작용 등이 포함되어야 한다. 사회 극놀이 경험은 영유아의 창의성, 지적 성장, 사회적 기술 증진에 기여한다. 특히 영유아가 자기중심적인 존재에서 사회적 존재로 성장하는 데 도움을 준다(하정연 외, 2016).

5) 규칙이 있는 게임

규칙 있는 게임은 전조작기의 인지발달로 인해 구체적 조작기에 이르게 되면서 발전적으로 나타나는 놀이 형태이다. 2명 이상의 놀이참여자가 규칙을 정확하게 이해하고 주어진 범위 내에서 자신의 행동을 적절하게 통제하고 또래와 경쟁하면서 승부를 겨루는 활동으로 가장 수준이 높은 놀이 형태라고 할 수 있다.

게임의 종류로는 신체적 기술을 요하는 게임과 인지적 기술에 영향을 받는 인지적 전략 게임, 우연에 의해 승부가 결정되는 우연 게임이 있다. 유아들은 규칙이 있는 게임을 경험하면서 미리 정해 놓은 규칙에 따라 자신의 행동을 조절하는 방법을 터득하고 승패에 따라서 나타나는 다양한 감정을 스스로 조절하기도 한다. 또한 집단의 요구에 따라 필요한 경우 합의를 통해 규칙을 변경하기도 하고 수용하기도 하는 등의 다양한 사회적 기술을 배우게 된다.

최근에는 정보통신 기술의 발달로 각종 디지털 매체를 통한 전자게임이 새로운 놀이문화에 자리잡고 있는 상황이다. 영유아교육기관에서 여러 또래 친구와 어우러져 함께 즐길 수 있는 놀이로서 다양한 게임의 즐거움을 다시 찾아주는 것이 교사의 중요한 역할임을 인식해야 한다(남효순 외, 2020).

Chapter

05

놀이 발달에 영향을 미치는 요인

1. 개인적 요인
2. 환경적 요인
3. 교육적 요인

영유아기 놀이 발달에 영향을 미치는 요인은 크게 개인적인 요인과 환경적 요인으로 구분할 수 있다. 개인적 요인으로는 연령, 성별, 성격 및 기질, 스트레스, 인지능력 등이 놀이 발달에 영향을 미치게 되고, 환경적 요인으로는 부모, 또래 등이 영향을 미치며, 교육적 요인으로는 교사, 놀이공간, 놀잇감 등이 영유아의 놀이에 영향을 미치게 된다.

1 개인적 요인

1) 성별

생후 초기부터 성별에 따라 영유아의 놀이행동에는 차이가 나타난다. 남아들은 대근육 활동 및 기능놀이를 많이 하고 놀이하면서 탐색활동도 적극적으로 한다. 이에 반해, 여아들은 소근육 발달이 남아들보다 빨라 주로 구성놀이나 조작놀이를 더 많이 하는 경향이 나타난다.

놀이 공간 선택에 있어서도 남아들은 실외놀이를 더 즐기고 여아들은 실내에서 노는 것을 더 자주한다. 놀이 공간 사용에 있어서도 남아가 여아보다 공간 사용을 더 많이 하고 더 많은 놀이영역에서 활동한다(이춘복 외, 2017).

놀이를 하면서 나타나는 공격적 행동에 있어서도 성별 차이가 나타난다. 남아는 주로 때리기, 밀기, 치기, 힘 과시 등이 형태로 많이 나타나며, 여아들은 언어적, 친구관계를 해하는 행동 등의 관계 형성과 관련된 공격적 행동을 나타내는 반면, 업어 주기, 안아 주기 등의 신체 접촉을 통해 자주 친밀감을 보이기도 한다(남효순 외, 2020).

놀이에서의 성별 차이는 상상놀이에서도 나타나는데, 여아가 남아보다 상상놀이를 더 많이 하고 지속 시간도 길다. 상상놀이의 역할을 선택할 때 남아나 여아 모두가 자신의 성과 동일한 성 역할 선택하는데 놀이의 주제나 역할 선택에 있어서 여아는 가족놀이에서 가정적인 역할을 선호하고, 남아는 모험적인 놀이에서 영웅의 역할을 선호하는 것을 보인다(이순형 외, 2014).

거친 신체놀이도 성별에 따라 차이를 나타나는데, 거의 모든 연령대에서 남아가 여아에 비해 거친 신체놀이를 많이 하며, 남아들은 공격적 형태를 통한 힘의 과시가 일반적으로 나타난다. 반면, 여아들은 친밀감을 표시하는 수준의 신체놀이 형태를 보이며 평소 자주 어울리는 관계에서 주로 거친 신체놀이가 나타나는 특징을 보인다(고여훈, 엄정애, 2010)

2) 연령

영유아는 연령이 증가할수록 혼자놀이에서 사회적 놀이로 변화하고, 놀이 지속시간도 길어지면서 또래와 함께하는 놀이로 발전하여 상징놀이, 협동놀이, 규칙이 있는 게임 등으로 놀이단계가 발달하게 된다.

Parten(1932)은 연령이 높아질수록 혼자놀이보다는 놀이 친구들과 함께 활동하는 사회적 놀이에 더 많이 참여하며, 놀이에 참여하는 시간도 더 길어졌다고 하였다. Tizard, Philips와 Plewis(1976)도 연령이 낮을수록 영유아는 상징놀이와 실외놀이에 덜 참여하고 혼자놀이를 더 많이 하는 반면, 연령이 높을수록 놀이가 더 지속적이며 상징놀이를 더 많이 하고 혼자놀이를 적게 한다고 하였다.

3) 성격

성격에 따라 영유아의 놀이는 깊은 관련성이 있다. 일반적으로 영유아는 활동성이 두드러진 외향적인 면이 많다. 그러한 까닭에 하루의 일과가 정적인 놀이의 연속으로 진행된다면 영유아는 그 시간이 지루해지고 견뎌 내기 힘들어할 수 있다. 또한 정적인 놀이를 좋아하는 영유아에게 동적인 놀이가 연속적으로 진행된다면 영유아는 역시 힘들어할 것이다. 때로는 수줍음을 많이 타는 영유아가 또래와 섞여 놀이하지 못하는 경우를 볼 수 있다.

성격에 따라 놀이 형태도 차이가 있다. 외향적인 유아는 주도적 놀이 형태를 보이며, 내향적인 유아는 추종적 놀이 형태를 보인다. 놀이 형태의 하위범주를 살펴보면, 외향적인 유아는 주도적 놀이 형태의 하위범주인 놀이 정의를 많이 표출하며, 내향적인 유아는 추종적 놀이 형태의 하위범주인 수용하기와 쳐다보기를 많이 표출한다. 이러한 성격 요인 중 외향성과 내향성은 유아놀이뿐만 아니라 교실 내 · 외의 활동과 대인관계에도 영향을 주는 것이므로 외향적인 유아에게는 보다 민주적인 행동을 하도록 격려하고, 지시하거나 거절할 때에도 구체적인 언어 전략을 사용하도록 지도해 나가야 한다. 내향적인 유아는 타인과의 상호작용이 적고, 소수의 사람과 친분 관계를 맺기 때문에 다른 유아와 상호작용을 많이 할 수 있도록 한다. 또한 역할놀이에 적극 참여하도록 하고, 교실에서 이루어지는 놀이 이외의 전반적인 활동에 참여시켜 놀이를 주도해 나갈 수 있는 기회를 주며 다른 유아와 적극적인 상호작용을 하도록 격려해야 한다(권지연, 2002). 이렇듯 영유아의 성격 요인은 놀이와 밀접한 관계가 있기 때문에 이를 고려하여 영유아의 놀이를 지도해야 한다.

4) 기질

기질은 정서적인 특징들과 관련이 있다.

순한 기질의 영유아는 행동이 규칙적이며 긍정적인 기분을 나타내고, 자극에 강력하게 반응하지 않고 쉽게 접근한다. 이러한 기질을 가진 영유아는 변화된 규칙이나 상황을 빠르게 받아들이고 좌절되는 상황을 짜증내지 않고 받아들인다. 순한 기질의 영유아는 미술, 조작, 쌓기, 역할놀이를 즐기는 것으로 나타났고, 집단 극놀이를 많이 하며 추종적인 놀이 스타일이 더 많이 나타나고 주도적인 놀이 스타일은 적게 나타난다. 또한 순한 기질의 영유아는 간순한 형태의 사회적 놀이와 방관자적 놀이를 한다.

까다로운 기질의 영유아는 불규칙적인 행동을 나타내며, 새로운 자극에 대해 부정적이며 회피적인 반응과 강렬한 반응을 보인다. 새로운 환경이나 친구관계를 형성할 때 어려움을 겪는 경우가 많으며 방관자적 행동을 많이 한다. 다른 기질의 우아보다 자주 오랫동안 울고, 웃는 것도 큰소리로 웃는다.

활동 수준이 높은 영유아는 신체적 에너지가 활발하므로 또래 사이에 인기가 있으며, 주위 전환성이 높다. 또한 다른 아이의 느낌이나 요구에 민감하게 반응하기 때문에 또래 집단에서 리더의 역할을 한다.

반응이 느린 영유아는 새르운 환경에서 처음에는 회피적인 반응을 보이다가 점차 느리게 적응한다. 자극에 대한 반응 정도는 심하지 않고 활동 수준이 낮거나 중간 정도를 보인다. 또한 자신에 대한 긍정적이거나 부정적인 반응을 약하게 나타내며, 시간이 지남에 따라 새로운 놀이 상황을 여러 번 경험하면서 점차적으로 긍정적인 흥미를 조용히 보이며 참여한다.

5) 스트레스

영유아의 스트레스가 많을수록 상상놀이에 참여하는 빈도가 낮고, 단순하고 반복적인 낮은 수준의 놀이를 하며, 혼자놀이나 병행놀이를 많이 한다.

6) 인지능력

영유아 개인의 지적 능력이나 인지양식은 놀이에 그대로 반영되어 놀이의 유형이나 수준, 상호작용의 방법 등에 영향을 미친다. 예를 들어, 상상놀이의 경우 인지적 능력이 높은 영유아일수록 수준 높은 상상놀이에 참여하고 언어능력, 모험심, 독창성을 발휘하고 놀이를 즐기는 성향을 보인다. 또한 타인에 대한 강한 호기심을 가지고 민감하게 반응하며, 사회적 기술을 잘 습득하게 되고 병행놀이, 연합놀이, 협동놀이를 자주 한다.

하지만 이와 반대로 인지적 능력이 낮은 영유아의 경우 움직이기를 싫어한다. 다양한 자극에 대한 반응이 느리며 창의성이 거의 발휘되지 않고 순응하는 태도를 보이는 경향이 있으며, 추종적인 놀이를 좋아한다. 이러한 지적 능력의 차이는 영유아 개인의 발달양상에 따라 서로 다르게 나타나므로 실제적이고도 객관적인 검증이 필요하다.

2 환경적 요인

1) 부모

부모는 영유아에게 있어 최초의 사회적 상호작용자이자 영유아 놀이행동에 중요한 영향을 미친다. 부모는 영유아의 삶에서 매우 중요한 비중을 차지하고 있으며 발달의 중요한 매개체이다. 부모와의 우호적인 관계와 안정적인 가정환경은 영유아 놀이에 긍정적인 영향을 미치기 때문에 부모와의 애착 형성은 영유아 놀이 발달에 많은 영향을 준다. 부모와 안정 애착이 형성된 영유아는 놀잇감을 적극적으로 탐색하고 놀이에 참여하며, 독립적이고 융통성 있는 행동을 보이는 등 사회적 기술이 뛰어나 또래와 잘 어울리고 갈등 상황을 잘 해결한다. 영유아에게 부모는 생애 첫 놀이친구로 놀이 경험은 영유아의 인격 형성 및 조화로운 전인으로서의 발달에 매우 중요하게 작용한다. 특별히 엄마와 아빠의 성(性)이 다름으로 인한 대화방식의 차이, 놀이의 유형, 놀이의 정도, 그리고 도구의 활용범위 등으로 인해 영유아가 느끼는 상호작용의 질적 · 양적 차이는 매우 다르게 받아들여진다. 그러므로 엄마, 아빠 모두 아이와의 즐거운 놀이를 하는 것이 매우 중요하다.

또한 부모의 양육태도는 또래와의 관계 형성에도 영향을 준다. 부모가 권위적이거나 통제적이지 않을 경우에 영유아는 상징놀이를 많이 하고 협동놀이에 적극적으로 참여하며, 또래와 긍정적인 관계를 형성한다. 아버지가 애정적일수록 유아가 놀이를 할 때 사회적 자발성이 높게 나타나면서 또래와 협력하고 협동하는 활동이 증가한다. 반면에 아버지와 어머니의 통제적인 양육태도는 유아의 신체적 자발성에 영향을 주고 이는 유아의 신체적 움직임의 증가로 나타난다. 이러한 결과는 부모의 통제적 양육태도에 유아가 스트레스를 받으면 이것이 신체적으로 발산되는 것으로 본다(남효순 외, 2020;

박정연, 이성희, 2009; 이순형 외, 2014).

영유아 놀이와 관련한 부모의 역할은 다음과 같아야 한다.

첫째, 영유아의 놀이에 관심을 가지고 지켜봄으로써 적절한 시간 동안 놀 수 있는 놀이환경을 만들어 주어야 한다.

둘째, 놀이를 촉진하고 부모 자신이 영유아 놀이의 좋은 모델이 되어야 한다.

셋째, 영유아와 함께 놀이하되 간섭하는 것이 아니라 자녀의 연령 및 발달에 적합한 놀이가 자녀 주도하에 스스로 진행될 수 있도록 도와야 한다. 즉, 엄마, 아빠가 정한 놀이를 강요하기보다는 아이가 원하는 놀이를 하도록 하여야 한다.

넷째, 영유아의 놀이 활동을 더욱더 확장, 발전시키기 위해서 새로운 놀이방법을 제안하되 그 결정은 아이 스스로 하도록 해야 한다.

다섯째, 영유아의 놀이를 격려하고 칭찬하며 긍정적인 분위기를 제공하는 역할을 하여야 한다.

여섯째, 놀이에 대한 계획을 세우고 잘 놀 수 있는 환경을 만들어 주어야 한다. 즉, 놀이장소, 놀이기회, 놀이의 다양한 경험 등을 제공해 주어야 한다.

일곱째, 또래와 놀이할 수 있는 기회를 많이 제공하여야 한다. 또래와의 놀이는 영유아로 하여금 유능감을 발휘하게 하고 다른 사람의 관점을 이해하는 데 매우 큰 도움을 주어 사회성 발달을 촉진시키게 된다.

부모는 영유아에게 놀이가 즐거움을 알게 하는 통로이며 배움의 방법이라는 것을 알려 주는 것을 잊지 말아야 한다. 무엇보다 영유아와의 놀이가 아이의 발달에 긍정적인 요소로 작용하는 것임을 알아야 한다(하정연 외, 2016).

2) 또래

놀이에서 또래관계는 영유아의 놀이에 영향을 주는 주요한 요인이며, 영유아의 놀이 발달에 영향을 미친다. 영유아는 놀이를 하면서 또래와 상호작용을 통하여 자신의 정서를 조절하고 표현하며, 상대방의 정서를 공감하고 이해하게 된다. 영유아는 또래관계를 통해서 협동과 상호 존중을 배우고 사회적 관계 유지에 필요한 사회적 기술을 발달시킨다. 안정적이고 지속적인 또래관계를 경험한 영유아는 협동놀이를 선호하며, 놀이에 대해 집중도가 높고 극놀이나 상상놀이를 더 잘하는 성숙된 놀이행동을 보인다.

영유아의 긍정적인 또래관계는 유아교육기관에서의 성공적인 적응뿐만 아니라 이후의 학교생활 적응 및 학문적인 성공과도 연관된다. 그러나 긍정적인 또래관계의 결핍은 이후의 발달기간 동안 정서적인 부적응, 비행 행동, 학교에서의 실패를 경험하게 한다. 따라서 유아기의 또래관계에서 나타나는 적응적인 또는 적응성 없는 참여의 패턴이 유아기와 그 이후까지 지속되기 때문에 또래와의 초기 경험은 중요하다. 이러한 관점에서 Petty(2009)는 유아들이 또래와 긍정적으로 상호작용하고 사회적 기술을 개발하도록 돕는 것은 그들의 현재와 미래를 지원하는 것이라고 강조했다(지성애 외, 2015 재인용).

3 교육적 요인

1) 교사

교사는 영유아 놀이 발달에 있어 매우 중요한 요소로 작용한다. 교사의 놀이개입은 놀이의 양과 질, 놀이 발달에 긍정적인 영향을 미친다. 교사가 놀이에 적극적으로 적절하게 개입할 경우 놀이시간이 길어지고 정교해지며 영유아 간의 사회적 상호작용도 활발해진다. 교사가 영유아와 비지시적이고 긍정적으로 상호작용할 때 영유아가 놀이에 몰입할 수 있으며 영유아의 언어발달, 창의성, 문제해결력이 향상된다. 그러나 교사가 영유아 놀이에 지나친 개입을 하게 되면 놀이의 질과 영유아의 흥미가 떨어질 수 있으므로 유의해야 한다.

교사와 영유아 간 관계에서 놀이는 교사 효능감에도 긍정적인 영향을 준다. 놀이에 대한 교수효능감이 높은 교사는 영유아와 친밀도가 높고 놀이 상호작용의 질도 높다. 교수효능감이 높은 교사는 다양한 놀이자료를 제공하고 놀이활동을 풍부하게 도와주어 놀이 내용의 결속성을 강하게 해 준다(신은수, 박현경, 2006). 즉, 영유아 교육기관에서 많은 시간을 함께하는 영유아에게 교사의 태도는 놀이의 질과 관련성이 높으므로, 영유아 놀이 상황에 따라 교사의 도움이나 지원 시기를 판단하여 적절히 지도할 수 있어야 것이다. Seefeldt(1987)는 놀이에 대한 교사의 역할을 다음과 같이 제시하고 있다.

첫째, 놀이를 할 때 교사는 즐거운 태도로 임해야 하며, 유머와 인내심을 가지고 예기치 못한 상황을 받아들일 준비가 되어 있어야 한다.

둘째, 교사는 상황에 따라 적절하게 개입할 수 있어야 한다.

셋째, 교사는 새로운 자료와 상황들을 제시할 때 친숙한 것과 균형 있게 제공할 수 있도록 계획해야 한다.

넷째, 교사는 협동적인 놀이를 제공해야 한다.

다섯째, 교사는 가치 있는 경험을 제공해야 한다(지성애 외, 2015 재인용).

2) 놀이공간과 놀잇감

놀이공간은 영유아 교육 프로그램의 질을 결정하는 중요한 요인이며, 놀이공간의 면적 및 배치가 영유아의 놀이행동에 영향을 미칠 수 있다. 놀이환경은 영유아 놀이에 대한 욕구과 흥미를 불러일으켜야 하고, 도전감, 신기함, 복잡성 및 다양성을 갖춘 놀잇감을 제공해야 한다. 영유아의 발달적 요구를 충족시켜 주는 놀이환경은 인지적·사회적 놀이 행동이 나타날 수 있다.

놀이공간의 크기와 구성은 놀이영역의 사용 및 놀이유형을 결정짓는다. 공간 밀도가 높은 교실일수록 조작놀이가 빈번하게 나타나며 비참여 행동이나 방관자적 놀이 행동이 많이 나타난다. 반면, 공간 밀도가 낮은 교실은 블록이나 바퀴 달린 놀잇감의 사용이 빈번하다(신유림 외, 2014). 따라서 영유아 놀이를 촉진할 수 있는 적절한 놀이 공간이 필요하다.

놀잇감은 영유아 놀이에 중요한 요인이며 놀이유형과도 밀접한 관련이 있다. 놀잇감의 양은 놀이 형태에 영향을 줄 수 있으며, 놀잇감 양이 많아질수록 공격 형태가 덜 나타나고 놀이 참여도가 높아진다. 그러나 놀잇감 양이 줄어들면 영유아 간의 사회적 상호작용은 증가하지만 공격적 행동이나 스트레스 행동도 증가된다. 즉, 놀잇감의 종류, 수량, 구조화의 정도 등이 영유아의 놀이에 영향을 미치며, 놀잇감은 영유아의 놀이에 직접적으로 영향을 주는 중요한 요인이다.

PART

3

놀이 환경

06 영유아를 위한 실내놀이 환경

07 영유아를 위한 실외놀이 환경

08 영유아를 위한 놀잇감

Chapter

06

영유아를 위한 실내놀이 환경

영유아의 놀이는 놀이 환경에 영향을 받는다. 2019 개정 누리과정에서는 유아가 보고 듣고 만지며 자유롭게 표현할 수 있는 놀이 환경이 놀이를 다양하게 이루어지도록 하는 중요한 교육적 자원이라고 보았고, 다양한 실내외 놀이 환경을 제공하여 놀이가 활성화되도록 하는 것을 강조한다. 유아교육기관의 모든 공간은 놀이 공간이 될 수 있으며, 교실을 포함한 실내 공간은 영유아들에게 가장 친숙한 놀이 환경이다. 실내놀이 환경은 영유아에게 놀이에 참여할 수 있는 다양한 기회와 경험을 제공해 줄 뿐만 아니라 영유아의 신체, 언어, 사회성 등의 발달에 중요한 역할을 한다. 따라서 다양한 놀이를 경험하고 영유아의 발달을 촉진시켜 줄 수 있는 실내놀이 공간을 구성하여, 영유아의 흥미와 놀이의 흐름에 따른 놀이 환경을 지원해 줄 필요가 있다. 적절한 놀이 환경을 제공해 주기 위해 다음과 같은 점에 기초하여 구성할 수 있다(박찬옥, 정남미, 곽현주, 2020; 신은수 외, 2018; 이숙재, 2019; 지성애 외, 2015; Johnson et al., 2005).

첫째, 영유아의 요구를 고려하여 구성해야 한다. 놀이 공간은 영유아의 요구와 흥미, 일상경험 등을 반영하고 영유아를 참여하도록 하여 함께 구성한다면 영유아의 흥미를 높이고 놀이 참여를 자발적으로 이끌어 낼 수 있다. 영유아들이 가장 좋아하는 놀이를 중심으로 구성하는 것이 좋으며, 흥미를 보이지 않는 영역은 다른 영역과 통합하거나 재구성할 수 있다.

둘째, 영유아의 연령과 발달 수준이 반영되어야 한다. 예를 들어, 1세 이전의 실내놀이 환경 구성에는 수유 및 기저귀 갈이 등의 일상생활영역과 놀이영역, 2세 실내놀이 환경 구성에는 놀이영역 중심으로 구성할 수 있다. 또한 단순한 것과 복잡한 것이 적절하게 섞여 있어 영유아가 선택할 수 있도록 하고, 시설설비와 교구는 영유아의 연령과 신체발달에 적합하여 스스로 사용하고 정리할 수 있도록 한다.

셋째, 놀이 환경은 변화와 다양성이 고려되어야 한다. 유아교육과정 및 활동 전개, 놀이의 흐름에 따라 변화된 실내놀이 환경을 제공할 수 있다. 또한 영유아의 참여와 요구 및 반응에 따라 놀이 환경을 재구성함으로써 영유아 중심의 역동적인 놀이 환경을 조성할 수 있다.

넷째, 청결하고 안전한 환경을 제공해야 한다. 시설 설비와 놀잇감의 안전성, 발달에 따른 안전성, 교사가 놀이실 전체와 유아의 놀이 상황을 한눈에 볼 수 있는 공간 배치, 교실의 청결 유지, 환기, 적정 온도와 습도 유지 등을 고려하여 실내놀이 환경을 구성함으로써 영유아들이 안전하게 놀이할 수 있도록 한다.

다섯째, 실내놀이실의 공간적 특수성을 고려해야 한다. 놀이실의 상황과 환경적 요인, 물리적 요인으로서 출입문, 창문의 위치와 크기, 수도시설, 통로 등의 고정된 요인을 잘 파악하여 실내놀이 환경을 구성하는 것이 필요하다.

실내놀이 환경은 영유아의 놀이영역에 따라 공간을 적절하게 배치하는 것이 바람직하다. 놀이영역에는 쌓기영역, 역할영역, 음률영역, 언어영역, 과학영역, 수학영역, 미술영역, 목공영역, 물 · 모래영역, 대근육활동영역 등이 있다. 영유아들의 놀이는 놀이영역의 배치에 따라 영향을 받게 되는데, 다양하게 나누어진 영역에서 놀이할 때 교육적 효과가 높다(신은수 외, 2018; 이숙재, 2011; Field, 1980; Sluss, 2005). 즉, 뚜렷한 경계로 분리된 놀이영역에서 놀이하는 영유아들은 다른 영역에서 놀이하는 영유아들의 방해를 받지 않고 놀이에 몰입할 수 있고, 각 영역별 공간과 놀잇감이 제공되어 좀 더 발전된 놀이를 할 수 있다. 이처럼 놀이영역의 배치가 영유아의 놀이에 영향을 미치기 때문에, 효율적인 공간 배치가 필요하다. 놀이영역을 효율적으로 배치하기 위해 고려해야 할 점은 다음과 같다.

첫째, 교실 공간의 크기, 영유아의 연령과 인원수를 고려하여 놀이영역을 선정하고 적절하게 배치한다. 유아들의 놀이영역은 영아들의 놀이영역보다 더 세분화될 수 있으며, 교실 공간의 크기를 고려하여 협소한 공간일 경우 놀이영역을 통합할 수 있다.

둘째, 영유아 및 놀이의 활동성과 물의 사용 여부에 따라 놀이영역을 분리하여 배치한다. 영유아의 활동성과 관련하여, 소근육을 주로 사용하는 낮은 활동성 놀이와 대근육을 주로 사용하는 높은 활동성 놀이를 함께 제공하여 모든 놀이가 가능하도록 한다. 또한 놀이의 활동성에 따라 언어영역과 같은 정적인 놀이영역과 음률영역과 같은 동적인 놀이영역을 구분하고, 물 사용 여부에 따라 물을 사용하는 미술영역과 물을 사용하지 않는 쌓기놀이영역을 구분하는 것이 좋다.

셋째, 놀이의 유사성에 따라 놀이영역을 인접해서 배치한다. 역할놀이와 쌓기놀이는 놀잇감, 소음 정도, 활동성이 서로 유사하기 때문에 서로의 놀잇감을 함께 활용하면 놀이가 확장될 수 있으므로 인접한 곳에 배치한다.

넷째, 영역별 이동이 용이하도록 통로를 만들고, 책꽂이와 교구장을 활용하여 놀이영역을 구분한다. 교실의 중앙에는 빈 공간을 마련해 두어 이동과 놀이를 원활하게 할 수 있게 하고, 각 영역의 공간은 놀이에 따라 적절한 크기를 고려하여 배치한다.

다섯째, 놀이영역의 배치는 융통성 있게 변화를 준다. 영유아의 흥미나 관심 주제, 참여 인원수에 따라 재구성하거나, 확장 또는 축소하여 변화를 줌으로써 놀이에 따라 융통성을 발휘할 수 있어야 한다.

여섯째, 교실의 모든 놀이영역을 교사가 볼 수 있도록 배치하여, 전체 영유아가 놀이 상황과 안전을 살피도록 한다.

이상과 같이 효율적인 놀이영역의 배치는 영유아들에게 좋은 놀이 환경을 제공해 줄 뿐만 아니라, 영유아의 놀이 경험을 더욱 창의적이고 풍부하게 해 준다. 영유아는 연령과 발달 정도에 따라 놀이 경험에 차이를 보이기 때문에, 영아와 유아를 위한 실내 놀이 환경을 나누어 살펴보고자 한다.

1 영아를 위한 실내놀이 환경

영아를 위한 놀이 환경은 영아의 발달 특성에 기초하고 기본 욕구를 충족해 줄 수 있는 공간으로 구성되어야 한다. 가정과 같이 아늑하고 편안한 분위기를 조성하여 다양한 감각을 경험하고, 신체를 움직이며 탐색할 수 있는 충분한 공간을 구성해 주는 것이 바람직하다. 영아를 위한 실내놀이 환경 구성의 지침을 제시하면 다음과 같다(김영옥, 2010; 신은수 외, 2018; 이숙재, 2019).

1) 영아를 위한 실내놀이 환경 구성 원리

(1) 안전과 위생이 고려되어야 한다

영아의 놀이실은 안전과 위생을 최우선으로 고려하여 구성되어야 한다. 영아들은 운동 능력이 미숙하고, 무엇이든지 손과 입으로 탐색하기 때문에 놀이실을 안전하게 구성한다. 수유, 낮잠, 기저귀 갈이 등 영아의 생리적 욕구를 위생적으로 처리할 수 있는 청결한 환경을 조성한다. 쾌적하고 위생적인 공간과 놀잇감을 마련하여, 지속적으로 관리해야 한다.

(2) 정서적 안정감을 줄 수 있어야 한다

가정과 같이 아늑하고 포근한 분위기를 조성하여 편안하고 정서적 안정감을 느낄 수 있도록 환경을 구성해야 한다. 편안하게 쉴 수 있는 휴식 공간을 갖추고, 놀이 환경을 안정적으로 구성하면서 점진적으로 변화시켜 나가야 한다.

(3) 다양한 탐색과 발견의 기회가 마련된 놀이를 할 수 있어야 한다

영아는 자신의 신체와 주변 사물 및 환경을 탐색하려고 하는 욕구가 강하다. 새로운 것에 대한 호기심이 많아 적극적으로 보고 만지는 등의 다양한 감각 활동을 한다. 따라서 영아들의 다양한 탐색과 놀이가 이루어질 수 있도록 환경을 조성해 주어야 한다. 일상생활 공간과 흥미 있는 대상을 탐색할 수 있는 공간을 적절하고 균형 있게 구성해야 한다.

(4) 움직임과 이동성을 확보한다

영아는 기어오르기, 걷기 등의 신체 활동을 활발하게 하기 때문에, 영아들이 편안하고 자유롭게 움직일 수 있도록 실내놀이 공간은 움직임과 이동성을 확보해야 한다. 영아가 자유롭게 탐색하고 활발한 신체 활동이 가능하도록 놀이공간을 충분히 제공해 주어야 한다.

(5) 일상생활영역과 놀이영역을 함께 구성한다

영아의 일과를 고려하여 수유, 낮잠, 기저귀 갈이 등 일상생활을 위한 공간이 필요하다.

(6) 영아의 특성에 맞는 몇 개의 놀이영역을 통합할 수 있다

세분화된 영역으로 구성된 유아반보다는 영아의 특성에 맞추어 몇 개의 흥미영역을 통합하여 구성하는 것이 바람직하다.

2) 영아를 위한 실내놀이 환경 구성

영아들을 위한 실내놀이 환경은 영아들의 연령 및 발달 특성을 고려하고 기본적인 욕구가 충족될 수 있도록 적절하게 구성되어야 한다. 영아를 위한 실내놀이 환경은 일상생활영역, 신체놀이영역, 감각 및 탐색놀이 영역, 역할 및 쌓기놀이 영역, 언어놀이 및 휴식 영역, 미술 및 음률놀이 영역으로 구성된다.

(1) 일상생활영역

① 기저귀 갈이 영역

기저귀 갈기는 영아와 교사의 긴밀한 상호작용이 이루어지는 중요한 시간이며, 영아의 휴식 공간 가까이에 위치한 따뜻한 공간이어야 하고 위생적이어야 한다. 세면대와 뚜껑이 달린 쓰레기통이 비치되어 있어야 하며, 기저귀를 갈 때 필요한 다양한 물품이 가까운 곳에 비치되어 있어야 한다. 바닥은 물로 닦거나 세탁이 용이한 재질로 된 것이 좋으며, 벽면은 자신을 볼 수 있는 거울이나 가족사진, 그림 등을 붙여 주고, 천장에 모빌을 달아 주면 기저귀를 가는 동안 영아의 뒤척임을 줄일 수 있다. 또한 매트, 기저귀, 물휴지, 파우더, 일회용 장갑, 폐기용 비닐, 수납장, 선반, 영아용 변기, 개수대 등을 비치한다.

표 6-1 기저귀 갈이 영역의 유의점

• 기저귀 갈이 영역은 가능하면 음식 준비하는 곳에서 떨어진 곳에 배치한다. • 기저귀를 가는 동안 영아가 탐색할 수 있도록 거울이나 모빌 등을 설치해도 좋다. • 화장실 청소용품이나 소독제 등은 영아의 손이 닿지 않는 곳에 보관한다.

출처: 보건복지부, 육아정책연구소(2013).

② 수유 및 급식 영역

영아의 수유와 이유를 하는 공간으로, 편안한 수유 및 식사 공간을 확보하고 위생에 유의하여 항상 청결한 상태를 유지해야 한다. 수유 및 간식, 식사 시간은 음식을 먹으면서 교사 및 또래와 함께 이야기 나누며 상호작용할 수 있는 시간이다. 영아용 낮은 테이블과 의자, 조리대, 냉장고, 전자레인지, 개인용 수유 및 이유 용품 등이 비치되어 있어야 하고, 영아의 개별적 수유 및 이유 시간과 양을 기록할 수 있도록 준비한다.

표 6-2 수유 및 급식 영역의 유의점

• 우유는 냉장고에 보관하고, 분유는 습기가 차지 않도록 건조하고 서늘한 곳에 둔다. • 식탁에 앉아 혼자 먹기가 가능한 영아의 경우 낮은 책상에서 다른 영아들과 소집단으로 친밀한 식사 공간을 구성하여 함께 식사하여도 좋다.

출처: 보건복지부, 육아정책연구소(2013).

③ 휴식영역

낮잠과 휴식을 원하는 영아의 개별적인 요구를 충족해 주고, 영아가 놀이를 하며 쌓인 피로를 풀고 에너지를 충전하기 위해 잠을 자거나 휴식을 취할 수 있는 공간이다. 다른 영역과는 분리된 조용한 곳에 아늑함과 부드러움을 느낄 수 있도록 구성하며, 직사광선이 들어오지 않도록 한다. 쿠션이나 매트, 푹신한 의자나 가구, 캐노피, 개인용 침구를 마련하고, 부드러운 인형, 헝겊 그림책, 모빌, 조용한 음악 등을 제공할 수 있으며, 영아가 안정감을 느끼도록 개인적으로 선호하는 인형이나 애착물을 함께 두어도 좋다.

표 6-3 휴식영역의 유의점

• 휴식공간을 별도로 마련하기 힘든 경우에는 놀이 공간 중 의사소통을 위한 영역을 이용하여 휴식을 취할 수도 있다. • 아주 어린 영아의 질식사고 예방을 위해 바닥깔개나 침구류는 너무 푹신하지 않아야 한다. • 0~1세 영아는 월령에 따라, 개인 특성에 따라 낮잠 자는 시간이 불규칙하고 개별적이기 때문에 좀 더 오래 자는 영아를 위한 배려가 필요하다.

출처: 보건복지부, 육아정책연구소(2013).

(2) 신체놀이영역

영아는 자신의 신체 탐색 과정을 통해 자연스럽게 몸의 움직임을 발전시켜 나가고, 자신의 몸을 구성하는 대·소근육을 사용함으로써 조절 능력을 키워 나간다. 이동 운동이나 제자리에서 다양한 동작으로 몸을 움직여 보면서 신체놀이를 즐긴다. 영아기는 신체 및 운동 능력이 급속도로 발달하는데, 뒤집기, 앉기, 기기, 일어서기, 걷기, 뻗기, 던지기, 흔들기, 오르내리기, 밀고 당기기, 끌기 등의 대근육 놀이를 활발하게 한다.

- 신체놀이영역은 신체 움직임에 대한 욕구를 충족해 주기 위해 다양한 대·소근육 놀이를 할 수 있도록 안전하고 넓은 공간을 구성해야 하는데, 다른 영역보다 활동성과 움직임이 크기 때문에 충분한 공간을 확보할 필요가 있다.
- 영아들이 다양한 대·소근육 놀이를 할 수 있도록 흔들말, 유모차, 작은 수레, 끌차, 탈 수 있는 놀잇감, 미끄럼틀, 낮은 계단, 다양한 모양 및 재질(스펀지, 종이, 우레탄 등)의 블록, 큰 공, 후프, 볼풀 놀이대 등의 신체놀이 자료를 균형 있게 제공한다.

표 6-4 신체놀이영역의 유의점

• 1세 영아들은 걷기 시작하면서 활동의 범위가 넓어지기 시작하나, 스스로의 조절력은 충분하게 발달하지 못하기 때문에 안전사고가 일어나기 쉬우므로 공간 구성 안에 이에 대한 배려가 필요하다. • 비가 오거나 추워서 바깥놀이가 어려운 날에는 실내에서 대근육 활동을 포함한 신체활동을 할 수 있도록 보육실 중심 공간을 이용하기도 한다.

출처: 보건복지부, 육아정책연구소(2013).

(3) 감각 및 탐색놀이 영역

영아들은 주변 세계와 자연에 호기심을 가지고 끊임없이 알고자 하고 자유롭게 조작해 보고 탐색하기를 즐긴다. 자신이 궁금해하는 것을 직접 보고 듣고 만지면서 감각을 통해 확인하고, 주변에서 접하는 물체를 늘어놓고, 쌓고, 끼우고, 굴리면서 다양한 모양, 크기, 재질 등을 탐색하면서 감각 및 탐색놀이를 즐긴다. 풍부한 감각 및 탐색놀이가 이루어질 수 있도록 조용하고 밝고 안정된 곳에 배치하고, 다양한 감각 기능을 빠르게 발달시키기 때문에, 감각 발달을 촉진시켜 줄 수 있는 다양한 자료와 놀잇감을 제공해 주어야 한다.

- 영아가 삼킬 수 없는 크기와 인체에 무해한 놀잇감을 제공하고, 안전성과 위생에 주의를 기울여야 한다.
- 영아가 다양한 감각 및 탐색놀이를 즐길 수 있도록 누르면 튀어나오는 놀잇감, 움직일 때 소리나는 놀잇감, 촉감 놀잇감, 고리 끼우기, 모양 찾아 맞추기, 색깔 맞추기, 조각이 크고 모양이 단순하며 적은 조각의 수로 구성된 퍼즐 등의 자료를 배치한다.
- 2세가 되면 동식물에도 관심을 가지기 시작하기 때문에, 실내에서 기를 수 있는 동식물과 주변의 다양한 자연물 등을 관찰할 수 있는 공간을 마련한다.
- 낮은 교구대에 바구니 또는 쟁반에 놀잇감을 담아 준비해 두어 영아들의 흥미에 따라 선택하여 놀이할 수 있도록 한다.

표 6-5 감각 및 탐색놀이 영역의 유의점

• 영아는 밝은 색상, 대비가 분명한 것, 단순한 디자인, 두드러지는 특징이 있는 것, 사람 얼굴 모양 등을 선호하므로 이런 특징을 갖춘 놀잇감을 마련한다. • 모든 자료는 항상 청결하게 관리하고 파손된 자료는 즉시 수리한다. • 영아가 삼킬 수 있는 작은 조각의 자료는 비치하지 않거나, 사용시에는 영아에게 충분한 주의를 준다. • 놀잇감은 영아의 시선을 끌 수 있도록 영아의 눈높이에 맞추어 비치한다. • 자료를 보관하는 교구대 바닥에 놀잇감의 사진을 붙여주어 영아 스스로 정리할 수 있도록 돕는다.

출처: 보건복지부, 육아정책연구소(2013).

(4) 역할 및 쌓기놀이 영역

영아는 일상생활에서 겪은 단순하고 다양한 경험을 역할놀이로 표현한다. 따라서 다양한 역할과 행동 등을 모방하고 재현해 볼 수 있도록 사실적이고 친근한 소품을 준비하여 모방놀이와 상상놀이를 활발하게 한다.

- 일상생활에서 경험할 수 있는 모형 부엌 조리도구 및 음식, 다양한 역할 의상과 소품, 인형과 인형옷, 동물인형, 유모차, 포대기, 전화기, 화장대와 소품, 안전거울 등 다양한 종류의 놀잇감을 충분히 제공한다.

또한 영아는 다양한 모양과 크기의 블록으로 쌓기놀이를 하면서 소근육과 대근육, 손과 눈의 협응력 등을 기를 수 있다. 다양한 블록을 탐색하며 한 줄로 길게 연결하기, 수직으로 쌓고 무너뜨리기 등을 즐기며 놀이를 한다.

- 쌓기놀이를 위해 넓은 공간을 확보하고, 쌓고 무너뜨리는 과정에서 올 수 있는 소음과 안전성을 고려하여 바닥에 카펫을 깔아 주는 것이 좋다.
- 놀잇감으로는 다양한 모양과 크기의 블록, 다양한 재질(스펀지, 종이, 우레탄, 나무, 플라스틱)의 블록 등을 충분히 제공한다.
- 영아의 흥미를 반영하여 사람, 동물과 식물 모형, 교통기관, 교통 표지판 등의 다양한 소품을 함께 제공한다.

영아는 놀잇감을 공유하면서 놀이하기에 어려운 시기이므로, 충분한 양의 놀잇감을 준비하는 것이 바람직하다. 역할놀이영역과 쌓기놀이영역의 자료를 인접하게 배치하여 놀이영역을 통합시켜 더욱 다양하고 풍부한 놀이 경험으로 확장시킬 수 있다.

표 6-6 역할놀이영역의 유의점

- 영아가 삼킬 수 있는 작은 자료는 비치하지 않는다.
- 제공하는 자료가 위생적이고 안전한지 점검한다.
- 블록 등의 놀잇감을 보관하는 교구대 바닥에 밑면의 모양이나 사진을 붙여 주어 영아 스스로 정리할 수 있도록 돕는다.
- 영아의 수를 고려하여 충분한 양의 놀잇감을 비치한다.
- 계절을 고려하여 역할 놀잇감을 변화시켜 준다.

출처: 보건복지부, 육아정책연구소(2013).

(5) 언어놀이영역

영아들은 다른 사람과 다양한 방식으로 의사소통 경험을 하면서, 의사소통의 즐거움을 느끼고 의사소통능력의 기초를 형성하며 기초적인 어휘를 습득한다. 0~1세 영아가 자유롭고 편안하게 자신의 의사를 표정, 몸짓, 옹알이, 말소리, 말, 끼적이기 등 다양한 방식으로 표현할 수 있도록 자료를 제공해 주어야 한다. 영아들이 읽고 쓰는 데 관심을 가질 수 있도록 영아들에게 친숙한 일상생활이나 다양한 그림과 사물의 상징이 담긴 사진이나 그림자료 등을 제공한다. 또한 책과 이야기에 관심을 갖고 자유로운 상상을 즐길 수 있는 자료를 다양하게 제공해 주어 언어적 상호작용과 책 보기 활동이 활발하게 이루어지도록 구성한다.

- 언어놀이영역은 조용하고 밝은 곳에 배치하고, 푹신한 쿠션이나 방석과 등받이, 작은 책상, 영아들이 스스로 책을 꺼내어 보고 꽂을 수 있도록 영아들의 키에 맞는 높이의 책꽂이 등을 비치한다.
- 듣기, 말하기, 읽기, 쓰기의 통합적인 언어발달을 촉진하는 환경을 구성해야 한다.
- 듣기와 말하기를 위해 카세트 플레이어, 헤드폰, 마이크, 녹음기, 노래 테이프, 전화기, 손인형, 사진자료 등을 준비한다.
- 읽기를 위해 친숙한 일상생활과 사물 및 동식물 상징 사진, 그림자료, 인쇄물, 융

판 자료, 다양한 재질과 고양책(촉감책, 감각책, 소리책, 헝겊책, 비닐책 등), 그림책, 글자 카드 등을 준비한다.

- 쓰기를 위해 안전한 크레용과 색연필 등의 쓰기도구와 다양한 모양과 크기의 종이, 쓰기판 등을 준비한다.

표 6-7 언어놀이영역의 유의점

• 영아용 책꽂이에 그림책을 비치할 경우에는 글을 모르는 영아의 특성을 고려하여 책의 앞면을 볼 수 있도록 정리한다. • 책이나 자료를 사용한 뒤에 영아가 정리하는 습관을 기르도록 환경 구성을 배려한다. • 자연조명이 잘되는 밝은 곳에 배치하는 것이 좋으며, 아늑한 분위기를 위해 적절한 조명을 설치할 수도 있다. • 공간이 부족한 경우 언어영역을 안락하게 구성하여 휴식영역으로 공유할 수도 있다.

출처: 보건복지부, 육아정책연구소(2013).

(6) 미술놀이영역

영아들은 끼적이기, 그리기, 찍기, 찢기, 붙이기 등으로 자신의 생각과 느낌을 자유롭게 표현하며 창의적 미슬 경험을 한다. 탐색 경험과 대·소근육 발달, 눈과 손의 협응력을 기를 수 있다. 영아들의 흥미를 다양한 방법으로 창의적 미술 표현을 할 수 있도록 환경을 제공해 주어 활발한 미술놀이를 촉진한다. 또한 영아들에게 안전하고 사용하기 쉬운 다양한 자료를 충분히 제공해야 한다.

- 벽면에 큰 종이를 부착하고 안전한 그리기 도구를 끈에 달아 줄 수 있으며, 다양한 재질의 종이와 다양한 그리기 도구 등의 자료를 제공하여 마음껏 끼적이거나 그릴 수 있도록 한다.
- 밀가루 반죽, 다양한 찍기 도구와 종이류, 다양한 크기와 모양의 종이, 색종이, 구길 수 있는 재료, 재활용품, 안전가위, 풀, 스티커 등을 제공하여 창의적 표현을 도울 수 있다.

- 아름다움을 감상할 수 있는 공간적 배려도 필요하기 때문에, 명화나 아름다운 그림이나 사진 등을 영아의 눈높이에 맞추어 붙여 줄 수 있다.

표 6-8 미술놀이영역의 유의점

• 영아가 삼킬 수 있는 자료는 비치하지 않는다. • 책상 위나 바닥에 비닐 등의 깔개를 깔아 보호하고 쉽게 청소할 수 있도록 한다. • 제공하는 자료가 위생적이고 안전한지 점검한다. • 바닥에 물이나 물감 등이 떨어져 영아가 미끄러지는 사고가 발생하지 않도록 한다.

출처: 보건복지부, 육아정책연구소(2013).

(7) 음률놀이영역

영아는 다양한 악기를 소리내어 보며 음악을 듣고 자신의 감정을 표현하는 경험을 할 수 있다. 영아들의 음악 및 표현놀이가 가능하도록 노래 부르기, 음악 듣기, 악기 연주하기, 신체 표현 놀이를 위한 환경을 제공해 줄 수 있다. 동적인 놀이가 이루어지기 때문에 소음이 나지 않도록 바닥에 카펫을 깔아 줄 수 있으며, 신체놀이영역과 인접한 곳에 구성할 수 있다. 영아들이 스스로 탐색하고 자유롭게 표현하도록 다양한 자료를 충분히 비치해 주어야 한다.

- 음악놀이를 위해 종, 딸랑이, 다양한 악기류, 테이프와 녹음기 등의 자료를 제공할 수 있다.
- 신체표현놀이를 위해 스카프, 리본 막대 등의 동작표현 소품을 제공할 수 있다.

표 6-9 음률놀이영역의 유의점

• 영아가 스스로 예술적인 경험을 할 수 있도록 여러 가지 매개체(악기, 음악테이프, 리본, 스카프, 의상 등)를 준비한다. • 움직이는 모습을 볼 수 있도록 벽에 큰 거울을 비치하면 좋다.

출처: 보건복지부, 육아정책연구소(2013).

2 유아를 위한 실내놀이 환경

교실을 포함한 실내 공간은 유아에게 친숙한 놀이 환경이다. 실내놀이 환경은 유아 놀이의 질적 수준에 영향을 미치는 중요한 요인으로서 유아의 놀이를 지원하거나 더욱 풍부한 경험을 하도록 한다. 유아의 관심과 흥미에 따라 다양한 경험을 할 수 있도록 놀이영역을 구성하고 풍부한 놀이자료를 제공함으로써 유아의 놀이가 활성화되도록 돕는다.

1) 유아를 위한 실내놀이 환경 구성 원리

실내놀이 환경 구성은 유아의 심리적 안정, 신체적 안전, 발달적 적합성, 다양성을 고려하여 구성하는 것이 바람직하며, 실내놀이 환경 구성 원리에 대해 살펴보면 다음과 같다(보건복지부, 교육과학기술부, 2013).

(1) 공간은 유아가 활동할 수 있을 만큼 충분히 넓어야 한다

유아가 놀이에 몰입하고 마음껏 몸을 움직일 수 있도록 충분히 넓은 공간이 제공되어, 놀이가 활성화되도록 돕는 것이 바람직하다.

(2) 유아 스스로 사용하고 정리할 수 있어야 한다

시설 설비와 교구는 유아의 연령 및 신체 발달에 적합하여 유아가 성인의 도움 없이 스스로 사용하고 정리할 수 있도록 한다.

(3) 매력적이고 의미 있는 활동을 제공할 수 있어야 한다

유아에게 매력적이고 교육적으로 의미 있는 활동을 제공하도록 환경을 구성한다. 이를 위해 유아에게 활동 선택권을 주는 다양한 흥미영역을 실내외 공간에 배치할 수 있다.

(4) 청결하고 안전한 환경을 제공한다

청결하고 안전한 환경을 제공하고, 적정 온도나 습도를 유지해야 한다.

(5) 발달 특성에 적합하여야 한다

환경은 유아의 발달 특성에 적합하여야 한다. 예를 들면, 유아의 연령이 낮을수록 일상적이고 개별적인 보살핌을 위한 환경 구성이 필요하고, 감각적인 경험의 기회가 많이 포함되는 환경을 제공한다.

(6) 유아가 장시간 유치원이나 어린이집에 머물 경우, 혼자 놀거나 쉴 수 있는 공간이 필요하며, 일상적인 보살핌이나 낮잠을 위한 물건이나 놀잇감 보관을 위한 저장 공간을 마련한다

유아들의 놀이를 지원하는 다양하고 안전한 실내놀이 공간은 다음과 같은 점을 바탕으로 구성할 수 있다(교육부, 보건복지부, 2019).

- 교사는 놀이 공간을 구성하고 변형해 나가며 유아의 자유로운 놀이를 지원할 수 있다.
- 교실의 흥미영역은 유아들이 가장 좋아하는 놀이를 중심으로 구성하는 것이 좋으며, 유아들이 흥미를 보이지 않는 영역은 다른 영역과 통합하여 재구성하거나 다른 영역으로 대체하는 것도 가능하다.

- 유아의 관심과 흥미, 요구에 따라 새로운 영역을 구성할 수 있으며, 이때 유아가 주도적으로 놀이영역을 창조할 수 있도록 지원해야 한다.
- 교실 밖의 복도나 계단, 구석진 공간 등 유아가 놀이할 수 있는 실내 공간은 먼저 안전에 문제가 없는지 파악한 후에 놀이 공간으로 구성할 수 있다.

2) 유아를 위한 실내놀이 환경 구성

유아의 자유로운 놀이를 지원하기 위해 실내놀이 환경은 쌓기놀이영역, 언어영역, 역할놀이영역, 수·조작영역, 과학영역, 음률영역, 미술영역 등의 흥미영역으로 구성할 수 있다. 흥미영역은 신체운동·건강, 의사소통, 사회관계, 예술경험, 자연탐구 등을 통합하여 다양한 놀이와 활동으로 전개할 수 있도록 한다.

- 흥미영역에 제시되는 활동이나 자료는 다양한 유형의 활동과 놀이와 연계되도록 하여 유아의 놀이 경험을 더욱 확장할 수 있도록 운영한다.
- 흥미영역의 수는 전체 공간의 크기, 유아의 수, 연령, 흥미를 고려하여 조절할 수 있다.
- 흥미영역은 1년에 3~4번 위치를 바꾸어 줌으로써 변화를 줄 수 있다.
- 흥미영역의 배치는 공간의 크기, 소음, 채광, 물의 사용 여부 등을 고려하며, 벽에 붙이는 부착물은 유아의 눈높이에 맞추어 게시한다.
- 모든 교재교구는 안전과 위생을 고려해야 한다.
- 흥미영역 구성과 배치는 유아들이 의논하여 자율적으로 정할 수 있다. 유아들에게 선택의 기회를 줌으로써 그들의 의견과 관심을 존중하는 영역 구성을 할 수 있을 뿐 아니라, 유아들이 흥미영역의 활동에 더 흥미를 가지고 참여하며, 유아 스스로 흥미영역 정리를 잘할 수 있게 한다.

출처: 보건복지부, 교육과학기술부(2013).

(1) 쌓기놀이영역

쌓기놀이영역은 여러 가지 크기와 모양, 재질의 블록과 소품을 이용하여 사물 구성하기, 구조물 쌓기와 꾸며 보기 등의 과정을 경험하는 영역이다. 쌓기놀이영역은 유아들의 관찰력, 측정 기술, 원인과 결과에 대한 사고력, 공간지각능력, 구성능력 등을 기를 수 있도록 도와주기 때문에, 충분한 공간과 시간, 놀이 자료를 제공해 주어야 한다. 쌓기놀이영역은 소음이 발생하는 동적인 공간으로 언어영역이나 과학영역 등의 정적인 영역과는 떨어져서 배치하는 것이 바람직하며, 바닥에 카펫을 깔아 주어 소음을 방지하도록 한다.

놀이자료는 다양한 블록(종이 벽돌 블록, 단위 블록, 공간 블록, 우레탄 블록 등), 크고 작은 모형(동물, 사람 등의 인형이나 모형, 탈것 등), 사회극놀이 소품(여러 종류의 가면이나 의상, 교통 신호나 표지판 등), 기타 자료(쌓기놀이에 도움이 되는 책, 그림 자료 등)를 제공할 수 있다.

표 6-10 쌓기놀이영역의 연령별 영역 구성의 예

연령	쌓기놀이영역 구성
만 3세	• 블록의 종류를 다양하게 주기보다는 같은 종류의 블록을 충분히 제공하는 것이 좋다. • 서로 방해받지 않고 놀이에 몰두할 수 있도록 충분한 공간을 제공해야 한다. • 만 3세에게는 소근육을 많이 사용해야 하는 작은 끼우기 블록보다는 발과 다리의 대근육을 사용하여 구성할 수 있는 적당히 큰 쌓기 블록이 좋다.
만 4세	• 만 3세보다는 소근육이 발달하므로 적당한 크기의 쌓기 블록과 함께 중간정도 크기의 끼우기 블록도 함께 제공할 수 있다. • 만 3세보다는 블록과 소품의 종류를 다양하게 내준다.
만 5세	• 유아는 다양한 구조물을 구성하고 경험한 내용들을 중심으로 친구들과 협의하여 다소 복잡한 구조물을 만드는 것도 가능하므로, 이를 고려하여 영역을 구성한다. • 만 5세의 경우 소품은 유아들이 직접 제작한 것을 활용할 수도 있다.

출처: 보건복지부, 교육과학기술부(2013).

표 6-11 쌓기놀이영역의 유의점

• 유아의 구성 능력 및 조작 능력을 고려하여 다양한 종류의 블록을 순차적으로 제공한다.
• 확장 활동으로 발전시킬 수 있도록 관련 사진이나 그림 카드를 제공한다.
• 쌓기놀이 공간의 높낮이를 조절하여 구성할 수 있도록 책상, 널빤지, 의자 등을 제공한다.
• 유아가 구조물을 쌓을 때 방해받지 않고 활동에 몰두할 수 있도록 충분한 공간을 마련해 주며 통행이 많지 않은 곳에 배치한다.
• 역할놀이영역과 인접하여 배치하면 두 영역의 통합적 활동이 활발하게 이루어지는 효과가 있다.

출처: 보건복지부, 교육과학기술부(2013).

(2) 언어영역

언어영역은 듣기, 말하기, 읽기, 쓰기와 관련된 활동을 경험하는 영역이며, 일상생활에 필요한 언어 능력을 향상시키고 올바른 의사소통 능력 및 태도를 기를 수 있도록 한다. 언어영역은 조용하고 안정된 공간에 배치하는 것이 바람직하며, 유아의 흥미와 놀이 및 활동 주제에 따라 다양한 놀이자료를 제공하여, 듣기, 말하기, 읽기, 쓰기 활동이 골고루 이루어지도록 한다.

언어영역에는 다양한 종류의 그림책과 CD플레이어, 헤드폰, 테이프 등의 듣기자료와, 융판과 융판용 이야기 꾸미기 자료, 그림카드, 막대인형이나 손인형, 인형극 틀, 녹음기, 마이크 등의 말하기 자료를 제공한다. 다양한 책과 책꽂이, 그림책, 잡지, 다양한 글자 카드 등의 읽기 자료와 쓰기 도구, 화이트보드와 펜, 고무 글자판과 스탬프 등의 쓰기 자료를 제공한다.

표 6-12 언어영역의 연령별 영역 구성의 예

연령	언어영역 구성
만 3세	• 친숙한 글자를 모양으로 인식하여 주변의 친숙한 인쇄물에 많은 관심을 보이며, 그림책을 즐겨 본다. 따라서 만 3세에게는 다양한 그림책을 제공해 주는 것이 필요하다. • 듣기 활동을 위해 카세트와 테이프, 이어폰을 비치해 주어 동화 듣기나 유아의 목소리를 녹음하여 들어 볼 수 있게 한다. • 말하기 활동을 위해 융판에 활동 주제 관련 자료를 제시해 주어 유아가 이야기를 재구성하고 확장할 수 있도록 하며, 여러 가지 인형 등 다양한 말하기 자료를 제시한다. • 읽기 활동을 의해 질적으로 내용이 우수한 그림책을 제공하여 주고 읽기에 관심을 나타내지 않는 유아를 위해서는 직접 조작할 수 있는 책, 책장을 넘기면 입체가 되는 책, 헝겊책 등 다양한 종류의 책을 구비하여 흥미를 갖도록 한다. • 쓰기 활동을 위해서는 자석쓰기판, 화이트보드와 마커펜, 필기류와 다양한 재질의 종이 등의 활동자료를 제시해 준다.

연령	언어영역 구성
만 4세	• 쉬운 단어와 짧은 문장 읽기가 가능해진다. 따라서 짧고 반복되는 단어와 문장이 있는 동시, 동화를 제시해 주어 유아 스스로 글자 읽기에 흥미를 가지도록 한다. • 듣기자료는 CD플레이어와 CD, 카세트테이프, 다양한 책 등으로 구성한다. • 말하기 자료에는 이야기 꾸미기 자료와 융판, 이야기 꾸미기 그림카드, 여러 종류의 인형과 인형극 틀, 그림동화, 녹음기, 공테이프, 마이크 등을 제공한다. • 쓰기 자료로는 자신과 친구 이름을 코팅해 주고, 자석판과 마커펜, 음각자판과 종이, 모래상자 등을 제공한다.
만 5세	• 듣고 말하기 활동에서 나아가 읽고 쓰는 활동이 보다 활발하게 이루어진다. • 만 4세의 언어영역 자료 외에도 슬라이드, 주제에 따른 화보 모음 책, 잡지류, 사전 등을 제시하며 자신, 또래친구, 가족들에게 하고 싶은 이야기를 글자로 적어 보거나 단어카드를 이용해 문장을 만들어 볼 수 있으며, 활동주제와 관련하여 작은 책 만들기 활동도 가능해지도록 한다.

출처: 보건복지부, 교육과학기술부(2013).

표 6-13 언어영역의 유의점

• 책이나 자료는 사용한 후 제자리에 정리정돈할 수 있도록 한다. • 유아가 이야기를 직접 만들거나 소리를 녹음해 보는 기회를 가질 수 있도록 다양한 손인형이나 동화를 준비한다. • 초기에는 주로 책 보기나 듣기 등의 활동을 계획하고, 점차 읽기나 쓰기를 위한 활동을 구성하는 것이 좋다. • 읽기나 쓰기 활동을 위해서는 자연조명이 되는 밝은 곳에 배치하도록 하는 것이 좋으며, 조금 더 아늑한 곳에서 듣기나 말하기 활동을 하기 원하는 유아를 위해 적절한 조명을 할 수 있도록 한다.

출처: 보건복지부, 교육과학기술부(2013).

(3) 역할놀이영역

역할놀이영역은 일상생활에서 경험한 것들과 가족과 사회의 다양한 역할과 직업을 상상놀이와 사회 극놀이 등으로 표현해 보는 영역이다. 유아는 역할놀이를 통해 자기중심적인 사고에서 벗어나고 다른 사람과의 관계를 통한 적절한 상호작용 방법을 알아가며 사회 · 정서적 발달을 이룬다. 나아가 주변 사람이나 공동체에서 함께 살아가는 방법을 배운다. 따라서 역할놀이영역은 움직임이 많고 다양한 활동을 하기 때문에 동적인 영역에 배치하는 것이 좋으며, 다양한 소품을 제공하여 놀이와 활동이 더욱 흥미롭고 풍부하게 이루어지도록 한다.

역할놀이영역의 놀이자료는 거울, 소파, 탁자, 의자, 옷장 등의 기본 가구를 배치하고, 그 외 다양한 주제의 소품을 제공한다. 인형, 주방용품, 일상용품, 의류, 신발류, 가방, 빗, 넥타이, 머플러 등의 가족놀이 소품, 모형 과일, 시장바구니, 지갑 등의 가게놀이 소품, 의사 가운, 청진기, 주사기, 붕대, 혈압기 등의 병원놀이 소품, 기타 미장원놀이, 소방놀이 등의 다양한 역할놀이 소품과 의상 등을 제공한다. 주제와 소품이 정체되지 않도록 놀이 주제 및 환경에 변화를 주도록 하는 것이 바람직하다. 쌓기놀이영역과 가깝게 배치하여 두 영역의 놀이가 통합될 수 있도록 하는 것도 좋다.

표 6-14 역할놀이영역의 연령별 영역 구성의 예

연령	역할놀이영역 구성
만 3세	• 실제와 상상을 구별하기 힘든 시기로 실물사진과 실물자료들을 준비하여 역할놀이를 활성화한다. • 유아들이 자발적으로 역할놀이에 흥미를 나타낼 때 참여하도록 한다. • 집이나 병원, 주우소, 목욕탕 등 유아의 일상생활에서 자주 접하는 기관이나 장소를 나타낼 수 있는 소품과 장치를 준비하며 역할놀이를 하는 것으로 시작하여 점차 참여의 수준을 높이도록 한다.
만 4세	• 유아 자신의 노력이 들어간 물건에 대한 애착이 강한 시기로 소품을 유아들이 직접 만들어서 놀이에 활용하도록 한다. • 낮은 선반이나 옷장, 싱크대 등을 이용해서 다른 영역과의 경계를 지을 수 있다. • 영역 내에서 유아들이 여러 종류의 옷을 입고 자신의 변화를 관찰할 수 있도록 유아용 전신 거울을 설치한다.
만 5세	• 가정생활을 나타내는 것은 물론, 주제 활동, 놀이의 전개, 유아들 간의 계획에 따라 병원, 미장원, 음식점, 세탁소, 서점 등의 사회 극놀이를 통해 다양한 사회 구성원의 역할을 해볼 수 있도록 한다.

출처: 보건복지부, 교육과학기술부(2013).

표 6-15 역할놀이영역의 유의점

• 유아가 많이 참여할 수 있도록 충분한 공간을 제공하며, 쌓기놀이영역과 가깝게 배치함으로써 놀이의 확장이 이루어질 수 있다. • 모든 자료는 항상 청결하게 관리하고 파손된 자료는 즉시 수선한다. • 양성평등 교육, 다문화 이해 교육 등이 이루어질 수 있는 장소이므로 관련 소품을 제공하여 자연스러운 놀이로 유도한다. • 교사는 적절하게 참여하고 알맞은 소품을 제시함으로써 유아의 적극적인 참여를 돕고 경험을 풍부하게 한다. • 주도적인 성향이 있는 유아들이 항상 역할놀이를 지배할 수 있으므로 각 역할은 나름대로의 중요성과 의미가 있음을 이해하도록 알려 주며 자연스럽게 서로 역할을 바꾸어 익힐 수 있도록 지도한다.

출처: 보건복지부, 교육과학기술부(2013).

(4) 수 · 조작영역

수 · 조작영역은 일대일 대응, 분류, 비교 등의 기초적 수 개념을 경험하고, 퍼즐 맞추기, 끼워서 구성하기, 측정, 패턴, 간단한 게임 등 논리적 문제 해결, 소근육 조작 등과 관련된 놀이를 하는 영역이다. 수 · 조작영역은 유아들에게 눈과 손의 협응력, 소근육 발달, 논리 · 수학적 개념 발달, 모양과 크기 개념, 문제해결력과 집중력을 향상시킬 수 있다. 이 영역은 개별적으로 탐색활동을 많이 하게 되는 곳으로 주의집중이 잘되고 조용한 정적인 영역에 배치한다. 놀이자료는 레고 블록, 다목적 블록, 꽃 블록 등 다양한 구성 자료, 일대일 대응, 비교, 서열, 부분과 전체, 길이 측정, 공간과 형태 개념에 도움이 될 수 있고 셀 수 있는 놀잇감, 수막대, 수와 숫자 카드 등의 수 이해를 돕는 자료를 제공한다. 또한 퍼즐, 볼트와 너트, 드라이버 등의 조작 자료, 옮겨 담기, 바느질하기, 끈 끼우기, 구슬 끼우기, 단추 끼우기, 지퍼 올리기, 끈 매기 등의 일상생활 자료, 기억하기와 색깔 맞추기와 같은 간단한 게임, 게임판, 주사위, 카드 등의 게임놀이 자료 등을 제공한다. 특히 놀이자료는 다양한 난이도로 준비하여 유아가 발달 수준과 흥미에 따라 놀이하도록 한다.

표 6-16 수 · 조작영역의 연령별 영역 구성의 예

연령	수 · 조작영역 구성
만 3세	• 수 · 조작 놀이를 위해 의자와 책상에 앉는 것 보다 낮은 책상을 활용하는 것이 좋으며 바닥에는 카펫을 깔아 준다. • 수 활동을 위해 1~10까지 셀 수 있는 구체물(예: 작은 동물 모형, 조개류 솔방울 등), 크기를 비교할 수 있는 놀잇감, 각종 수세기판, 주사위, 윷, 큰 자의 시계, 달력, 분류자료(조개, 열매, 병뚜껑 등의 구체물) 등을 제시한다. • 조작 놀이를 위해 5~10조각의 퍼즐류, 일상생활 훈련 자료, 작은 구슬을 숟가락으로 옮기기 등을 제시한다.
만 4세	• 개별 놀이와 소집단 놀이를 모두 수용하도록 영역을 구성해 준다. • 수 활동을 위해 색깔이나 형태, 크기가 다른 끼우기 블록, 수 막대 등 구체물을 제시한다. • 조작 활동을 위해 계절과 활동주제를 반영한 퍼즐, 작은 블록류, 끈, 구슬 끼우기, 지퍼 올리기와 단추 끼우기 등의 일상생활 훈련 등 주로 소근육을 사용하는 자료들을 제시한다. • 퍼즐, 게임 등의 교구를 제작할 때 아이들의 사진을 이용하여 제작하면 유아들이 더욱 흥미를 보이며 10~20조각 정도로 마련한다.
만 5세	• 책상에서만이 아니라 게임판이나 교구를 바닥에 놓고 사용할 수 있도록 바닥에 카펫을 깔고 편안한 자세로 활동할 수 있다. • 만 5세는 전략적인 수 놀이 게임을 즐기며, 개별적인 탐색을 즐기는 조작활동을 한다. 그러므로 교구와 유아들 간의 상호작용과 전략을 유발하는 그룹게임이나 일대일 게임, 그룹게임 등이 이루어질 수 있도록 다양한 게임판을 제시한다. • 15~30조각 정도의 퍼즐 맞추기, 바느질하기, 실뜨기, 직조짜기 등 조작활동을 할 수 있도록 한다.

출처: 보건복지부, 교육과학기술부(2013).

표 6-17 수 · 조작영역의 유의점

• 놀잇감은 유아의 시선을 끌 수 있도록 눈높이에 맞추어 비치하며 특히 무거운 것은 유아가 안전하게 꺼내 사용할 수 있는 위치에 놓도록 한다.
• 다양한 교재 · 교구를 제공함으로써 그래프나 공간, 도형 등과 관련된 대 · 소집단 활동이 자연스럽게 확장될 수 있도록 한다.
• 퍼즐의 조각들이 분실되거나 흩어져서 정리되지 않은 상태로 유아에게 제공되지 않도록 하며, 정리정돈이 쉽도록 바구니나 쟁반에 담아 둔다.
• 자료들을 보관하는 교구장의 바닥에는 자료의 모양이나 사진을 붙여 줌으로써 유아가 스스로 자료를 꺼내고 정리할 수 있도록 해 준다.

출처: 보건복지부, 교육과학기술부(2013).

(5) 과학영역

과학영역은 생물과 무생물, 물질의 성질, 자연현상 등 유아가 일상생활에서 접하는 다양한 자연환경을 관찰, 감상, 탐구, 실험, 이해하기 위한 활동 영역이다. 과학영역은 유아들이 주변의 환경이나 사물, 생명체에 대해 관심을 가지고 지속적으로 탐색하고, 문제해결력과 추리력, 논리적 사고 능력 등의 과학적 사고를 형성하도록 돕는다. 유아들이 탐구의 과정을 경험하고, 예측, 토의, 실험 등의 과학적 방법을 사용하여 보다 능동적이고 효율적으로 이루어질 수 있는 과학 공간이 필요하다. 실내에서 곤충이나 작은 동물, 식물을 기를 수 있는데, 이 경우 햇빛이 잘 들고 안정적인 공간에 배치한다.

과학놀이를 위해 거울, 자석, 돋보기, 현미경, 프리즘, 온도계, 자, 저울, 관찰용지, 필기도구 등의 기본 도구를 제공한다. 식물, 자연물, 동물, 어항, 동물집, 표본, 동식물 관련 책 등의 생명체 관련 자료, 시계, 라디오 등의 부속품, 열쇠, 다양한 바퀴, 여러 가지 물체와 물질 등의 기계류 관련 자료, 돌, 흙, 자연현상 그림이나 사진 등의 자연현상 관련 자료 등을 제공한다.

표 6-18 과학영역의 연령별 영역 구성의 예

연령	과학영역 구성
만 3세	• 작은 곤충에서 큰 동물까지 직접 또는 비디오나 사진, 그림책으로 자주 경험할 수 있도록 한다. • 유아가 관심을 보이는 동식물에 대해서는 관심을 집중하며 오랫동안 탐색할 수 있도록 동식물을 키울 수 있는 공간을 마련한다. • 과학적 탐색을 하면서 자료들을 벽에 부착할 수 있으므로 쉽고 안전하게 붙일 수 있는 작은 게시판을 과학영역에 붙여 둔다.
만 4세	• 관찰하고 탐색하기 쉽도록 관찰대나 낮은 탁자를 사용할 수도 있다. • 자석, 현미경, 확대경, 기계류, 저울, 낙엽, 씨앗, 개미집, 조개껍질 등을 계절에 맞게 제시해 주어 유아가 자유롭게 탐색해 볼 수 있게 한다.
만 5세	• 직접 경험이 가능하도록 동식물 기르기, 다양한 수집물 관찰하기, 과학적 도구 사용해 보기, 기계와 부품을 탐구하고 조립하기 등의 활동을 할 수 있도록 마련한다. • 기록용지와 쓰기 도구를 제공한다. • 스스로 탐색하고 실험할 수 있도록 그림책, 백과사전, 활동카드, 녹음기 등도 제시한다.

출처: 보건복지부, 교육과학기술부(2013).

표 6-19 과학영역의 유의점

- 과학영역의 교재 · 교구는 계절, 생활 주제, 유아의 흥미에 기초하여 다양한 자연물이나 실물을 제시한다.
- 유아 스스로 관찰 탐색 활동이 가능한 자료를 준비해 주고, 또래와 함께 찾아볼 수 있는 과학 사전, 그림책, 사진 등을 충분히 비치한다.
- 일회성 실험이나 전시보다 유아가 지속적으로 관찰하고 예측하며, 그 결과를 기록해 볼 수 있도록 기록지를 준비해 준다.
- 큰 동물을 사육할 경우에는 유아들과 자유롭게 뛰어다닐 수 있는 넓은 공간이나 실내와 실외가 연결되도록 구성한다.
- 생물을 기를 경우 교실에서 충분히 관찰한 후 자연을 소중하게 여기도록 원래 있었던 곳(예: 연못, 공원, 숲 등)으로 보내 주는 과정이 필요하다.

출처: 보건복지부, 교육과학기술부(2013).

(6) 음률영역

음률영역은 생활 주변에서 듣는 다양한 소리에 관심을 가지고 탐색하고, 음악 듣기, 노래 부르기, 악기 다루기, 음악에 맞추어 몸을 자유롭게 움직여 보는 신체 표현활동을 경험하는 영역이다. 음률영역은 유아가 음악적 아름다움의 요소를 찾아보도록 하고, 몸의 움직임과 창의적인 춤으로 표현하도록 하거나, 다양한 악기를 탐색하고 음악 감상 능력을 키워 준다. 신체를 자유롭게 움직일 수 있는 충분한 공간이 필요하고, 소음이 많이 나기 때문에 인접 영역에 방해가 되지 않도록 배치해야 한다. 또한 소음을 줄이기 위해 바닥에는 카펫을 깔아 안전된 분위기를 조성할 수 있다.

음률 놀이자료는 녹음기, 헤드폰, 카세트테이프, 다양한 음악테이프, 악기와 신체표현 사진이나 동영상 자료 등의 기본 자료를 제공한다. 그리고 악기류로는 젓가락, 냄비뚜껑, 깡통, 빨래판 등의 생활 속 악기, 탬버린, 캐스터네츠, 트라이앵글, 마라카스 등의 리듬악기, 실로폰, 멜로디언 등의 멜로디 악기, 장구, 소고, 북, 꽹과리, 피리 등의 전통악기 등을 제공한다. 신체 표현을 위해 스카프, 리본, 리본막대, 부채, 훌라후프 등도 제공한다.

표 6-20 음률영역의 연령별 영역 구성의 예

연령	음률영역 구성
만 3세	• 다양한 장르의 음악을 듣고 자유롭게 표현해 보는 활동을 할 수 있도록 한다. • 다양한 리듬악기나 직접 만든 악기, 소리를 녹음하여 들을 수 있는 녹음기 등을 비치하여 원할 때는 언제나 활용할 수 있도록 한다.
만 4세	• 음악과 함께 몸을 마음대로 움직여 보고 노래를 부르며 여러 가지 악기를 자유롭게 만지고 경험을 해 보도록 리듬악기류와 유아들이 직접 만든 마라카스와 수술, 리본막대, 우드블록, 핸드벨, 실로폰, 소고 등을 제시한다. • 다양한 동작카드, 한삼, 탈, 스카프, 접이부채, 응원 반짝이 수술 등도 제시할 수 있다.
만 5세	• 음악을 들어 보고 만들어 가는 경험을 할 수 있도록 유아 스스로 조작 가능한 CD플레이어를 제공하며, 그림으로 된 간단한 가사악보를 벽에 부착하여 간단한 연주를 해 보도록 한다. • 음률영역에 전신거울을 두어 유아가 자기가 표현하는 모습을 볼 수 있도록 하여도 좋다. • 다양한 동작카드, 한삼, 탈, 스카프, 접이부채, 응원 반짝이 수술 등도 제시할 수 있다.

출처: 보건복지부, 교육과학기술부(2013).

표 6-21 음률영역의 유의점

- 유아가 스스로 음률 활동에 참여할 수 있도록 여러 가지 매체(예: 악기, 음악테이프, 리본, 의상 등)를 제공하고, 움직이는 모습을 볼 수 있도록 벽에 큰 거울을 준비해 주는 것도 좋다.
- 공연 관람, 지역 인사나 전문가 초대, 비디오 관람 등 다양한 방법으로 움직임과 춤 경험, 음악적 표현 및 감상활동을 하도록 한다.
- 유아가 소리를 정확히 변별하는 활동을 할 때는 집중할 수 있도록 주변 소리를 차단하는 장치를 하도록 한다.
- 움직임이나 춤과 관련된 활동을 할 때, 신체 접촉을 꺼리는 유아가 있으면 강요하지 않도록 하며, 서로 부딪히거나 다치지 않도록 미리 주의를 준다.
- 우리나라 전통악기와 함께 다른 나라의 악기를 다양하게 준비하고, 유아가 쉽게 다룰 수 있는 리듬악기나 타악기에서 시작하여 점차 멜로디 악기로 확장한다.

출처: 보건복지부, 교육과학기술부(2013).

(7) 미술영역

미술영역은 그리기, 만들기, 꾸미기, 구성하기 등의 다양한 미술 활동을 전개하며 자신의 느낌이나 생각을 자유롭게 표현하고 미적 아름다움을 감상하는 경험을 하는 영역이다. 미술영역은 유아들이 미술적 아름다움을 느끼고 이해하며, 자신의 생각이나 느낌을 자유롭게 표현하면서 정서적 긴장감을 해소하도록 한다. 색감을 잘 구별할 수 있도록 밝은 곳, 그리고 다양한 미술활동을 할 수 있도록 물을 사용할 수 있는 공간에 배치한다.

표 6-22 미술영역의 연령별 영역 구성의 예

연령	미술영역 구성
만 3세	• 미술 활동이 능숙치 않으므로 다른 유아의 방해를 받지 않고 마음껏 집중을 할 수 있는 충분한 공간과 시간을 마련해 주는 것이 필요하다. • 소근육 발달이 잘 이루어지지 않아 미술영역의 놀잇감이나 재료 사용이 미숙하지만 다양한 내용의 미술 활동이 이루어질 수 있도록 여러 가지 모양과 색, 질감을 가진 종이류, 다양한 그리기 도구, 점토류를 포함하여 쉽게 이용할 수 있는 기본 미술영역 자료를 제시한다.
만 4세	• 다양한 매체를 이용하여 자신의 생각과 느낌을 표현하는 작업 활동과 함께 작품전시 및 감상활동을 할 수 있도록 재료와 공간을 제공한다. • 기본적인 미술자료 이외에도 폐품이나 헝겊, 나뭇잎 등 주변에 있는 사소한 물건들도 작업 활동의 자료가 될 수 있다. • 기본 자료 외에도 유아가 관심을 보이거나 새로운 활동이 전개될 때 적절한 자료를 첨가시켜 줄 수 있다.
만 5세	• 미술적 표현과 자료의 탐구를 통한 창의적 표현력을 길러 줄 수 있도록 풍부하고 다양한 재료를 항상 비치하여 유아가 필요에 따라 손쉽게 꺼내 사용할 수 있도록 한다. • 미술자료는 모양, 크기나 재질 등이 매우 다양하므로 큰 자료와 작은 자료를 유아가 보기 쉽게 잘 분류하여 두어야 한다. • 자료들은 주제나 시기에 따라 교체하거나 첨가하여 준다. • 기본 자료는 가능한 한 필요에 따라 유아들이 쉽게 활용할 수 있는 위치에 보관하는 것이 좋다.

출처: 보건복지부, 교육과학기술부(2013).

표 6-23 미술영역의 유의점

• 결과물을 중요하게 여기기보다는 유아의 경험 과정에 동참하면서 세심히 관찰하고 적절한 도움을 주되 유아가 주체적으로 활동할 수 있도록 한다. • 다양한 자료를 보관할 수 있는 자료 정리장을 구비하고, 유아가 손쉽게 자료를 꺼내어 활동할 수 있도록 배치한다. • 완성된 작품을 말릴 수 있는 설비도 준비한다. • 미술영역에서 사용하는 물이나 물감 등이 바닥에 떨어질 경우, 유아가 미끄러지는 사고가 발생할 수 있으므로 유의한다. • 책상 위나 바닥에 비닐 등을 깔아 보호하고 쉽게 청소할 수 있도록 한다. • 제공하는 재료가 위생적이고 안전한지 점검한다. • 유아의 작품은 소중히 다루고 게시판이나 복도에 전시 공간을 마련하여 자주 전시한다.

출처: 보건복지부, 교육과학기술부(2013).

Chapter 07

영유아를 위한 실외놀이 환경

1. 영아를 위한 실외놀이 환경
2. 유아를 위한 실외놀이 환경

실외놀이 공간은 영유아가 마음껏 뛰어놀 수 있는 곳으로, 자연과 계절의 변화를 만나고 탐색할 수 있으며, 도전적인 신체 활동과 다양한 놀이를 경험할 수 있는 곳이다. 실외의 공간은 실내에서의 놀이영역을 확장시킬 수 있는 공간으로서 자연과 상호작용하고 다양한 자연적인 재료를 가지고 놀이하며 놀이 경험을 더욱 풍부하게 해 준다. 2019 개정 누리과정에서는 유아가 몸을 충분히 움직이며 즐겁게 놀이하고 위험으로부터 자신을 안전하게 보호하는 능력을 기를 수 있도록 지원해야 함을 밝히고 있다.

따라서 영유아가 안전하게 놀이할 수 있는 공간과 자료가 구성되어야 하며, 유아들이 활발한 신체 움직임을 바탕으로 모험적이고 도전적인 놀이, 자유롭게 탐색할 수 있는 놀이, 다양하고 창의적인 놀이 등을 다양하게 경험할 수 있도록 놀이환경을 구성해야 한다. 실외놀이 환경은 유아들의 전인적인 성장을 촉진시키는 복합적인 공간으로서, 영유아들의 발달 수준, 요구와 흥미가 고려되어야 한다. 실외놀이 환경 구성 시 고려해야 할 점은 다음과 같다(보건복지부, 교육과학기술부, 2013; 박찬옥 외 2019; 이숙재, 2019).

① 「어린이놀이시설 안전관리법」에 따른 시설기준을 적용하여 설치

실외놀이 시설은 유아의 안전을 위해 「어린이놀이시설 안전관리법」에 따른 시설기준을 적용하여 설치하도록 한다. 이 법은 어린이들이 안전하고 편안하게 놀이기구를 사용할 수 있도록 어린이 놀이시설의 설치·유지 및 보수 등에 관한 기본적인 사항을 정하고 어린이 놀이시설을 담당하는 행정기관의 역할과 책무를 정하여 어린이 놀이시설의 효율적인 안전관리 체계를 구축함으로써 어린이 놀이시설 이용에 따른 어린이의 안전사고를 미연에 방지함을 목적으로 한다.

② 영유아의 발달 수준을 고려한다

영유아의 발달에 적합한 실외놀이 환경을 구성한다. 영아가 다양한 동작과 감각 경험을 할 수 있도록 구성하여 심리적으로 편안함을 느낄 수 있도록 한다. 유아가 개방적이고 모험과 도전을 할 수 있도록 구성하고 창의적으로 재구성할 수 있는 공간으로 구성한다.

③ 다양한 놀이가 가능하도록 공간을 조성한다

영유아의 다양한 요구, 호기심, 탐구심을 충족시킬 수 있는 공간을 조성한다. 운동놀이영역, 모래 · 물놀이영역, 자연탐구 및 관찰 영역, 역할놀이영역, 쌓기놀이영역, 작업영역, 휴식영역 등 다양한 놀이를 할 수 있도록 구성한다. 또한 다양한 자연환경을 직접 경험할 수 있도록 공간을 구성한다.

④ 정적인 영역과 동적인 영역을 분리한다

달리기, 공놀이, 자전거타기, 물 · 모래놀이 등의 대근육 활동과 움직임이 큰 놀이는 동적 영역에 배치한다. 역할놀이하기, 작업하기, 휴식하기, 책 읽기, 동식물 기르기 등은 정적 영역에 배치한다.

⑤ 바닥은 단단한 표면과 부드러운 표면이 균형 있게 구성한다

바닥은 단일 표면으로 구성하기보다 각 놀이영역의 특성을 고려하여, 흙, 모래, 잔디, 목재 데크, 아스팔트, 친환경 탄성 고무매트 등 다양한 재질로 구성한다. 유아의 안전을 고려하여 복합놀이기구나 그네가 있는 곳은 모래 또는 우레탄 고무바닥을 깔고, 자전거 등의 탈것 등을 이용하는 바닥은 아스팔트와 같은 단단하고 편평한 바닥을 까는 것이 좋다. 동식물을 기르거나 공, 훌라후프, 고무줄 놀이, 술래잡기 놀이를 하는 곳은 흙으로 까는 것이 적절하며, 책 읽기나 역할놀이를 하기에는 목재 데크나 잔디가 있는 곳이 좋다.

⑥ 햇빛과 그늘진 공간의 균형을 고려한다

실외 놀이터의 위치는 유아교육기관의 건물 앞쪽과 남쪽에 배치하고, 햇빛과 그늘을 균형 있게 제공받을 수 있도록 한다. 그늘진 공간이 없다면 나무를 심거나 천막을 쳐서 그늘을 만들어 주는 것이 좋다. 지붕으로 공간을 만들어 주면 눈이나 비, 직사광선을 피할 수 있기 때문에 실외에서도 놀이를 할 수 있고, 놀이 중 휴식을 취할 수도 있다.

⑦ 편리한 이동을 위해 통로를 마련한다

실외놀이는 움직임이 큰 놀이를 주로 하는데, 실외놀이 시설과 장소 간의 이동과 왕래를 원활하게 하기 위해 통로를 마련한다. 통로는 90~150cm 정도의 넓이가 적당하며, 영유아가 통로를 통해 이동할 경우 안전문제와 서로의 놀이 방해를 줄일 수 있다.

⑧ 보관 창고를 둔다

실외놀이 기구나 놀이자료 등을 넣어 보관할 수 있는 창고가 필요하며, 쉽게 꺼내 쓰고 정리할 수 있도록 보관창고를 두면 좋다.

⑨ 울타리와 담장을 설치한다

외부의 차량이나 사람들로부터 유아를 보호할 수 있도록 울타리나 담장으로 둘러싸이도록 한다.

⑩ 전체적인 실외놀이를 교사가 잘 살펴볼 수 있도록 실외놀이영역을 구성한다

1 영아를 위한 실외놀이 환경

영아를 위한 실외놀이 환경은 영아의 발달 특성을 고려할 필요가 있다. 감각운동기에 있는 영아를 위해 다양한 감각을 고려한 놀이기구를 설치해야 한다. 영아의 신체크기에 적합한 공간을 확보하고, 발달단계와 특성을 고려한 지각력과 개별운동을 바탕으로 구성해야 한다. 영아를 위한 실외놀이 환경을 구성해 주기 위한 원리를 살펴보면 다음과 같다(Frost, 1992).

첫째, 영아의 활발한 신체 활동을 위한 공간을 제공한다. 기어오르기, 일어서기, 깡충 뛰기, 붙잡기, 잡아당기기, 밀기, 걷기, 뛰기 등의 다양한 신체활동을 할 수 있도록 한다.

둘째, 영아들의 감각적 경험을 발달시켜 주기 위한 환경과 자료를 제공해 주어야 한다.

셋째, 영아들의 호기심을 자극하고 도전적인 환경을 제공한다.

넷째, 편안하고 안전한 놀이 환경으로 구성해야 한다.

0~1세 영아는 신체조절 능력이 덜 발달되어 다른 연령에 비해 바깥놀이가 자유롭지 못하다. 0~1세 영아들은 날씨의 변화나 자연현상을 감각적으로 경험할 수 있으며, 직접 참여하지 않더라도 다른 영유아들의 놀이를 관찰할 수 있다.

이처럼 영아를 위한 실외놀이 환경은 다양한 감각과 움직임을 경험할 수 있도록 구성할 필요가 있으며, 심리적으로 편안함을 느끼고 청결과 안전성이 고려된 공간을 구성해야 한다. 영아의 발달 특성과 어린이집의 특성 등을 고려하여 융통성 있게 배치할 수 있다.

영아를 위한 실외놀이 환경은 운동놀이영역, 감각탐색놀이영역, 역할놀이영역, 휴식영역으로 구성할 수 있다. 구체적으로 살펴보면 다음과 같다(고선옥, 2018; 보건복지부 · 육아정책연구소, 2013; 이숙재, 2019; 지성애, 2015).

1) 운동놀이영역

운동놀이영역은 영아가 기어오르기, 뛰어내리기, 매달리기, 미끄럼 타기, 자전거 타기, 밀고 끌기 등 자유롭게 신체를 움직이며 다양한 놀이를 즐기는 곳이다. 영아가 자유롭게 움직여 대근육 운동을 활발하게 할 수 있도록 넓고 개방된 공간을 제공해 주어야 한다. 충격을 흡수할 수 있는 바닥재로 구성하는 것이 좋으며, 낮은 미끄럼틀, 그네, 시소, 작은 터널, 오르고 내릴 수 있는 기구, 건너는 기구, 정글짐, 흔들 놀이기구, 조합놀이기구 등의 고정식 놀이기구를 설치할 수 있고, 구르기용 매트, 대형 블록류, 끌차, 흔들배, 부드러운 공 등의 이동식 놀이기구를 제공하여 다양한 놀이를 지원할 수 있다.

2) 감각탐색놀이영역

감각탐색놀이영역은 영아들이 주변 세계와 자연에 호기심을 가지고 자유롭게 탐구하는 과정에 즐겁게 참여하며 다양한 감각적 경험을 하는 공간이다. 영아들이 식물 등에 관심을 가질 수 있도록 눈에 잘 띄는 곳에 화분을 배치할 수 있으며, 동물 사육장 등을 통해 영아들이 동물들에게 직접 먹이를 주고 관찰할 수 있도록 한다. 또한 영아들의 감각탐색놀이를 위해 물 · 모래놀이 공간을 제공해 주어, 물과 모래에 친숙해지고 감각을 이용하여 탐색해 보는 경험을 하도록 한다. 다양한 크기와 모양의 용기, 컵,

삽, 물뿌리개, 양동이, 물놀이 도구, 다양한 소꿉놀이 도구 등을 제공하여 놀이 경험을 풍부하게 해 줄 수 있다.

3) 역할놀이영역

실외 역할놀이를 위해 작은 놀이집, 텐트를 설치하여 소꿉놀이, 캠프놀이 등을 할 수 있도록 한다. 실외 역할놀이영역에는 실내에서 공간의 제한으로 충분히 활용할 없었던 놀잇감을 포함하여 다소 큰 소품, 주방용품, 인형, 유모차, 쇼핑카트, 끌차, 자동차 등을 제공할 수 있다.

4) 휴식영역

휴식영역은 영아들이 편안하게 휴식을 취하거나, 조용한 놀이를 하며 쉴 수 있도록 하는 공간이다. 조용한 장소에 테라스, 나무그늘, 간이 천막, 의자나 매트 등을 제공할 수 있으며, 정적인 놀이를 위해 그림책, 점토, 퍼즐, 미술활동 자료 등을 제공한다.

2 유아를 위한 실외놀이 환경

1) 운동놀이영역

운동놀이영역은 미끄럼이나 그네와 같은 운동놀이기구를 이용하는 놀이와 공, 막대 등의 작은 도구나 몸을 활용하는 놀이를 할 수 있는 공간이다. 오르기, 매달리기, 달리기 등 다양한 운동놀이를 통해 대근육 운동능력을 기를 수 있도록 하고, 민첩성, 유연성 등의 운동기술을 익히고, 몸의 균형을 유지하고 몸을 조정하여 움직일 수 있는 과정을 경험하도록 한다.

운동놀이영역은 대근육 운동능력을 기르고 여러 놀이 기구를 이용하는 방법을 습득할 수 있도록 기어오르기, 매달리기, 미끄럼 타기 등 다양한 운동놀이를 할 수 있는 그네, 미끄럼틀, 시소 등과 이들이 통합되어 있는 복합놀이기구를 설치할 수 있다. 운동놀이영역은 다른 영역보다 공간을 많이 차지하기 때문에 다른 영역과의 조화를 고려하고 조용한 영역과 떨어진 곳에 배치하는 것이 바람직하다.

운동영역의 놀이자료는 크기가 다른 공, 굴렁쇠, 후프, 줄넘기, 제기, 고무줄 등의 놀이 기구, 그네, 평균대, 뜀틀, 매트 등의 운동놀이 기구, 시소, 미끄럼틀, 그네, 정글짐, 그물망, 오름판, 흔들다리 등이 통합되어 있는 복합놀이시설 등으로 구성할 수 있다.

표 7-1 운동놀이영역의 연령별 영역 구성의 예

연령	운동놀이영역 구성
만 3세	• 미끄럼이나 오름 틀의 경사가 완만하고 길이가 짧은 것을 제공한다. • 자전거 등 탈것은 소형으로 제공하여 운동놀이의 즐거움을 갖도록 한다.
만 4세	• 미끄럼이나 오름 틀은 신체 조건에 적합한 것을 제공한다. • 신체 조절 능력, 평형감각, 지구력 등을 길러 주는 평균대 걷기, 공 굴리기, 고무줄 뛰기 등 다양한 운동놀이 기구를 비치한다.
만 5세	• 모험놀이를 비치하여 도전적인 놀이를 해 보도록 한다. • 달리기, 구르기, 균형 잡기, 뛰어내리기 등 다양한 신체 경험을 하도록 한다. • 놀이 기구를 다른 용도로 활용하는 아이디어를 내어 놀이를 할 수 있도록 영역을 구성한다. • 한 가지 놀이를 지속적으로 하여 신체나 기구를 다루는 데 익숙해지게 하며 스스로 안전 규칙을 만들어 보도록 한다.

출처: 보건복지부, 교육과학기술부(2013).

표 7-2 운동놀이영역의 유의점

• 활동 공간에 적절한 인원수, 기구의 견고성, 공간 바닥 등에 대해 정기적으로 안전 점검을 실시한다.
• 기구나 도구의 안전한 사용법을 지도하여 유아 스스로 자신의 안전을 지킬 수 있는 능력과 태도를 갖도록 한다.
• 운동 놀이 기구 주변 바닥은 모래, 잔디를 깔거나 충격을 흡수할 수 있도록 표면 처리를 한다.
• 운동 놀이 기구는 유아의 신체 치수에 적합해야 한다.
• 모서리, 마무리 처리, 칠 등이 안전하게 처리되어야 한다.

출처: 보건복지부, 교육과학기술부(2013).

2) 모래 · 물놀이영역

모래 · 물놀이영역은 물과 모래를 이용하여 다양한 방법으로 놀이하는 영역이다. 모래와 물은 정해진 놀이 방법이 있지 않아 유아들이 자유롭게 놀이하며 몰입할 수 있고 성취감과 만족감을 느낄 수 있다. 이 영역에서는 혼자놀이도 하지만 집단놀이 형태로 이루어지는 경우가 많아 자연스럽게 또래들과 상호작용하는 기회를 갖게 한다.

모래놀이와 물놀이는 함께 이루어지는 경우가 많아 인접하여 배치하면 놀이를 더욱 풍부하게 할 수 있다. 모래 · 물놀이영역은 통행이 빈번하지 않으며, 햇볕이 잘 들고 배수가 잘 되는 곳에 배치하는 것이 적절하다.

모래 · 물놀이를 위한 놀이자료는 모래놀이 테이블, 다양한 크기와 모양의 용기, 모양틀, 모래삽, 주방용 폐품 등의 모래놀이용 자료, 다양한 크기의 용기, 호스류, 물뿌리개, 스펀지 등의 물놀이용 자료를 제공할 수 있으며, 측정도구, 자연물, 다양한 소품 정리함, 비닐 앞치마, 방수가운, 수건 등의 기타 자료를 제공할 수 있다.

표 7-3 모래 · 물놀이영역의 연령별 영역 구성의 예

연령	모래 · 물놀이영역 구성
만 3세	• 모래와 물을 탐색하는 놀이를 많이 하므로 모래나 물을 그릇에 담기, 손으로 만지기, 모래 모양 찍기 등을 할 수 있도록 다양한 종류의 그릇, 인형, 공 등을 준비한다.
만 4세	• 물의 특성을 알아볼 수 있는 다양한 도구를 제공한다. • 모래를 탐색하는 활동 이외에 소꿉놀이 도구, 인형, 자동차 모형, 자연물 등을 이용하여 여러 가지 놀이로 확장하도록 한다.
만 5세	• 물의 양을 측정할 수 있는 다양한 계량 도구를 비치하고 물과 모래를 이용한 여러 가지 실험을 해 볼 수 있도록 교재 및 교구를 준비한다. • 모래삽, 수로용 플라스틱 관, 투명 호스 등을 제공하여 모래 · 물놀이가 확장되도록 한다.

출처: 보건복지부, 교육과학기술부(2013).

표 7-4 모래 · 물놀이영역의 유의점

- 모래가 유실되는 것을 막기 위해 모래밭 가장자리에 고무판을 대거나 테두리를 만들어 주고, 유실되는 모래는 1년에 1~2회 보충한다.
- 모래를 사용하지 않을 때에는 뚜껑을 덮어 모래를 깨끗하게 관리하고 이물질이 들어가지 않도록 하며 주기적으로 소독을 한다.
- 실외 공간이 넓은 경우, 연령과 활동 종류에 따라 모래놀이영역을 별도로 마련해 주는 것도 좋다.

출처: 보건복지부, 교육과학기술부(2013).

3) 자연탐구 및 관찰 영역

자연탐구 및 관찰 영역은 식물 기르기와 동물 기르기 영역으로 구분하여 구성할 수 있는데, 유아들은 자연환경을 탐색하고, 관찰하고, 조사하고, 실험하는 등의 경험을 한다. 유아들은 자연과의 친밀감을 형성하고 정서적 교감을 나누게 되며, 자연에 대한 이해와 더불어 자연물에 대한 전문적 지식과 개념을 형성한다.

식물 기르기 영역은 햇빛, 물 사용, 배수조건 등 식물이 살기에 적절한 곳이 좋으며, 텃밭을 만들거나 작은 화분을 이용할 수 있다. 유아가 직접 씨를 뿌리고 성장하는 모습을 관찰하고, 재배하고 수확하는 즐거움을 경험하도록 한다. 유아가 사계절 내내 식물을 관찰할 수 있도록 꽃나무와 유실수를 계절별로 적절하게 심는 것이 좋다. 식물 기르기 영역의 놀이자료는 작은삽, 모종삽, 호미, 물 주기 도구 등의 식물 기르기 도구, 돋보기, 관찰 기록지 등의 관찰 및 기록 도구, 상추, 배추, 무, 고추, 토마토, 가지 등의 식물을 제공한다.

동물 기르기 영역은 햇빛이 잘 들고 바람이 잘 통하며 배수가 잘되는 장소가 적절하다. 사육장을 설치하거나 물과 사료 공급이 쉬운 곳에 설치하여 유아들이 직접 동물에게 먹이를 주고, 성장하는 모습을 관찰할 수 있게 한다. 청소가 용이하도록 청결하게 관리하는 것이 중요하다. 동물 기르기 영역의 놀이자료는 토끼, 닭, 새 등 기르기에 적절한 동물과 동물우리, 돋보기, 관찰기록지 등의 관찰도구, 음식그릇, 물그릇 등의 동물 기르기 도구, 기타 먹이 등이 필요하다.

표 7-5 자연탐구 및 관찰 영역의 연령별 영역 구성의 예

연령	자연탐구 및 관찰 영역 구성
만 3세	• 주변의 친숙한 동식물을 관찰하도록 한다. • 식물은 토마토, 고추 등 성장 속도가 빠르고 열매가 맺히는 것을 기르는 것이 좋다. • 동물에게 먹이를 주거나 식물에 물을 주는 활동을 한다.
만 4세	• 씨를 뿌리거나 모종을 심어 꽃밭과 텃밭을 가꾸며 식물을 기르도록 한다. • 동식물의 성장과정이나 변화를 그림으로 나타낼 수 있도록 관찰기록용지를 준비한다.
만 5세	• 동식물의 성장과 관련된 책 등의 자료를 제공한다. • 자기 몫을 정하여 씨를 뿌리거나 모종을 심고 거름을 주며 꽃밭과 텃밭을 가꾸어 자신이 기르는 동식물의 성장과정이나 변화를 그림이나 글로 기록할 수 있도록 관찰기록용지를 준비한다.

출처: 보건복지부, 교육과학기술부(2013).

표 7-6 자연탐구 및 관찰 영역의 유의점

- 유아 스스로 여러 가지 채소를 직접 심고 가꾸어 먹을 수 있도록 함으로써 건강에 대한 인식을 돕고 식품과 건강 간의 관련성도 배우도록 한다.
- 나들이를 가거나 공원에 산책을 나가 여러 가지 꽃과 나무 등을 탐색하고 즐길 수 있도록 한다. 박물관이나 동물원, 식물원, 농장 등 지역사회 기관을 활용하는 것도 좋은 방법이다.

4) 작업영역

작업영역은 계절 및 날씨의 변화에 따른 다양한 주변 환경의 특성을 경험하며 유아들이 놀이와 활동을 할 수 있는 영역이다. 물감으로 그림 그리기, 큰 블록 쌓기, 목공놀이, 점토놀이 등을 넓은 실외 공간에서 자유롭게 할 수 있다. 지나친 햇빛이나 바람을 막아 줄 수 있는 곳이 적절하며 천막이나 나무 넝쿨을 이용하여 그늘을 만들어 주는 것도 바람직하다.

작업영역의 놀이 자료는 점토, 이젤, 물감, 종이, 붓, 다양한 그리기 도구, 목공도구, 핑거페인팅, 비닐 옷 등을 제공할 수 있다. 또한 작업용 자료로 종이박스, 점토류,

밀가루 반죽, 나무톱밥, 나무젓가락, 빨대, 고무 밴드, 스티로폼, 모루, 스펀지, 수수깡, 자연물 등과 각종 도구류로 나무망치, 다양한 용기, 자, 장갑, 밀기막대 등을 제공할 수 있다.

표 7-7 작업영역의 연령별 영역 구성의 예

연령	작업영역 구성
만 3세	• 너무 다양한 자료보다는 기본적인 자료를 자주 바꾸어 주도록 한다. • 핑거페인팅 재료, 큰 붓, 점토를 제공하여 작업 활동을 자유롭게 표현하며, 즐길 수 있도록 한다.
만 4세	• 자연물로 꾸미기, 모래 그림 그리기, 물감 흘려 벽화 꾸미기 등의 미술 활동과 블록으로 구성하기 등의 활동을 제공한다.
만 5세	• 다양한 미술 재료 및 자연물을 활용한 놀이, 목공놀이 등 공동 작업에 필요한 자료를 제공한다.

출처: 보건복지부, 교육과학기술부(2013).

표 7-8 작업영역의 유의점

• 작업한 활동물을 전시할 수 있는 공간을 마련한다. • 다양한 크기의 블록과 목공 테이블, 목공놀이 도구를 제공하는 것도 좋다.

출처: 보건복지부, 교육과학기술부(2013).

5) 휴식영역

휴식영역은 유아들이 휴식을 취하거나 편안하게 시간을 보낼 수 있는 영역이다. 유아들이 그림책 보기, 도시 짓기, 조작놀이, 휴식 취하기 등을 할 수 있다. 조용한 공간을 마련하여 나무 그늘이나 정자, 그늘이 있는 벤치, 지붕이 있는 테라스, 텐트, 파라솔 등을 설치할 수 있다. 휴식영역의 놀이자료는 의자나 벤치, 돗자리를 깔아 주어 편안한 영역으로 구성하고 책이나 조작 놀잇감을 제공할 수 있다. 또한 음악 CD와 플레이어,

이어폰 등을 준비하여 조용히 음악을 들을 수도 있다.

표 7-9 휴식영역의 유의점

- 활동적이고 소음이 많은 장소에서 유아가 개인적으로 분리될 필요가 있을 때 조용한 곳에서 긴장을 풀 수 있는 장소를 마련해 주도록 한다.
- 휴식시간은 유아의 연령이나 활동량에 따라 융통성 있게 조절하며 더운 여름이나 추운 겨울에는 실외 온도 조절에 유의한다.

출처: 보건복지부, 교육과학기술부(2013).

6) 보관 창고

보관 창고는 실외놀이에서 사용한 놀이 기구나 자료를 정리하여 보관하는 곳으로, 지붕과 선반이 설치되어 자연재해를 피하고 여러 가지 놀이기구 정리를 용이하게 할 수 있어야 한다. 놀이기구를 적절하게 사용하고 보관을 위해 필요하다.

표 7-10 보관 창고의 유의점

- 창고는 물이 괴지 않도록 약간 경사진 곳에 위치하는 것이 좋다.
- 각종 놀이기구들의 위생 관리를 위해 통풍 및 환기를 시킬 수 있도록 한다.

출처: 보건복지부, 교육과학기술부(2013).

Chapter

08

영유아를 위한 놀잇감

1. 놀잇감에 대한 이해
2. 놀잇감 선정 기준
3. 놀잇감 특성에 따른 놀잇감의 종류
4. 연령별 놀잇감

영유아들은 놀이자료를 통해 자신의 감정과 생각, 상상 등을 자유롭게 표현하며, 세상에 대한 이해를 넓혀 간다. 놀잇감은 영유아의 놀이를 활성화시키면서 영유아의 발달에 중요한 역할을 한다. 최근 2019 개정 누리과정에서는 놀이를 통한 유아의 배움을 강조하는데, 풍부한 놀이자료를 제공하여 놀이를 지원해 주도록 한다. 즉, 영유아들의 놀이 경험을 더욱 풍부하게 해주기 위해서는 영유아들에게 놀잇감을 적절하게 제공해 주어 영유아들이 놀이를 통해 자신만의 방식으로 활용할 수 있도록 지원하고, 영유아들이 새롭게 찾아낸 놀잇감이나 놀이 방식을 존중해야 한다.

놀잇감은 영유아들의 놀이를 지속시키고 발전시키는 도구이며 중요한 역할을 하는 매개물이기 때문에(Wardle, 1990), 놀잇감에 대한 이해가 선행될 필요가 있다. 따라서 이 장에서는 놀잇감에 대한 이해를 기초로 놀잇감 선택기준, 놀잇감 특성에 따른 놀잇감의 종류, 연령별 놀잇감에 대해 살펴보고자 한다.

1 놀잇감에 대한 이해

놀잇감은 자신의 감정이나 생각, 상상을 표현하는 하나의 수단이다. 영유아의 놀이에 흥미를 유발하여 놀이를 지속시킬 뿐만 아니라 놀이를 확장시키는 역할을 한다. 놀잇감은 영유아가 활발하게 놀이하는 데 의미 있는 도구이자 영유아들의 성장과 발달에 중요한 영향을 미친다(신은수 외, 2019). 좋은 놀잇감은 영유아의 상상력을 촉진시키기도 하고, 상상력을 자극하여 놀이에 몰두할 수 있도록 돕는다(Wardle, 1999). 놀잇감에 대한 이해를 위해 다양한 관점으로 살펴보면 다음과 같다.

- 놀잇감은 놀이의 내용과 놀이 유형을 구성하는 데 중요한 영향을 미친다.
  공 등의 놀잇감은 기능놀이에 영향을 미치며, 모래, 물, 찰흙 등 구조성이 낮고 개방적인 놀잇감은 다양한 방법으로 놀이할 수 있도록 하며 비사회적 놀이와 구성놀이에 영향을 미치고 창조적 활동을 자극한다. 또한 블록, 목공놀이 도구, 미술놀이 자료 등의 놀잇감은 구성놀이에 영향을 미친다. 특히 블록은 다양한 유형의 사회적 놀이뿐만 아니라 구성놀이와 극화놀이를 촉진시킨다. 그리고 인형, 소꿉놀이 소품, 모형 자동차 등은 역할놀이와 사회 극놀이, 상징놀이를 촉진시킨다.

- 놀잇감은 영유아의 발달을 촉진한다.
  물, 모래, 점토, 블록 등의 비구조적 놀잇감은 유아들의 창의성을 발달시키고 확산적 사고를 촉진하는 데 도움이 된다. 이들의 놀잇감은 영유아의 협동 및 집단놀이를 돕기 때문에 사회성 발달에 영향을 미치고 사회적 상호작용을 더욱 활발하게 이끈다. 마찬가지로 인형, 소꿉놀이 소품, 모형 자동차 등은 집단놀이 및 극화놀이를 촉진시켜 언어능력, 사회성 및 정서 발달을 돕는다.

- 영유아들의 놀잇감 선택은 영유아의 발달 수준에 영향을 받는다.
  놀잇감의 종류에 따라 영유아의 발달을 촉진하기도 하지만, 동시에 영유아의 발달 수준은 영유아들의 놀잇감 선택에도 영향을 미친다. 즉, 놀잇감의 종류에 따라 놀이의 유형이 달라질 수 있다. 또한 놀이의 유형은 다양한 영유아의 발달을 촉진하지만, 영유아의 발달 수준에 따라 영유아들이 선택하는 놀잇감도 달라지며 놀이의 유형과 방법에도 영향을 미치며 놀이도 달라진다. 영유아들의 연령이 낮을수록 사실성과 구조성이 높은 놀잇감을 가지고 놀이를 더 많이 한다. 반면, 영유아의 연령이 높을수록 사실성이 낮고 비구조적이며 정교한 기술이 요구되는 놀잇감을 더 많이 가지고 놀이하며, 단순한 놀이에서 더 다양한 놀잇감으로 복잡하고 다양한 방법으로 놀이하고, 창의적이고 구체적인 놀이를 즐긴다.

- 놀잇감의 양은 놀이에 영향을 미친다.

놀잇감의 양은 영유아들의 놀이유형, 상호작용의 정도, 놀이 지속시간에도 영향을 미친다. 놀잇감의 수가 적은 경우에는 협동놀이가 늘어나고 유아 간 갈등이나 공격적 행동을 초래한다. 반면, 놀잇감의 수가 많은 경우에는 혼자놀이와 병행놀이는 늘어나고 협동놀이가 줄게 되며 갈등 상황이나 공격적 행동이 줄어들게 된다. 이처럼 놀잇감의 양은 영유아의 사회적 상호작용에 영향을 미친다. 놀잇감이 충분히 제공되지 않을 경우에는 영유아의 갈등이 증가하였지만, 다른 영유아들과 함께 어울려 놀이하는 놀이 행동도 증가하였다. 영유아들에게 제공하는 놀잇감의 양도 신중하게 고려되어야 할 것이다.

그림 8-1 구조성에 따른 놀잇감

2 놀잇감 선정 기준

놀잇감은 영유아의 놀이 경험과 발달 등에 영향을 주기 때문에 영유아에게 어떠한 놀잇감을 선정하여 제공하는가도 매우 중요하다. 영유아의 놀이 경험을 더욱 풍부하게 하고, 놀이를 확장해 주기 위해 놀잇감을 신중하게 고려하는 것이 중요하다. 놀잇감 선정기준은 다음과 같다(김정규, 이광자, 조정숙, 2002; 박찬옥, 정남미, 곽현주, 2019; 안혜준, 송승민, 조형숙, 권희경, 2019; 지성애, 채영란, 신금호, 박희숙, 박유정, 2019).

1) 영유아의 발달 및 흥미에 대한 적합성

놀잇감은 영유아의 발달과 흥미에 적합해야 한다. 영유아의 놀이 발달에 대한 이해를 바탕으로 영유아의 발달 단계를 고려하여 적절한 놀잇감을 선정 · 제공하여 놀이를 촉진시켜 줄 수 있다. 놀잇감은 영유아의 발달, 사전 경험 등에 적합하여 적절하게 사용하여 놀이를 할 수 있는 것이 바람직하다. 놀잇감의 형태, 크기, 색깔, 난이도가 영유아의 신체적, 인지적, 사회적 발달에 적합해야 하며, 놀잇감의 기능, 질감, 형태, 색채의 측면에서 다양하여 영유아들의 호기심과 즐거움, 성취감 등을 줄 수 있는 것을 선정한다. 또한 신체 특성이나 문화 차이, 남녀의 성역할 개념, 빈부 차이, 직업에 대한 편견 등 왜곡된 가치관과 태도의 형성을 조장하지 않는 것을 선정하여 교육적 측면도 고려해야 한다(박찬옥 외, 2019).

2) 안전성

영유아의 놀잇감 선정 시 가장 중요한 부분은 안전성이며 가장 우선적으로 고려해야 할 부분이다. 튼튼하고 잘 깨지지 않는 것, 끝과 모서리가 날카롭지 않은 것, 삼킬 수 없는 크기의 것, 손 · 발이 끼지 않는 것, 무독성 재료, 불연소성 재질, 연결 부위 처리가 날카롭지 않은 것 등을 선정해야 한다. 놀잇감 사용 전 사용설명서를 확인하여 적절한 사용법을 익혀 안전하게 사용할 수 있도록 한다. 놀잇감의 안전과 관련하여 점검해 보아야 할 사항은 다음과 같다(안혜준 외, 2019; 이숙재, 2019).

- **놀잇감의 크기:** 놀잇감의 크기는 최소한 35mm 이상이 되어야 하고, 입에 넣기 쉬운 크기는 바람직하지 않으며 삼킬 수 없는 것이어야 한다.
- **놀잇감의 재질:** 해로운 염료, 페인트, 금속 등 유해 성분이 없어야 한다. 특히 납이 허용치 이상 사용되었는지, 무독성인지 확인한다.
- **놀잇감의 모양:** 날카로운 모서리나 뾰족한 끝부분이 없어야 한다.
- **놀잇감의 표면:** 표면이 거칠거나 다칠 위험이 없어야 하며, 날카롭고 위험한 부분이 없어야 한다.
- **놀잇감의 강도:** 놀잇감의 구조가 단단하고, 놀잇감에 부착된 부품이 쉽게 떨어지지 않아야 한다.

3) 내구성

놀잇감은 견고하게 제작되어 놀잇감 사용 중 쉽게 망가지거나 깨지지 않는 것, 부품의 구성이 비교적 단순하여 내구성이 높은 것을 선정해야 한다. 놀잇감의 재질, 구조, 부품의 부착력, 보관과 관리의 용이성을 고려해야 한다. 특히 놀잇감의 내구성은 보관과 관리가 얼마나 용이한가에 따라 영향을 받기 때문에, 보관과 관리가 용이한 놀잇감을 선정해야 한다. 부식되지 않고, 옮기기 쉽고, 가볍고, 공간을 적게 차지하는 등 유지, 관리, 보관이 용이한 놀잇감을 선정하고, 위생관리와 세척의 용이성도 고려되어야 한다.

4) 교육성

영유아의 적극적인 참여와 구체적이고 직접적인 경험을 통해 학습 및 흥미 증진, 비판적 사고, 문제해결력을 촉진하는 것을 선정한다(박찬옥 외, 2019). 또한 영유아들의 대 · 소근육, 눈과 손의 협응력, 사회성 발달, 인지발달, 정서적 안정감, 창의적 사고를 촉진할 수 있도록 적절한 놀잇감을 제공해야 한다. 또한 고정된 성역할 개념을 드러내는 놀잇감, 공격성을 자극하는 놀잇감, 다양한 가족 형태, 인종, 성 등에 대한 편견이 드러난 놀잇감 등은 바람직하지 않다. 고정관념과 왜곡된 가치관 및 태도를 형성하지 않도록 반편견, 다문화 교육 측면 등 놀잇감 선정 시 다양한 교육적 측면을 고려해야 한다.

3 놀잇감 특성에 따른 놀잇감의 종류

영유아들을 위한 놀잇감은 매우 다양하다. 놀잇감의 특성에 따라 구분하면 조작 놀잇감, 사실적 놀잇감, 모형 놀잇감, 구성 놀잇감, 대근육 놀잇감, 게임으로 나누어 볼 수 있다(신은수, 김은정, 유영의, 박현경, 백경순, 2011; 지성애, 1996). 놀잇감의 특성에 따른 종류를 살펴보면 다음과 같다.

1) 조작 놀잇감

조작 놀잇감은 영유아가 조작하며 구성해 볼 수 있는 놀잇감으로서, 손과 눈의 협응을 돕거나, 서열화, 분류, 일대일 대응력 등을 돕는다. 조작 놀잇감을 구체적으로 살펴보면 다음과 같다(신은수 외, 2019; 지성애, 1996).

(1) 퍼즐

퍼즐은 눈과 손의 협응력, 소근육 기술, 모양과 크기 연결, 개념, 일대일 대응의 발달을 돕는데, 부분으로 전체를 구성하면서 부분과 전체의 관계를 알게 해 준다. 초기에는 4~6개의 적은 수로 나뉜 큰 모양의 퍼즐로 시작하는 것이 적절하며, 그림이 단순하고 손잡이가 있어 끼워 넣기 용이한 퍼즐을 사용하는 것이 좋다. 연령이 높아지면 좀 더 많은 수로 나뉜 작은 모양의 퍼즐이 적절하다. 4세는 10~20개, 5세는 15~30개 이상의 조각으로 이루어진 퍼즐을 제공한다.

(2) 서열화 놀잇감

서열화 놀잇감은 사물을 작은 것에서부터 큰 것으로 크기에 따라 순서를 짓거나, 색을 기준으로 배열하고, 쌓아 올리거나, 포개어 보는 놀잇감이다. 영유아에게 눈과 손의 협응력 발달과 함께 서열화 개념을 형성하도록 돕는다.

(3) 끼우기 놀잇감

끼우기 놀잇감은 구멍이 뚫린 구슬, 나무, 플라스틱, 금속 조각 등의 다양한 모양과 크기의 조각에 줄과 끈을 이용하여 끼우거나, 여러 형태로 구멍이 뚫린 판에 줄과 끈을 끼우는 놀잇감이다. 줄과 끈을 끼우는 과정에서 조각의 크기나 색 등에 따라 순서에 맞추어 끼울 수 있고, 다양한 구멍이 뚫린 판에 여러 가지 패턴과 모양으로 줄과 끈을 끼울 수 있다. 조각에 난 구멍의 수와 크기, 조각의 수, 조각의 모양, 줄의 길이 등을 다양하게 변화시켜 제공할 수 있다. 끈이나 줄은 구멍에 잘 들어갈 수 있도록 양끝을 빳빳하게 마무리된 것이 적절하다. 끼우기 놀잇감은 영유아의 눈과 손의 협응력, 연속성 연습, 일대일 대응력 향상에 도움을 준다.

(4) 나무못판 세트

나무못판 세트는 구멍이 뚫린 나무못판(페그보드판)에 못을 자신이 생각한 형태로 구성하거나 패턴을 만들며 못을 끼우는 놀잇감이다. 영유아가 쉽게 잡고 조작할 수 있도록 5㎝ 이상인 것이 적절하다. 나무못판 세트는 도형에 대한 인식, 눈과 손의 협응력을 기르는 데 도움이 된다.

(5) 짝 맞추기 놀잇감

색깔, 모양, 수, 글자, 개념, 순서 등을 기준으로 여러 조각 가운데서 서로 짝을 찾아 맞추는 놀잇감이다. 도미노, 짝짓기 카드, 그림 짝짓기 판 등이 있다. 짝맞추기 놀이에 익숙한 유아는 10개 이상의 조각으로 된 짝짓기 놀잇감을 사용할 수 있다. 개념, 순서, 비교 등의 개념을 길러 줄 수 있다.

(6) 분류하기 놀잇감

색깔, 모양, 수, 글자, 개념 등을 기준으로 분류하는 놀잇감으로 영유아들의 비교, 분류 개념을 길러 줄 수 있다.

(7) 잠그기 놀잇감

여러 개의 문이 있고, 문에 맞는 열쇠를 끼워 돌리면 문이 열리는 놀잇감으로, 영유아들의 소근육, 눈과 손의 협응력 발달에 도움이 된다.

(8) 일상생활 훈련 놀잇감

영유아들이 혼자서 옷과 신발을 입거나 신고, 벗을 수 있도록 기본적인 조작 활동을 연습할 수 있는 놀잇감이다. 단추 끼우기, 지퍼 열고 닫기, 신발 끈 풀고 매기, 벨트 끼우기 등을 연습할 수 있다.

2) 사실적 놀잇감

사실적 놀잇감이란 놀이 활동에 사용되는 실제 사물로, 자료를 사용하여 다양한 감각 및 구성, 상상 놀이를 경험할 수 있는 놀잇감이다. 사실적 놀잇감은 다양한 놀이를 장려하여 상상력을 자극할 뿐만 아니라 주변에서 실제로 사용하는 사물을 놀이로 활용하는 경험을 통하여 가장놀이를 비롯한 사회적 상호작용, 문제해결 능력, 표상능력 및 언어발달을 촉진시킬 수 있다. 사실적 놀잇감은 다음과 같은 것들이 있다(신은수 외, 2019; 지성애, 2009).

(1) 모래, 물, 진흙

모래, 물, 진흙 등과 같은 자료는 뚜렷한 형태가 없고, 용기에 의해 형태가 만들어진다. 물, 모래는 다양한 모양과 크기의 용기, 틀, 다양한 소품, 소꿉 놀잇감 등을 제공하여 다양한 놀이로 확장되는 융통성 있는 놀잇감이다. 물과 모래 놀이를 위해 소품은 물에 넣을 수 있는 플라스틱, 고무인형, 계량컵, 페인트 솔, 짧은 손잡이의 삽과 덤프트럭, 여러 가지 모양의 틀과 체 등의 소품을 제공할 수 있다. 또한 실물 자료인 진흙은 부드럽고 모래와 비슷하며 쉽게 젖거나 마르기도 하고 모양을 만들고 건조하기 쉽다.

(2) 점토, 밀가루반죽, 찰흙

점토, 밀가루반죽, 찰흙은 영유아들이 자유롭게 굴리기, 섞기, 두드리기, 뜯기, 다양한 모양으로 만들기를 할 수 있는 놀잇감이다. 놀이에 적합한 실제 자료로 아이스크림

막대, 모양 틀, 쿠키 절단기, 점토 찍기틀, 밀대, 모서리가 날카롭지 않은 색깔 있는 주걱 등과 같은 다양한 도구를 제공하는 것이 좋다.

(3) 음식물

음식물은 날것, 요리된 것, 빻은 것, 얼은 것 등의 다양한 상태에서 놀이할 수 있는 실물자료이다. 영유아는 다양한 감각을 사용하여 음식물의 다양한 특성을 탐색할 수 있으며, 요리활동으로 확장시킬 수 있다.

(4) 나무와 목공놀이 도구

영유아에게 다양한 모양과 크기의 나무는 좋은 실물 놀잇감이 될 수 있다. 다양한 크기와 형태의 나무 조각을 쌓거나 붙이고, 망치와 못 등을 이용하여 구성하여 만드는 목공놀이, 조형놀이도 할 수 있다. 나무 중 소나무는 합판이나 다른 딱딱한 나무들보다 부드럽고 잘 휘어지며 가볍고 가시가 적기 때문에 가장 적합하다. 나무와 함께 사용할 수 있는 소품으로는 망치와 못, 나사, 드라이버, 작업대, 너트, 톱, 볼트, 렌치 등을 제공할 수 있으며, 놀이 시 안전을 위해 소품 및 공구 사용에 대한 안내와 주의가 필요하다.

3) 모형 놀잇감

모형 놀잇감은 영유아들의 주변 환경에서 볼 수 있는 사물을 축소한 모형들로, 집, 자동차, 동물, 생물 등 실지적 실물모형, 우주선, 영웅적 인물을 복제한 환상적 실물모형이 있다. 사물을 축소하였기 때문에 영유아들이 쉽게 조작하고 어디서나 사용하기 쉽다. 모형 놀잇감을 구체적으로 살펴보면 다음과 같다(신은수 외, 2019; 지성애, 2009).

(1) 역할놀이 놀잇감

역할놀이 놀잇감은 극놀이 주제와 관련된 사람이나 사물로 표현된 모형 놀잇감이다. 주로 역할영역에 제공되어 영유아들이 역할을 맡아서 이야기를 전개해 나가며 사용하며, 사물의 축소판이 포함된다. 역할놀이 놀잇감의 대부분은 가정, 집과 관련된 모형 소품으로 인형과 인형 옷 등의 소품, 냉장고, 전자레인지, 싱크대, 냄비, 팬, 접시, 숟가락, 주방용 식기 등의 부엌기구 및 소품 모형, 전화기, 다리미, 청소기 등의 전자제품 모형, 과일, 채소, 생선, 고기, 달걀 등의 음식물 모형, 유모차, 요람, 우유병 등의 유아용품 모형 등이 있다.

(2) 교통기관 놀잇감

교통기관 놀잇감에는 자동차, 트럭, 모형기차, 마차, 배, 비행기, 소방차 등의 다양한 교통기관과 관련된 놀잇감이다. 주차장, 기찻길, 신호등, 육교, 터널, 다양한 기관과 같은 주변 모형과 함께 제공되면 다양한 놀이로 확장된다.

(3) 생물체 놀잇감

생물체 놀잇감은 사람, 동물, 모든 형태의 다양한 생명체를 축소하여 표상한 놀잇감이다. TV, 영화, 만화에 나오는 등장인물을 복제한 놀잇감도 포함되는데, 많은 영유아에게 흥미를 줄 수 있을 만큼 대중적이다. 대개는 플라스틱으로 만들어지며, 다양한 실물모형은 혼자놀이나 집단역할놀이를 더욱 활발하게 한다.

4) 구성 놀잇감

구성 놀잇감은 영유아가 다양한 방법으로 구성할 수 있는 개방적인 놀잇감이다. 비

구조적이며 개방적이고, 사용방법이나 구성방법이 정해져 있지 않기 때문에 다양한 놀이가 가능하다. 구성 놀잇감을 구체적으로 살펴보면 다음과 같다(신은수 외, 2019; 지성애, 2009).

(1) 블록

블록은 다양한 종류, 모양, 크기, 색깔이 있으며, 일반적으로 소형 구성 블록과 대형 공간 블록으로 나뉜다. 소형 구성 블록은 다시 단위 블록과 테이블 블록으로 구분되는데, 단위 블록은 표준단위(3.5×7×14㎠)로 되어 있고, 세트의 모든 다른 크기와 모양은 단위의 배수로 되어 있다. 테이블 블록은 다른 유형의 소형 구성 블록으로 단위 블록보다 크기가 작아 작은 공간에서 사용할 수 있으며 저렴하다.

대형 공간 블록은 나무, 하드보드, 플라스틱 등으로 만든 큰 블록으로 무게를 줄이기 위해 속을 비운 것이다. 크기가 커서 양손으로 사용해야 하기 때문에 영유아가 협력적 구성놀이를 하도록 한다. 이 블록은 극놀이에서 큰 구조물(집, 보트 등)을 구성할 때 주로 사용된다.

(2) 구성 세트

구성 세트는 많은 조각으로 되어 있는 도미노, 레고 블록 등이다. 작고 많은 조각은 다양한 방법으로 조립이 가능하며, 융통성 및 가변성이 있어 다양한 연령대의 영유아가 사용 가능한 놀잇감이다.

(3) 그 외 블록

일상생활에서 볼 수 있는 다양한 크기의 종이상자, 널빤지, 양쪽 입구가 뚫린 원기둥 등도 구성물을 만드는 데 이용될 수 있다.

5) 대근육 놀잇감

대근육 놀잇감은 영유아들의 대근육 발달과 협응력을 기르기 위한 놀잇감이다. 대근육 사용과 신체운동 및 조절을 돕는다. 타는 놀잇감, 오르고 내리는 놀잇감, 끄는 놀잇감, 밀고 당길 수 있는 놀잇감, 다양한 공과 방망이, 터널, 농구대 등이 있다. 대근육 놀잇감은 공간이 많이 필요하고 소음이 크기 때문에 주로 실외에서 사용하는 경우가 많다.

6) 게임

3~5세경 유아는 집중시간이 보다 길어지며, 차례 지키기를 학습하고 단순한 규칙을 따를 수 있게 되며 게임을 할 수 있다. 이 시기는 대응시키는 활동의 빙고 게임과 단순한 카드 게임 놀잇감을 제공해 주면 적절하다. 5~6세경 유아는 단순한 판 게임, 기억 게임, 수세기 게임(도미노) 놀잇감을 제공해 줄 수 있다.

4 연령별 놀잇감[1)]

놀잇감과 영유아의 발달은 밀접한 관련이 있다. 영유아의 발달수준에 따라 적합한 놀잇감을 제공해야 한다. 연령별 영유아를 위한 놀잇감을 살펴보면 다음과 같으며 영

1) 제3장 연령별 발달과 놀이 참조

역별로 일반적인 놀잇감의 종류를 제시하고자 한다(보건복지부, 교육과학기술부, 2013; 박찬옥 외, 2020; 보건복지부, 육아정책연구소, 2013; 신은수 외, 2018; 이숙재, 2019; 지성애, 2019). 영유아들의 연령별 놀잇감의 종류에 따라 놀잇감 선택을 위한 기본적인 정보와 안내를 제공하고자 하였다.

1) 0~1세 영아를 위한 놀잇감

이 시기의 영아는 놀잇감을 처음 접하면서 점차 친숙해진다. 붙잡고 서기, 걷기와 같은 대근육 운동놀이와 오감의 발달을 자극하는 놀이를 좋아한다. 따라서 감각을 자극하는 놀잇감을 제공하여 흥미를 느낄 수 있도록 해야 한다. 영역별로 나누어 제공할 수 있는 놀잇감은 다음과 같다.

신체 놀잇감	• 잡고 서서 밀고 걸을 수 있는 바퀴 달린 장난감, 실내용 미끄럼틀, 그네, 흔들말, 세발 자전거나 붕붕차, 스펀지 블록, 공, 영아용 침대에서 사용 가능한 놀이기구
언어 놀잇감	• 단순한 그림책, 감각 그림책, 스펀지 책, 헝겊책 등 영아용 그림책 • 손인형, 그림이나 사진, 끼적거릴 도구 • 모형 전화기나 카세트
감각 및 탐색 놀잇감	• 모빌, 딸랑이, 손에 쥘 수 있는 놀잇감, 오뚝이 • 건드리면 다양한 소리가 나는 놀잇감, 상자 블록, 누르면 작동하는 놀잇감 • 다양한 질감의 인형, 여러 가지 재질과 크기의 공 • 모양 블록, 모양 끼우기 통, 고무나 플라스틱 재질의 고리 끼우기 등
역할 및 쌓기 놀잇감	• 다양한 인형(인형놀이를 위한 인형, 봉제 인형) • 밀고 당기는 놀잇감(쇼핑용 손수레, 유모차, 자동차) • 부엌용품, 청소용품 등의 역할 놀잇감 • 다양한 크기, 색, 모양의 쌓기 놀잇감 • 쌓기놀이에서 함께할 수 있는 모형 자동차 및 인형

2) 2세 영아를 위한 놀잇감

2세 영아들은 감각운동 놀이가 주를 이루나 다양한 운동 기술이 점차 안정되기 때문에 운동기술을 시험해 보는 놀잇감을 제공하는 것이 적절하다. 또한 놀잇감을 탐색하고, 사물의 속성에 흥미를 갖기 시작하기 때문에 감각적 탐색에 흥미를 느낄 수 있도록 다양한 재료를 탐색하도록 하는 것이 중요하다. 2세 영아를 위해 영역별로 제공할 수 있는 놀잇감은 다음과 같다.

신체 놀잇감	• 실내 미끄럼틀, 종합 놀이대 • 이동식 목마, 자동차, 끌차 • 공, 후프, 볼풀 놀이대
언어 놀잇감	• 다양한 주제의 그림책, 사진책 • 포스터, 동시판, 노래판, 팸플릿, 전단지, 메뉴판 등 • 칠판이나 전지 및 끼적거릴 도구(크레파스, 색연필, 사인펜 등) • 녹음기, 마이크, 카세트
감각 및 탐색 놀잇감	• 여러 가지 조각 놀잇감(소형 블록, 구슬 끼우기 놀잇감, 레고 등) • 퍼즐 및 분류 놀잇감 • 실내에서 키울 수 있는 동식물, 돋보기, 자석, 여러 모양의 돌이나 나무껍질, 조개껍데기, 어항, 새집, 화분 등
역할 및 쌓기 놀잇감	• 다양한 인형(인형놀이를 위한 인형, 봉제인형) • 밀고 당기는 놀잇감(쇼핑용 손수레, 유모차, 자동차) • 부엌용품, 청소용품 등의 역할 놀잇감 • 크기가 너무 작지 않은 다양한 재질과 크기의 블록 • 동물, 자동차, 사람 모형 소품
미술 놀잇감	• 다양한 크기와 모양의 종이, 색종이, 구길 수 있는 재료 • 끼적거릴 수 있는 도구(크레파스, 색연필 등), 물감, 붓 • 사진이 많은 잡지책, 모루, 수수깡, 빈 과자 상자나 봉투 • 안전 가위, 풀, 접착용 테이프 • 점토(점토용 칼, 찍기틀), 밀가루 반죽, 풀물감, 찍기놀이 도장, 스티커

음률 놀잇감	• 카세트나 녹음기 • 리듬악기(북, 트라이앵글, 마라카스, 탬버린, 캐스터네츠 등) • 안전거울, 동작표현 소품(보자기, 스카프, 리본막대, 수건, 머리띠, 가면, 옷, 장갑 등)
물 · 모래 놀잇감	• 모래상자, 물 담아 두는 통, 모래놀이 소품(삽, 모래통), 물놀이 소품(스펀지나 고무 인형, 플라스틱 그릇 등)

3) 3세 유아를 위한 놀잇감

3세 유아는 극놀이에 흥미를 나타내고 모방 놀이를 즐겨 하며, 또래와의 상호작용도 빈번하기 때문에 이러한 특성과 관련이 깊은 놀잇감을 제공해 줄 수 있다. 또한 놀이 형태가 단순하고 간단한 조작활동에 흥미를 느끼며 반복하는 특징도 나타낸다. 3세 유아를 위한 영역별 놀잇감을 살펴보면 다음과 같다.

쌓기 놀잇감	• 우레탄 블록, 종이벽돌 블록, 단위 블록, 레고 블록, 자동차, 사람모형 소품
언어 놀잇감	• 거울, 전화기, 손인형, 막대인형, 인형극 틀 • 자연의 소리, 동물소리 등의 녹음 자료 • 다양한 그림책, 동요 · 동시집 • 이름카드, 사포글자, 종이나 노트 등
역할 놀잇감	• 인형, 인형옷, 부엌놀이 소품, 다양한 그릇, 막대 인형, 손가락 인형, 손인형과 인형극 틀 • 식물이나 유사한 대용품(모형 음식, 팔다리가 움직이는 인형류 등)
수 · 조작 놀잇감	• 줄꿰기 판, 촉감 및 소리 상자, 짝짓기 놀잇감, 퍼즐(5~10조각 내외) • 수세기 자료(돌, 단추, 막대기, 숫자모양카드, 숫자그림퍼즐, 숫자 도미노카드, 숫자 도장 등) • 짝짓기, 모양 변별하기, 서열하기 자료(다양한 크기, 모양, 색의 단추, 조개껍데기, 돌, 나사, 구슬 꿰기) • 일상생활 자료(찍찍이 붙이기, 단추 끼우기, 지퍼 올리기, 작은 물건 손이나 숟가락으로 옮기기)

과학 놀잇감	• 감각자료(거울, 색안경, 촉감상자, 소리상자 등) • 동식물 기르기 자료 • 과학도서
음률 놀잇감	• 탬버린, 트라이앵글, 마라카스, 방울 등 • 신체표현 자료(리본, 스카프, 가면, 거울 등)
미술 놀잇감	• 크레파스와 커다란 종이, 손가락 그림물감, 밀가루 반죽, 점토와 찰흙, 안전가위 등
물 · 모래 놀잇감	• 크기와 형태가 다양한 그릇, 깔때기, 체, 모양 틀, 물감, 국자, 삽 등
신체 놀잇감	• 낮은 미끄럼틀, 낮은 오르기 기구, 높이는 낮고 폭이 넓은 평균대, 소형 탈것, 흔들 배, 흔들 목마, 오름틀, 터널

4) 4세 유아를 위한 놀잇감

4세 유아는 놀이가 확장되고 다양해지면서 친구와 함께 노는 연합놀이가 나타나고, 인지능력 및 언어능력이 급격하게 발달되어 사회성도 발달한다. 또한 창의적인 놀이를 즐기며 의미 있는 물건을 만들어 내기도 한다. 또한 소근육이 발달하고, 눈과 손의 협응력, 균형 감각 및 미적 감각이 발달하기 때문에 조작적 놀이를 즐긴다. 4세 유아를 위한 놀잇감을 영역별로 살펴보면 다음과 같다.

쌓기 놀잇감	• 다양한 블록, 단위블록, 속이 빈 블록, 각종 플라스틱 블록 • 교사 제작 블록(깡통 블록, 우유갑 블록 등) • 소품(각종 자동차와 교통표지판, 사람 및 동물 모형, 운전대, 경찰 모자 등)
언어 놀잇감	• 화이트 보드와 펜, 다양한 종이, 쓰기 도구 • 글자 카드, 다양한 장르의 책 • 수수께끼 자료, 융판, 자석판 등
역할 놀잇감	• 가정 및 주방 소품, 직업 관련 역할놀이 용품 등
수 · 조작 놀잇감	• 비교 · 분류 · 순서짓기 놀이 자료(다양한 병뚜껑, 단추, 빨대, 겹끼우기 상자, 플라스틱 패턴 블록), 열쇠와 자물쇠, 너트와 볼트, 퍼즐(20조각 내외) • 규칙이 단순한 게임 자료(주사위 게임 등)

과학 놀잇감	• 해시계, 도래시계, 돋보기, 거울, 손전등, 프리즘 등의 관찰도구 • 동식물 기르기, 관찰기록용지와 쓰기 도구
음률 놀잇감	• 탬버린, 트라이앵글, 큰북, 소고, 장고, 실로폰 등의 악기 • 리본테이프, 풍선, 끈, 고무줄 등의 신체활동 자료
미술 놀잇감	• 다양한 질감의 종이(도화지, 색종이, 신문지, 한지 등) • 풀, 셀로판테이프, 스테이플러, 크레파스와 물감, 먹물, 재활용품(상자, 병뚜껑, 휴지속말이, 우유팩, 종이컵 등), 자연물(솔방울, 도토리, 돌, 낙엽 등)
물 · 모래 놀잇감	• 물놀이 소품(계량도구, 구멍이 뚫린 통, 비누와 거품기, 다양한 그릇이나 인형, 물총, 깔때기, 계량컵 등) • 모래놀이 소품(나무 인형, 소꿉놀이 그릇, 교통기관 모형, 삽, 체, 모양 틀 등)
신체 놀잇감	• 미끄럼틀, 오르기 기구, 터널, 평균대, 뜀틀, 고리 던지기, 자전거, 간이 농구대 등

5) 5세 유아를 위한 놀잇감

5세 유아는 모든 영역의 발달이 조화롭게 이루어지는 시기로 다양하고 정교하며 복잡한 놀이를 즐기며, 놀이를 지속하는 시간도 증가한다. 문제를 해결하는 과정에서 결과에 대한 원인을 찾아보고자 하는 노력도 하게 되고, 협동놀이를 즐기기도 한다. 또한 규칙 있는 게임을 선호하며, 복잡한 구조물 만들기, 정교한 색칠하기와 그림 그리기도 할 수 있다. 5세 유아를 위한 영역별 놀잇감은 다음과 같다.

쌓기 놀잇감	• 다양하고 많은 양의 블록(단위 블록, 공간 블록), 깡통 블록, 우유갑 블록 등 • 소품(레미콘, 나무토막, 도르래 등)
언어 놀잇감	• 다양한 장르의 책, 언어카드, 동시감상 및 이야기 꾸미기 자료, 다양한 종류의 종이와 화이트 보드, 쓰기 도구 등
역할 놀잇감	• 가정생활 소품 및 주방 용품, 직업 관련 역할놀이 소품(병원놀이, 우체국 놀이 등)

수 · 조작 놀잇감	• 퍼즐(15~30조각), 끈꿰기, 바느질하기 자료(헝겊이나 부직포, 커다란 플라스틱 바늘, 털실 등) • 일상생활 연습 자료(리본 묶기, 벨트 채우기 등), 규칙이 있는 게임(주사위, 게임판, 규칙 및 활동 카드), 칠교놀이, 고무줄 도형 • 수세기 자료, 숫자 카드 등
과학 놀잇감	• 측정도구(자, 체중계, 저울, 시계, 온도계 등), 돋보기, 실험결과 기록지, 쓰기도구, 과학도서와 자료, 동식물 관찰기록지 등
음률 놀잇감	• 리듬악기와 가락악기, 녹음기, 그림 악보, 감상자료, 녹음 자료 등
미술 놀잇감	• 크레파스와 종이, 물감, 접착제, 활동 순서 카드, 감상자료, 점토 자료, 오리기 자료 등
물 · 모래 놀잇감	• 물, 모래, 설탕, 소금, 펌프, 물레방아, 계량컵, 계량스푼, 저울, 물뿌리개, 모래체, 모양틀 등
신체 놀잇감	• 농구대, 표적 맞히기, 매트, 뜀틀, 공 등

PART

4

놀이지원

Chapter

09

영유아를 위한 놀이지원

놀이는 영유아가 흥미와 관심을 가지고 자발적으로 즐겁게 참여하며 배우는 과정이다. 국가수준 교육과정에서는 놀이가 영유아의 삶이자 배움의 방식임을 강조한다. 즉, 영유아에게 놀이는 단순한 경험이 아니라 세상을 살아가며 만나는 수많은 문제를 해결하고 배워 가는 앎과 삶의 방식이다. 영유아가 주도적으로 참여하는 놀이는 세상에 대해 알고 있는 또는 알아야 할 모든 내용을 영유아 자신의 방식으로 표현하는 행위이자 배움 그 자체라고 할 수 있다. 교사는 영유아 놀이에서 놀이의 의미와 특성뿐만 아니라 놀이가 배움으로서 지니는 가치도 이해할 수 있어야 한다(교육부, 2019). 이 장에서는 영유아 놀이지원을 위한 교사의 역할을 살펴보고, 놀이에서 교사의 개입과 놀이 확장을 위한 다양한 교수전략에 대하여 살펴보도록 한다.

1 놀이지원자로서 교사의 역할

영유아 놀이의 긍정적 영향을 최대화하기 위해서 교사는 놀이를 위한 환경 제공뿐만 아니라 놀이 경험을 확장하는 데 민감하고 적극적인 지원의 상호작용을 해야 한다. 영유아 놀이발달을 위한 교사의 역할을 놀이관찰자, 놀이환경 구성자, 놀이참여자, 놀이지도자, 놀이평가자로 나누어 살펴보고자 한다(신은수 외, 2011).

1) 놀이관찰자

교사는 영유아가 놀이에 성공적으로 참여하기 위해 주의 깊은 관찰이 필요하다. 관찰은 영유아 놀이 활동 시 무엇을 도와주어야 하고, 어떤 일이 놀이를 확장하고 발전시키기 위해 필요한지를 알려 준다. 교사는 영유아 놀이 관찰 시 '영유아가 어떤 놀이 경험을 하고 있는지', '영유아의 놀이 계획은 무엇인지', '영유아의 놀이에 따라 놀잇감을 가지고 있는지' 등의 질문을 통하여 영유아 놀이 특성을 파악하고 놀이가 확장되고 지속될 수 있도록 지원해야 한다. 이를 위해서 교사는 영유아 관점에서 놀이를 실행해 보고 놀이를 적극적으로 관찰해야 한다.

놀이 관찰은 영유아에게 제공해야 할 시간, 공간, 놀잇감뿐만 아니라 놀이 경험 제공이 가능한 시기를 가르쳐 준다. 또한 교사의 놀이 관찰은 놀이에 존재하는 것이 무엇인지 알 수 있으며, 영유아의 흥미와 요구에 기초하여 개입할 수 있도록 돕는다. 그러나 교사가 영유아 놀이에 개입하기 전에 관찰하지 않으면 교사의 참여는 바람직하기보다는 오히려 놀이를 방해할 수 있다.

2) 놀이환경 구성자

놀이환경은 사전 경험, 시간, 공간, 놀잇감 등으로 구성되어 있다. 놀이환경 구성은 영유아에게 의미 있는 놀이경험을 제공하여 놀이가 효과적으로 진행될 수 있도록 돕는다. 영유아가 다양한 놀이를 경험하기 위해서는 충분한 시간이 필요하다. 충분한 놀이 시간은 영유아의 놀이를 지속할 수 있도록 해 준다. 놀이에 필요한 시간은 영유아의 연령과 놀이유형에 따라 다르지만, 영유아의 자유놀이가 충분히 이루어질 수 있도록 시간을 배려해야 한다.

또한 교사는 영유아의 놀이가 보다 교육적이며 의미 있는 활동이 될 수 있도록 놀이환경을 구성해야 한다. 영유아의 놀이는 놀이환경의 인적·물적 조건에 따라 흥미 유발과 교육적 효과가 크게 달라질 수 있다. 따라서 교사는 영유아가 주도적으로 활동하고, 사회적 상호작용을 할 수 있도록 자료배치를 계획하고 계획에 따른 결과를 관찰하며 그 효과를 평가한 뒤 필요에 따라 계속적으로 환경을 재구성하는 역할을 해야 한다.

3) 놀이참여자

교사의 놀이참여자로서의 역할은 소극적 참여와 적극적 참여로 그 역할을 구분할 수 있다.

(1) 소극적 참여

소극적 참여는 교사가 영유아 가까이에서 같은 놀잇감으로 놀이하는 유형으로 영유아와 상호작용하거나 놀이를 침범하지 않는다. 예를 들어, 영유아가 블록놀이를 하고 있다면 교사도 영유아 옆에서 같이 블록을 사용하며 "○○아, 참 예쁜 집을 지었구나." 와 같은 일상적인 이야기를 하며 영유아의 놀이를 자극하지만 영유아에게 대화를 유도하거나 놀이에 참여시키려는 시도는 하지 않는 역할이다. 교사가 영유아의 옆에 존재한다는 것은 영유아를 편안하게 할 수 있고, 영유아 놀이가 가치 있다는 것을 느끼게 해 준다. 따라서 교사의 소극적 참여 역할은 영유아가 비록 교사와의 상호작용이 없더라도 놀이를 더 오래 지속할 수 있다.

(2) 적극적 참여

교사가 놀이에 계속적으로 참여하되 영유아 스스로 놀이과정을 조정하도록 유도하는 유형이다. 교사는 영유아의 행동과 질문에 반응하면서 놀이를 발전시킬 수 있는 방안을 이야기한다. 교사가 놀이의 방향을 조정하도록 주제를 덧붙이거나 새로운 놀이 재료를 소개하며 놀이를 확장할 때 적극적 참여 역할을 한다. 교사는 정보에 관한 질문, 영유아의 행동과 질문에 반응하기를 사용하여 적극적 상호작용을 할 수 있다. 영유아로부터 놀이에 즉각적인 참여를 초대받지 못하는 영유아가 있을 때, 교사의 적극적 참여가 가능하다. 예를 들어, 영유아의 놀이가 순조롭게 진행되지 않을 때 놀이에 참여한다면, "선생님이 같이 놀아도 될까?", "○○는 이것을 가지고 무엇을 할 수 있니", "○○는 이것이 앞으로 어떻게 될 것 같니", "또 다른 방법은 없을까" 등 영유아의 놀이에 자연스럽게 참여하여 놀이 진행을 확장시킬 수 있다.

적극적 참여 역할의 교사는 영유아와 친밀감을 형성하고 놀이의 수준을 더욱 높일 수 있으며, 놀이의 상호작용을 통하여 교사가 다양한 놀이 행동의 유형을 만들 수 있다. 또한 놀이와 관련된 대화를 확장시키고 놀이 장면에 다른 영유아들을 끌어들일 수 있다.

4) 놀이지도자

놀이지도자는 적극적이며 직접적인 교사 참여의 유형이다. 교사는 새로운 놀이의 계획자, 중재자, 대본 구성자의 역할로 놀이를 계획하고 시작하며 놀이에서 좀 더 지배적인 역할을 하게 된다.

놀이지도자로서의 교사는 직접적이며 구조화된 방법으로 교사가 놀이를 시작하기 때문에 놀이 시 문제가 있는 영유아에게 적절하고, 교사와 영유아 사이의 놀이에 지도적인 상호작용이 포함된다. 그러나 교사의 통제적인 행동은 영유아의 놀이를 중단시킬 수 있기 때문에 교사는 영유아가 바람직한 놀이 행동을 보이기 시작하자마자 놀이지도자의 역할을 단계적으로 축소해야 한다. 교사가 영유아 놀이에서 외부로 나오게 되면 영유아에게 놀이의 주도권을 되돌려주고 영유아의 자신감과 독립심 고취를 돕게 된다.

5) 놀이평가자

놀이평가자로서의 교사는 놀이에 관한 관찰을 통하여 영유아의 놀이 행동에 관한 정보를 얻고, 영유아 놀이의 흥미와 발달 등을 파악하게 된다. 교사는 영유아 놀이의 평가를 통하여 놀이 방향 유지 및 제시가 가능하며 학부모 상담 시 활용할 수 있다. 또한 영유아 놀이에 대한 관찰은 기록에 의하여 객관적인 평가가 가능하다. 그러나 영유아 놀이가 교육적이고 의미 있는 놀이가 되기 위해서는 교사의 역할이 중요하게 작용한다. 교사는 영유아 주도의 자유놀이와 교사에 의해 안내되는 놀이 간 균형을 통하여 영유아가 다양한 경험을 할 수 있도록 노력해야 한다.

2 놀이에서 교사의 개입

1) 놀이 개입 방법

놀이에서 교사의 개입은 가장 비구조적으로 참여하는 방법부터 강한 주도성을 갖고 참여하는 방법까지 연속체 형태로 나타난다. 교사는 높은 주도성을 가지고 놀이에 참여하기도 하고 영유아의 놀이 친구가 되어 공동 놀이자로서 참여하기도 한다. 교사는 영유아 놀이를 관찰하면서 놀이 상황과 맥락에 따라 참여의 방식을 변화할 수 있다.

교사의 개입 유형은 방관자, 무대감독자, 공동놀이자, 놀이 리더, 감독자로 구분할 수 있다. 교사 놀이개입 방법을 구체적으로 살펴보면 다음과 같다(남효순 외, 2020; Johnson et al., 2005).

- **방관자**: 방관자는 가장 소극적인 개입 방법으로 교사가 영유아의 놀이를 가까운 거리에서 지켜보면서 고개를 끄덕이거나 미소를 지으며 때로는 무엇을 하는지 물어볼 수 있지만 영유아의 놀이에 참여하거나 놀이를 방해하지 않는다.
- **무대감독자**: 무대감독자는 영유아의 놀이 준비와 진행을 도와주고 조언해 주는 개입 방법이다. 방관자와는 달리 무대감독자는 영유아의 놀이 준비를 적극적으로 돕는 역할을 하고, 일단 놀이가 진행되면 놀이 확장을 위해 적절한 질문이나 제안을 할 수 있다.
- **공동놀이자**: 공동놀이자는 교사가 영유아의 놀이 상대자로 함께 참여하는 방법이다. 교사가 놀이에 참여는 하지만 영유아가 주도적으로 놀이를 이끌어 가도록 유지하며 영유아 놀이를 촉진하고 발전시킬 수 있다. 공동놀이자는 교사가 영유아와 동등한 놀이 파트너로서의 기능을 한다.
- **놀이 리더**: 교사가 놀이 주도권을 가지고 이끌어 가는 방법이다. 교사는 새로운 놀이 주제를 제안하거나 현재 진행되고 있는 주제를 확장시키기 위한 새로운 소품이나 등을 소개할 수 있다. 또한 영유아가 놀이를 진행하기 어려워하거나 놀이가 반복적이고 지루해졌을 때 개입하는 방법으로 영유아 스스로 놀이에 참여하지 못하거나 위험적 요소가 발생했을 때 효과적이다.
- **감독자**: 교사가 놀이를 통한 인지 학습에 초점을 맞추어 개입하는 방법이다. 교사는 영유아가 놀이를 하면서 인지 학습이 가능하도록 적절한 질문이나 제안을 할 수 있지만 놀이의 흐름을 방해할 가능성이 높다.

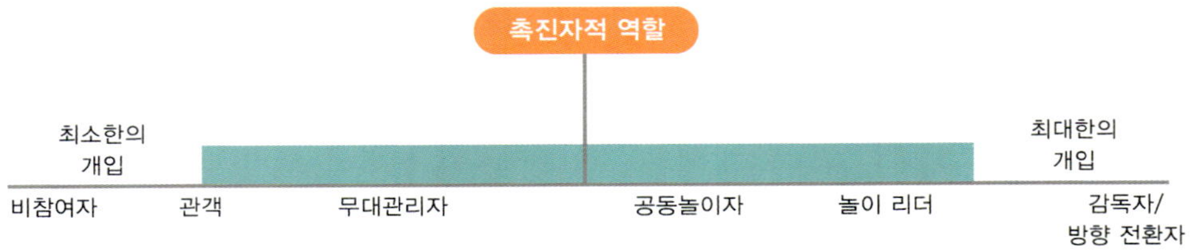

그림 9-1 교사의 놀이 개입 방법
출처: Johnson et al. (2005).

2) 놀이개입 교사지도 연속 모형

교사지도 연속 모형(TBC: Teacher Behavior Continuum)은 Wolfgang, Mackender & Wolfgang(1981)이 제시한 것으로, 교사가 영유아 중심의 개방적인 놀이에서 교사 중심의 구조화된 지도로 일련의 연속적인 조치를 취할 수 있다고 강조하며, 교사개입 단계를 구분하여 순서화시켰다.

- **응시**: 교사는 유아의 놀이하는 모습을 가까이에서 적극적으로 관찰하는 방법으로 가장 개방적인 놀이지도 방법이다.
- **비지시적 진술**: 교사는 유아의 놀이를 지켜보면서 놀이행동을 상황에 따라 구체적인 언어로 표현한다.
- **질문하기**: 교사는 유아의 놀이하는 모습을 보며 적절한 상황에서 질문하여 놀이가 확장될 수 있도록 한다.
- **지시적 진술**: 교사는 유아의 놀이 상황에서 역할을 배정해 주거나 놀이내용의 전개를 지시한다.
- **모델링**: 교사는 유아의 놀이 상황에서 적절한 행동의 시범을 보여 준다.

- 물리적 개입: 유아의 놀이 상황이나 역할에 따라 적합한 소품을 제시해 주고 유아의 행동을 직접 교정해 주는 가장 구조화된 지도방법이다.

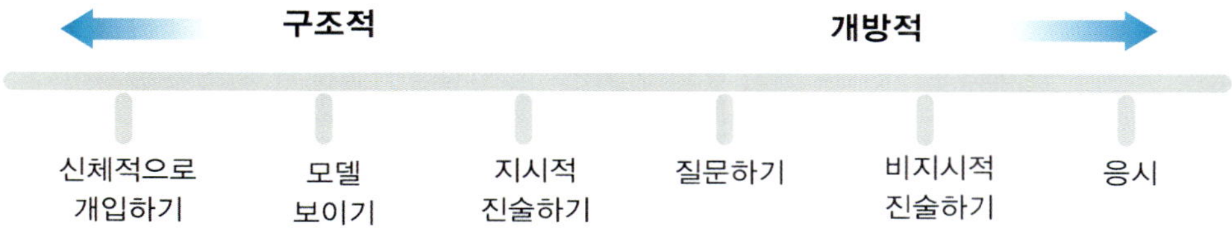

그림 9-2 놀이 개입 교사지도 연속 모형

출처: 오미경, 이은미, 송윤이, 황은순(2016).

3 놀이지원 유형

유아중심 · 놀이중심 교육과정을 추구하는 국가수준 교육과정에서는 교사가 유아의 흥미와 관심, 개별 특성을 존중하며 유아의 놀이와 경험을 지원할 수 있도록 공간을 구성하고, 자료와 시간을 조직하고 상호작용에 변화를 줄 것을 기대한다. 개정 누리과정에서는 교사가 유아 놀이를 지원하기 위한 방법을 놀이공간, 놀이자료, 상호작용, 안전, 통합학급으로 나누어 설명하고 있다(교육부, 보건복지부, 2019).

1) 놀이공간

교사는 유아가 공간에 부여하는 의미를 이해하기 위해 놀이의 전개를 지켜보면서 유아의 놀이를 방해하는 요소가 무엇인지를 관찰하고, 유아의 의견을 반영하여 놀이공간을 구성하고 운영해 나가는 자율성을 가진다. 유아교육기관에서 환경으로서의 공간은 실내와 실외 공간 또는 유아가 자주 이용하는 기관 밖의 지역사회 공간까지 포함한다. 유아는 놀이를 통하여 하나의 공간을 자신들의 놀이에 적합한 공간으로 새로운 목적을 부여하여 사용하기도 하고 놀이할 공간을 스스로 찾아내거나 만들기도 하고, 공간과 공간을 연결하여 새로운 놀이로 확장하기도 한다.

(1) 놀이공간을 융통성 있게 배치한다

교사는 기관의 교육철학이나 교실의 물리적 구조, 유아의 연령, 흥미 등에 따라 자율성을 가지고 교실 공간을 구성할 수 있다. 교실 내에 반드시 배치되어야 하는 흥미영역이 정해져 있는 것은 아니므로 유아의 놀이를 지원할 수 있도록 공간을 융통성 있게 구성한다.

그림 9-3 영역의 경계 허물기

출처: https://www.jjkids.go.kr/jjkids

(2) 놀이공간을 넓혀 본다

교사는 유아의 놀이를 관찰한 결과 좁은 공간이 놀이를 방해하는 요소라고 판단되었거나, 유아가 놀이공간을 넓히고 싶다고 스스로 요구했을 때, 놀이를 방해하는 가구와 설비를 치우거나, 유아에게 관심이 적은 놀잇감을 제거함으로써 놀이할 수 있는 충분한 공간을 만들어 줄 수 있다.

그림 9-4 공간 구성

출처: https://www.jjkids.go.kr/jjkids

(3) 유아에게 공간 배치의 주도권을 준다

교사가 유아의 놀이를 따라가면서 자연스럽게 유아 스스로 놀이공간을 배치하거나 변경하도록 지원한다. 어떤 유아는 조용한 혼자만의 놀이공간이 필요하거나 공간구성이 지나치게 자주 바뀌는 것을 싫어할 수도 있으므로 다수와 개인의 놀이가 골고루 존중되는 교실의 문화를 만드는 것이 좋다.

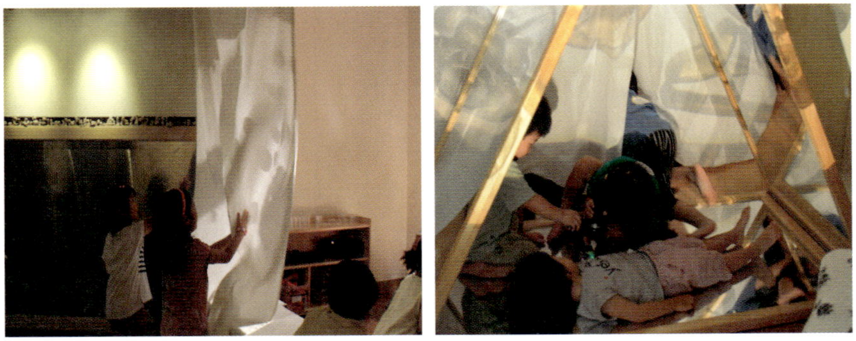

그림 9-5 원하는 놀이공간 만들기

출처: https://www.uweducare.or.kr

(4) 다른 놀이공간을 찾아본다

유아는 스스로 찾아낸 공간, 놀이를 하다가 우연히 발견한 공간을 더 좋아하고 애착을 갖는다. 교사는 교실이나 실외 놀이터 외에도 복도, 현관 입구, 교실과 교실 사이의 공유 공간, 계단 밑 등도 안전하다면 유아의 놀이공간으로 허용할 수 있다.

그림 9-6 실내외 공간에서 일어난 놀이

출처: https://www.jjkids.go.kr/jjkids

2) 놀이자료

유아에게 자료는 세상을 만나고 자신의 감정과 생각을 표상하는 매개이다. 유아는 다양한 놀이자료를 풍부하게 사용하고 자신만의 방식으로 재창조하는 과정을 통해서 사물에 대한 탐색, 심미적인 경험, 또래와의 상호작용, 성취감 등을 얻을 수 있다.

(1) 유아가 결정한 자료 활용 방법을 격려한다

교사가 새로운 자료를 내어 줄 때는 일반적으로 어떤 의도나 기대를 가지게 된다. 그러나 유아는 자신만의 방식으로 자료를 해석하고 교사가 의도한 것과 다르게 자료를 활용하기도 한다. 어떤 자료는 단순한 탐색의 대상이 되기도 하고, 어떤 자료는 다양한 방법으로 오랫동안 놀이 속에서 활용되기도 한다. 교사가 의도한 결과를 얻기 위해 계획한 활동으로 이끌기보다 자료가 어떻게 놀이의 매개가 되는지 지켜보고 유아가 스스로 선택한 방법 속에서 배움이 일어나도록 지원한다.

그림 9-7 교사의 의도와 다르게 놀기
출처: https://www.jjkids.go.kr/jjkids

(2) 자연물이나 자연현상도 자료가 될 수 있다

유아는 바깥놀이를 하거나 주변의 숲을 산책하면서 자연물을 만지고 냄새 맡으면서 발견의 즐거움, 기쁨, 놀라움 등의 감정을 느낀다. 자연은 매일의 삶 속에서 탐색, 관찰, 몰입을 통해 배움이 일어나도록 매개하는 자료이다.

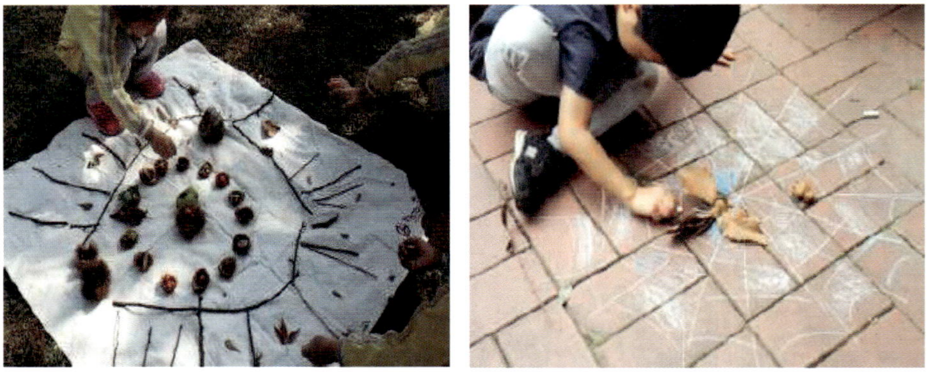

그림 9-8 자연 속에서 자유롭게 놀기

출처: https://www.jjkids.go.kr/jjkids

(3) 다양한 일상의 사물을 놀이자료로 활용한다

유아는 일상의 물건을 놀이자료로 사용하면서 본래의 용도 외에 물질의 고유한 특성과 형태 색, 질감 등 감각적 요소를 발견하게 된다. 교사는 상품화되거나 정형화된 놀잇감 이외에 다양한 열린 자료를 지원하도록 한다.

그림 9-9 재활용품으로 놀이하기

출처: https://www.uweducare.or.kr

(4) 자료가 없어도 놀이할 수 있다

유아는 몸으로 주변 세계를 알아 가고, 자신의 감정과 생각을 표출하며, 여러 가지 놀이를 한다. 실외로 나가면 유아는 놀잇감이 없어도 자신의 몸으로 놀이를 할 수 있고, 또 다른 유아와 만나 몸을 이용해 함께하는 놀이를 하기도 한다.

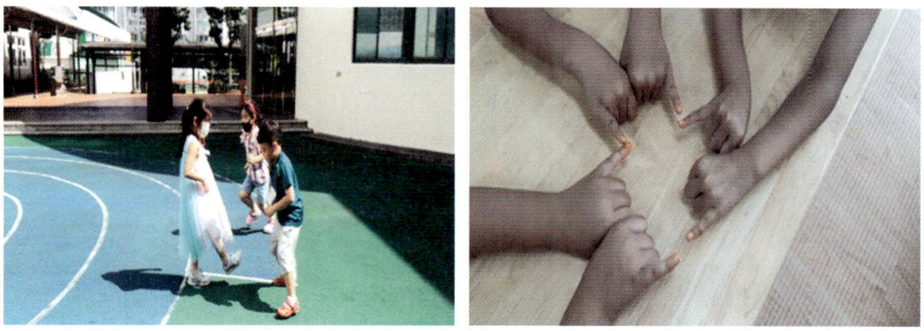

그림 9-10 몸으로 놀이하기

출처: https://www.jjkids.go.kr/jjkids

(5) 기존의 자료도 새롭게 활용해 본다

놀이중심 교육과정에서는 주제를 미리 정해 두고 놀이자료도 주제에 맞추어 제시하는 것을 지양한다. 그러므로 자료를 흥미영역이나 생활주제 또는 연령별로 분류하는 기존의 보관 방법을 놀이자료별로 분류하는 등 좀 더 효과적으로 기존의 자료를 활용할 수 있는 방법을 찾아보는 것도 바람직하다.

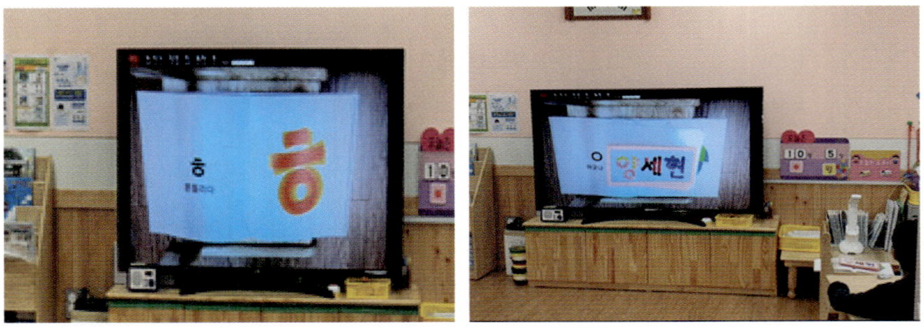

그림 9-11 기존에 가지고 있던 자료로 놀이하기

출처: https://www.jjkids.go.kr/jjkids

3) 상호작용

유아는 놀이를 하면서 자연스럽게 또래 유아, 교사, 환경과 능동적으로 상호작용하고 이 과정에서 사물과 현상, 관계에 대해 배운다. 유아와 유아 간의 상호작용은 놀이하는 과정에서 끊임없이 일어난다. 유아와 교사 간의 상호작용은 놀이의 시작과 지속, 새로운 놀이로의 전이와 확장, 마무리 등 놀이의 흐름을 관찰하고 유아의 흥미와 의도를 이해하는 과정에 기반해야 한다. 유아와 환경과의 상호작용은 유아의 안전이 보장되는 한 유아들이 선택한 모든 놀이공간과 놀이환경에 대해 개방적으로 수용하려는 태도를 가지도록 한다.

4) 놀이와 안전

교사는 안전한 놀이를 보장하기 위하여 물리적 환경의 안전성을 점검하고 위해를 가할 수 있는 사물이나 물질을 사전에 차단해야 한다. 물리적 안전성이 확보되었다면 유아 스스로 놀이 가운데서 자신의 몸을 조절하고 통제할 수 있는 방법을 학습할 수 있도록 유아와 함께 어떻게 안전하게 놀이할 것인가에 대해서 토의하고 놀이를 제한하지 않는 범위에서 규칙을 정해 본다.

(1) 안전이라는 이유로 놀이를 불필요하게 제한했는지 검토해 본다

교사는 위험 요소에 대한 민감성이 있어야 하지만, 한 번 정한 놀이규칙을 고수하기보다는 허용할 수 있는 방법을 찾아보려는 노력이 필요하다. 위험 요소가 있는 놀이상황에 대해 교사는 무조건 어떤 놀이를 금지하기보다 왜 그 놀이가 위험할 수 있는지 유아들과 의논하는 과정을 통해 위험 요소를 해결하고 놀이할 수 있는 방법을 찾아볼 수 있다.

그림 9-12 놀이규칙 바꾸어 보기

출처: https://www.jjkids.go.kr/jjkids

(2) 위험한 요소가 있는지 유아 스스로 살펴볼 시간과 기회를 준다

교사는 일상적 사물이나 자연물을 유아의 놀이자료로 허용할 때 반드시 위험 요소가 있는지 점검해야 한다. 교사가 조심할 부분에 대해 유아에게 직접 알려 줄 수 있고, 유아가 스스로 안전하게 놀이하는 방법을 습득할 수 있도록 유아에게도 새로운 놀이공간과 놀이자료를 충분히 탐색하여 위험 요소를 찾아보고 조심하는 방법에 대해 생각해 보도록 한다.

그림 9-13 기회를 주며 기다려 주기

출처: https://www.jjkids.go.kr/jjkids

(3) 새로 찾아본 놀이공간의 안전을 유아와 함께 점검해 본다

유아나 교사가 새로운 놀이공간을 발견했을 때 그 공간이 안전한지 확인하는 과정이 필요하다. 또한 유아가 공간의 물리적인 특성을 충분히 알 수 있도록 도와주고 그 공간을 언제 사용하는 것이 좋을지, 어떤 점을 조심해야 하는지 스스로 생각해 보고 약속을 정하도록 지원한다.

(4) 모든 구성원이 놀이와 안전에 대해 소통한다

유아중심 · 놀이중심 교육과정에서 유아가 최소한의 규칙을 가지고 자유롭고 즐겁게 놀이하면서 안전이 보장되려면 기관 내 구성원 간의 안전에 대한 공감이 필요하다. 유아교육기관에서는 유아가 놀이를 통하여 환경을 탐색하고 감정과 행동을 조절하면서 스스로 안전하게 생활하게 된다는 것을 학부모와 소통해야 한다. 학부모가 놀이와 안전에 대한 기관이 철학을 공유할 수 있으며 교사의 자율적인 학급운영에 대한 지지자가 되어 줄 수 있다.

5) 통합학급에서의 놀이지원

통합학급에서 유아중심 · 놀이중심 교육과정을 운영할 경우, 특수교사와 일반교사는 개별화 교육 교수학습방법과 놀이중심 교수학습방법이 통합적으로 운영될 수 있도록 상호 협력을 해야 한다. 일반교사는 발달지연이나 장애 유아가 보편적인 환경에서 차별 없이 또래와 더불어 생활하고 놀이하는 경험을 할 수 있도록 장애 유아의 특성과 요구를 파악하고 세심한 관찰과 이에 따른 통합 놀이지원을 동시에 염두에 두어야 한다.

Chapter

10

놀이 관찰과 기록

1. 놀이 관찰과 기록의 의의
2. 놀이 관찰을 위한 지침
3. 놀이 기록
4. 평가하기

1 놀이 관찰과 기록의 의의

놀이중심 교육과정을 운영하기 위해서 교사는 기존의 계획에 얽매이기보다는 영유아의 흥미에 따라 계획을 변경하고 수정하는 융통성을 발휘해야 한다. 놀이 관찰과 기록에 놀이의 의미, 놀이를 통한 변화와 성장, 영유아의 생각 등이 담겨 이를 토대로 놀이가 확장되고 의미 있는 배움이 될 수 있도록 해야 한다. 그러므로 교사는 영유아의 놀이를 관찰할 때 놀이의 전반적인 상황을 세심하게 들여다보고 기록으로 남겨 평가에 반영해야 한다.

영유아의 놀이를 지원하기 위해 실시하는 관찰의 주된 의의와 목적을 살펴보면 다음과 같다(남효순 외, 2020).

- 영유아의 발달 수준 및 특성을 파악하기 위한 관찰이 되도록 한다. 같은 연령의 영유아들이라도 흥미, 관심, 경험 등에 따라 차이가 있으므로 개별 영유아의 발달 수준과 특성을 발견하여 영유아의 배움과 성장을 돕기 위한 관찰 평가가 되어야 한다.
- 교실 내 문제를 파악하기 위해 관찰을 실시한다. 교실에서의 놀이 흐름과 놀이의 역동성, 놀이가 발생하는 문제점, 문제의 원인이 개별 영유아에게 있는지 아니면 교실 환경 및 배치에 있는지, 교사의 교수방법에 있는지 등을 파악할 수 있다.
- 학부모와의 전문적인 상담을 위해 관찰을 실시한다. 관찰을 통해 영유아 발달을 이해할 수 있기 때문에 부모가 얻고자 하는 정보를 제공할 수 있으며, 교사와 유아 교육기관을 이해하고 상호협력적인 관계를 형성할 수 있다.

2 놀이 관찰을 위한 지침

영유아 놀이 관찰 및 평가는 영유아 놀이를 이해하고 지원하는 데 그 의의가 있으며, 지침은 다음과 같다(박찬옥 외, 2020).

- 영유아 놀이의 어떤 측면을 관찰할 것인지를 결정하고 그 목적에 적합한 관찰 방법을 선택한다.
- 필요에 따라 몇 가지 놀이 관찰 및 평가 방법을 연합해서 사용할 수 있으며, 다양한 방법으로 평가하여 종합적인 평가가 되도록 한다.
- 영유아가 자신의 모든 능력을 발휘할 수 있는 상황에서 놀이를 관찰하도록 한다.
- 개인 간 평가보다는 개인 내 평가에 중점을 두어 관찰과 평가를 한다.
- 가능한 한 실내와 실외에서 유아를 관찰한다.
- 영유아들이 서로 알고, 학급 환경에 친숙해졌을 때 관찰한다.
- 대표적이고 전형적인 놀이행동이라는 판단을 확실히 하기 위해서는 기간을 두고 영유아의 놀이행동을 관찰하여 평가한다.
- 놀이 관찰 및 평가는 '평가자료 수집과 관찰 기록하기–자료 활용하여 평가하기–다음 놀이지원 계획하기' 순서를 거친다.

3 놀이 기록

교사의 놀이 관찰과 기록을 통해 영유아 놀이를 이해하기 위한 과정은 다음과 같다(경기도, 2019).

1) 놀이 기록 남기기

사진, 녹음, 간단한 기록, 작품수집 등의 놀이 기록은 영유아의 놀이를 들여다보며 어떤 의미가 있는지 생각해 볼 수 있는 시간을 제공하고, 이 과정을 통해 교사는 영유아의 삶을 더 잘 이해할 수 있다.

(1) 놀이 흐름에 따른 흔적 남기기

교사의 선호에 따라 영유아의 놀이 흐름을 저널 형식, 사진, 주제망 또는 의미 있는 단어 중심으로 기록하는 등 다양한 방식으로 흔적을 남길 수 있다.

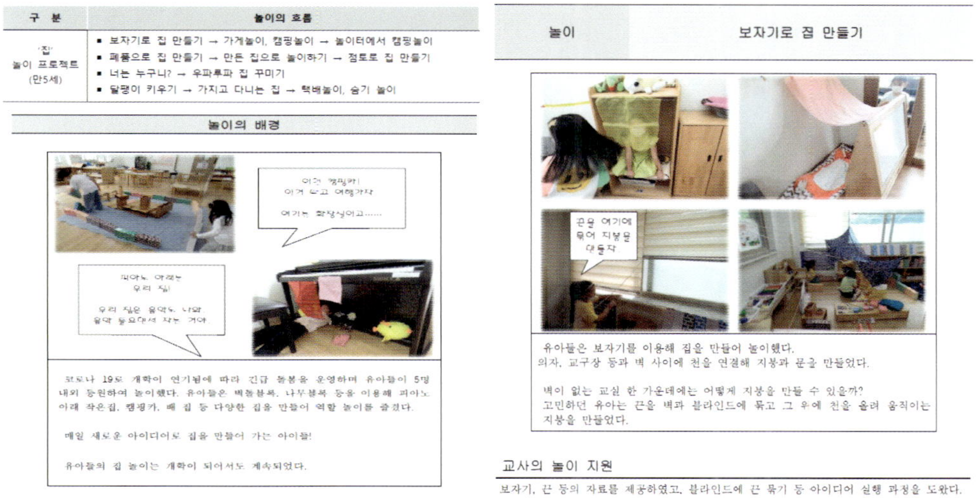

구 분	놀이의 흐름
'집' 놀이 프로젝트 (만5세)	▪ 보자기로 집 만들기 → 가게놀이, 캠핑놀이 → 놀이터에서 캠핑놀이 ▪ 폐품으로 집 만들기 → 만든 집으로 놀이하기 → 점토로 집 만들기 ▪ 너는 누구니? → 우파루파 집 꾸미기 ▪ 달팽이 키우기 → 가지고 다니는 집 → 택배놀이, 숨기 놀이

놀이의 배경

코로나 19로 개학이 연기됨에 따라 긴급 돌봄을 운영하며 유아들이 5명 내외 등원하여 놀이했다. 유아들은 벽돌블록, 나무블록 등을 이용해 피아노 아래 작은집, 캠핑카, 배 집 등 다양한 집을 만들어 역할 놀이를 즐겼다.

매일 새로운 아이디어로 집을 만들어 가는 아이들!

유아들의 집 놀이는 개학이 되어서도 계속되었다.

놀이	보자기로 집 만들기

유아들은 보자기를 이용해 집을 만들어 놀이했다.
의자, 교구장 등과 벽 사이에 천을 연결해 지붕과 문을 만들었다.

벽이 없는 교실 한 가운데에는 어떻게 지붕을 만들 수 있을까?
고민하던 유아는 끈을 벽과 블라인드에 묶고 그 위에 천을 올려 움직이는 지붕을 만들었다.

교사의 놀이 지원

보자기, 끈 등의 자료를 제공하였고, 블라인드에 끈 묶기 등 아이디어 실행 과정을 도왔다.

그림 10-1 저널로 놀이 흔적 남기기

출처: 충남유아교육진흥원(2020).

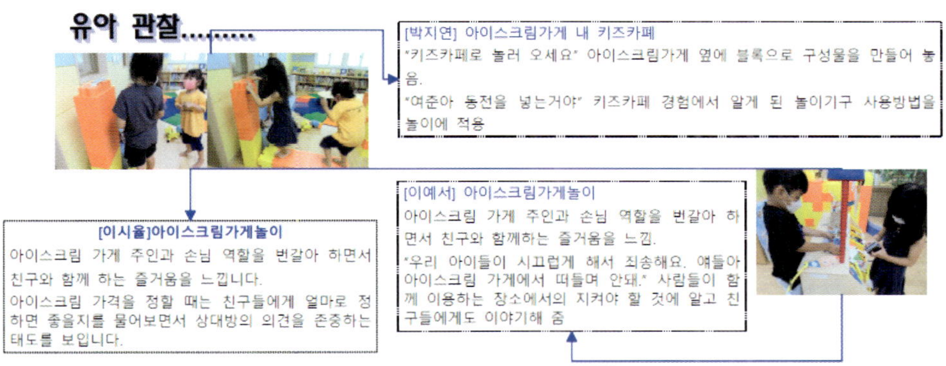

그림 10-2 사진으로 놀이 흔적 남기기

출처: https://www.jjkids.go.kr/jjkids

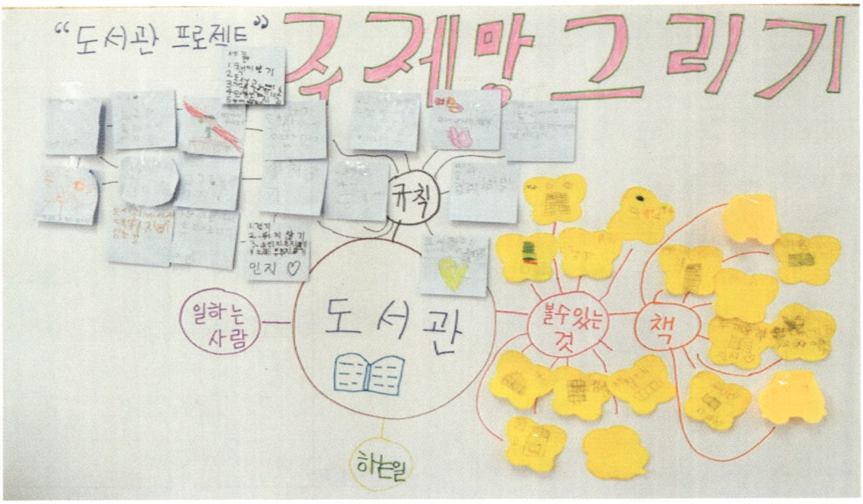

그림 10-3 주제망, 단어 중심으로 놀이 흔적 남기기

(2) 개별 유아 놀이 흔적 남기기

유아들마다 관심과 흥미가 다르므로 개별 유아에게 의미가 있는 놀이 상황이라면 별도의 놀이 흔적을 남기는 것도 좋다. 놀이 흐름과 확장의 과정을 흔적으로 남기면 개별 유아의 성장과정을 이해할 수 있는 자료가 된다.

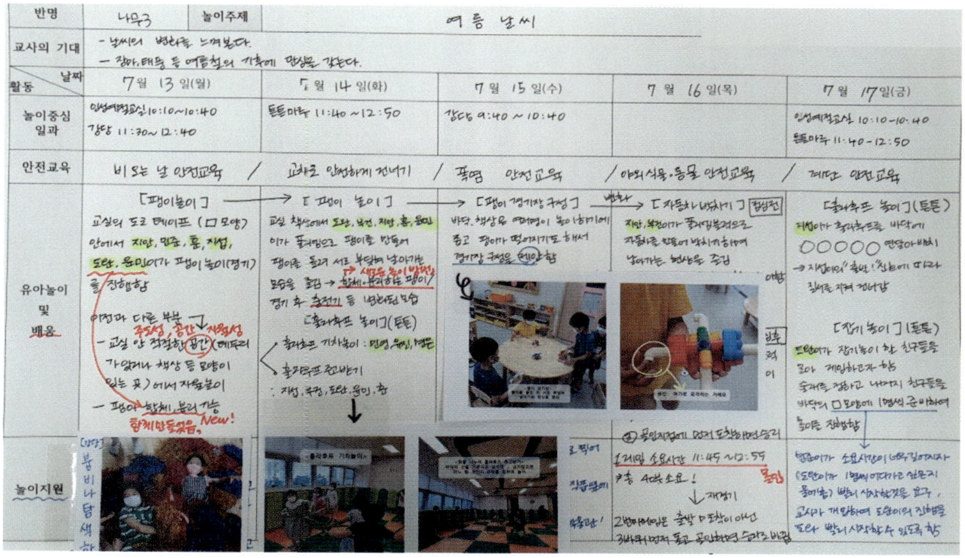

반명	나무3	놀이주제	여름 날씨		
교사의 기대	- 날씨의 변화를 느껴본다. - 장마, 태풍 등 여름철의 기후에 관심을 갖는다.				
활동 / 날짜	7월 13일(월)	7월 14일(화)	7월 15일(수)	7월 16일(목)	7월 17일(금)
놀이중심 일과	안전예절교실 10:10~10:40 강당 11:30~12:40	튼튼마루 11:40~12:50	강당 9:40~10:40		안전예절교실 10:10~10:40 튼튼마루 11:40~12:50
안전교육	비 오는 날 안전교육	교통로 안전하게 건너기	폭염 안전교육	야외식물, 동물 안전교육	계단 안전교육

그림 10–4 개별 유아 놀이 흔적 남기기

출처: 개정 누리과정 기반 Let's play를 통한 미래역량 신장 방안 연구(2019).

(3) 교사–유아가 함께 놀이 흔적 남기기

교사와 유아는 놀이의 과정을 흐름에 따라 함께 벽면에 흔적을 남길 수 있다. 놀이상황을 벽면에 게시해 유아들도 놀이의 흔적을 남기는 과정에 함께 참여해 보면서 자신의 놀이를 회상하고 즐거움을 느끼며, 새로운 놀이로 발전하기도 한다. 무엇보다도 중요한 것은 교사와 유아가 함께 흔적을 남기면서 놀이와 기록의 가치를 경험하게 된다.

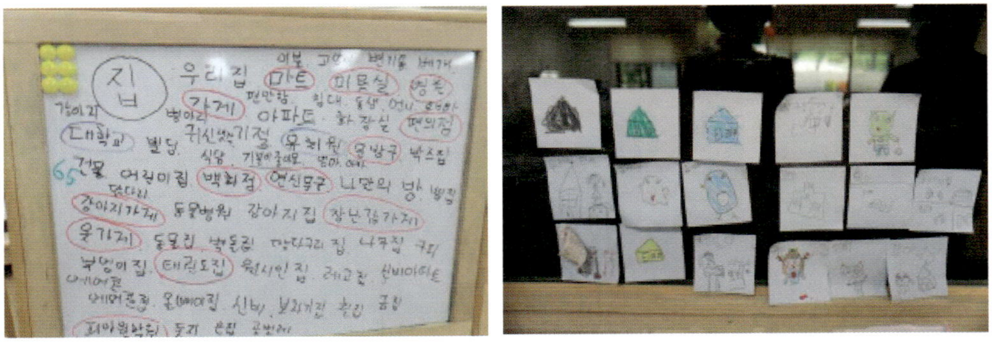

그림 10-5 교사와 유아가 함께 놀이 흔적 남기기

출처: 충남유아교육진흥원(2020).

(4) 유아 스스로 놀이 흔적 남기기

유아들은 놀이를 하면서 자연스럽게 흔적을 남기기도 하고, 자신들이 남긴 놀이 흔적을 다시 들여다보는 의미 있는 발견을 하기도 한다.

그림 10-6 유아가 스스로 놀이 흔적 남기기

출처: 유치원감 미래핵심 직무연수(2020).

(5) 교육계획안과 통합하여 놀이 흔적 남기기

교사는 영아들의 놀이와 흥미가 가치 있게 발현될 수 있도록 교육계획을 여유롭고 융통성 있게 수립하고, 일과 속에서 영유아의 놀이를 들여다보며 이해한 것들을 다음의 교육계획에 반영한다. 이렇게 영유아의 놀이는 수정되고 확장되는 과정을 거치며 발전한다. 이에 흔적 남기기를 별도의 양식으로 하지 않고, 교육계획안과 통합하여 영유아의 놀이 내용과 과정, 그리고 어떻게 지원하는가를 구체적으로 담을 수도 있다.

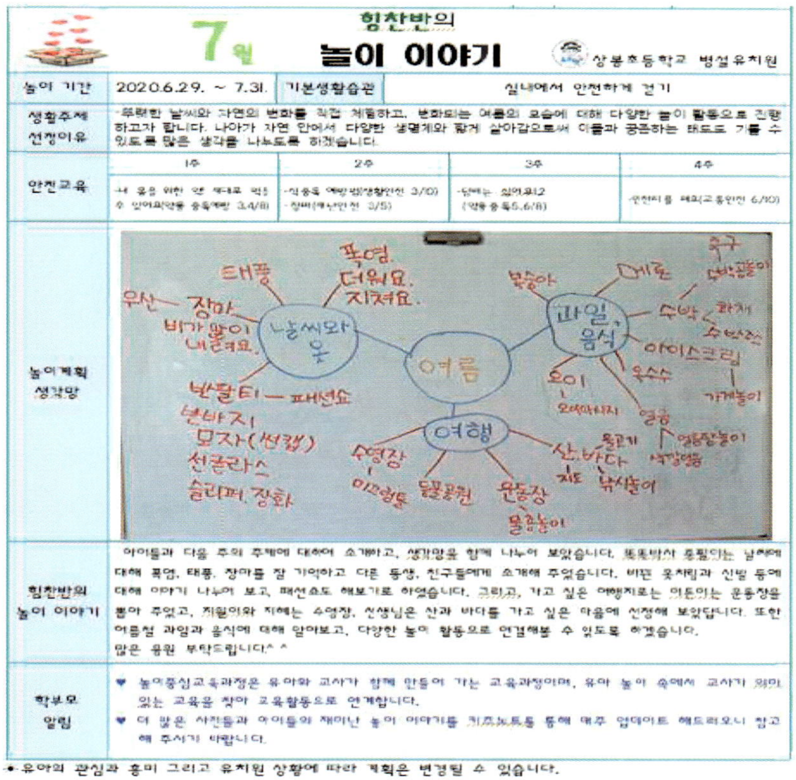

7월 힘찬반의 놀이 이야기 — 상봉초등학교 병설유치원

놀이 기간	2020.6.29. ~ 7.31.	기본생활습관	실내에서 안전하게 걷기	
생활주제 선정이유	-무더운 날씨와 자연의 변화를 직접 체험하고, 변화되는 여름의 모습에 대해 다양한 놀이 활동으로 진행하고자 합니다. 나아가 자연 안에서 다양한 생명체와 함께 살아감으로써 더불어 공존하는 태도도 기를 수 있도록 많은 생각을 나누도록 하겠습니다.			
안전교육	1주	2주	3주	4주
	-나 몸을 위한 약 제대로 먹을 수 있어요(약물 중독예방 3,4/8)	-식중독 예방(생활안전 3/10) -장마(재난안전 3/5)	-담배는 싫어요!2 (약물중독5,6/8)	-안전띠를 매요(교통안전 6/10)
놀이계획 생각망				
힘찬반의 놀이 이야기	아이들과 다음 주의 주제에 대하여 소개하고, 생각망을 함께 나누어 보았습니다. 똑똑박사 ○○이는 날씨에 대해 폭염, 태풍, 장마를 잘 기억하고 다른 동생, 친구들에게 소개해 주었습니다. 바뀐 옷차림과 신발 등에 대해 이야기 나누어 보고, 패션쇼도 해보기로 하였습니다. 그리고, 가고 싶은 여행지로는 ○○이는 운동장을 뽑아 주었고, ○○이와 ○○는 수영장, 선생님은 산과 바다를 가고 싶은 마음에 선정해 보았답니다. 또한 여름철 과일과 음식에 대해 알아보고, 다양한 놀이 활동으로 연결해볼 수 있도록 하겠습니다. 많은 응원 부탁드립니다^^			
학부모 알림	♥ 놀이중심교육과정은 유아와 교사가 함께 만들어 가는 교육과정이며, 유아 놀이 속에서 교사가 의미 있는 교육을 찾아 교육활동으로 연계합니다. ♥ 더 많은 사진들과 아이들의 재미난 놀이 이야기를 키즈노트를 통해 매주 업데이트 해드리오니 참고해 주시기 바랍니다.			

*유아의 관심과 흥미 그리고 유치원 상황에 따라 계획은 변경될 수 있습니다.

그림 10-7 교육계획안에 놀이 흔적 남기기

출처: 김민선(2020).

2) 놀이 속 의미 찾기

놀이의 기록을 남기는 경험은 교사와 영유아 모두에게 의미 있는 변화를 가져온다. 놀이 속 의미 찾기는 놀이 기록을 통해 놀이의 의미를 읽어 내고 해석함으로써 영유아들의 삶을 더욱 깊이 이해하며 배움과 성장을 지원한다. 놀이 속 가치와 의미를 발견하면 교사는 적절한 지원을 통해 놀이를 확장하기도 하고, 놀이와 배움을 연결함으로써 다양한 방법으로 배움과 성장을 지원해야 한다(박찬옥 외, 2020).

놀이 속 의미를 찾는 방법은 영유아의 반복적 놀이, 경험의 연속성을 고려한 놀이, 영유아의 특성을 고려한 놀이 등에서 의미를 찾을 수 있다. 예를 들어, 유아가 팽이놀이를 지속할 경우 교사는 팽이 놀이가 유아들에게 어떤 의미가 있는지 관심을 가져야 한다. 팽이가 유아들에게 매력적인 이유는 힘과 기술에 따라 움직이고 변화가 보이는 놀잇감이기 때문이다. 놀이 속 유아들은 자신의 능력을 시험해 보며 뿌듯해한다. 또한 팽이 시합을 통해 친구와 함께하는 즐거움을 느끼기도 하고, 경쟁을 통한 성취감을 갖기도 한다. 그렇기 때문에 유아는 지더라도 속상해하지 않고 팽이 놀이 그 자체를 즐기며, 더 튼튼한 팽이를 만드는 노력을 할 수 있다. 따라서 교사는 팽이로 할 수 있는 다양한 놀이, 색의 혼합, 팽이의 축, 움직임 등 실험과정을 즐길 수 있는 놀이, 친구들과 함께할 수 있는 팽이놀이를 위해 놀잇감, 재료, 공간을 지원해 주어야 한다.

또한 교사는 유아들이 이전에 경험한 것과 놀이가 어떤 관련이 있는지 관심을 가져야 한다. 만약 유아들이 동물원 놀이를 하다가 갑자기 병원놀이를 할 경우 유아의 이전 경험이 바탕이 되어 동물원 놀이에 흥미를 가지고 동물병원 놀이로 확장될 수 있다. 유아의 놀이 속 의미를 살펴보고 교사는 동물병원을 궁금해하는 유아들을 위해 좀 더 직접적으로 알아볼 수 있는 방법을 지원해 주어야 한다. 그리고 교사는 영유아가 상상력과 즐거움을 느끼고 표현할 수 있는 특별한 공간, 영유아의 특성을 반영해서 숨고 찾는 놀이, 교실 내 영유아들이 편안함을 느끼는 공간 등 영유아의 특성을 고려한 놀이 속 의미를 찾을 수 있어야 한다(경기도, 2019).

그림 10-8 놀이 속 의미 찾기

4 평가하기

개정 누리과정과 제4차 표준보육과정에서는 기관 및 학급 수준 교육과정 운영의 자율성이 강화됨에 따라 평가 역시 그 방법과 시기에 대해서도 자율성을 가지도록 하고 있다. 교사는 관찰과 기록 수집, 부모 설문지 등의 다양한 방법을 이용하여 영유아와 교육과정 운영에 대한 평가를 실시한다. 다음은 개정 누리과정 실행집을 바탕으로 구성한 평가에 대한 내용이다(교육부, 보건복지부, 2019).

1) 평가를 위한 자료 모으기

교육과정은 유아의 놀이와 일상생활, 활동 속에서 이루어지므로 교사는 영유아의 놀이와 일상을 관찰하여 기록한다. 교사는 특히 영유아의 놀이 과정을 관찰하여 평가에 필요한 자료를 모을 수 있다. 이때, 평가자료의 수집과 기록 때문에 교사와 영유아를 지원하는 데 어려움을 갖지 않도록 유의한다. 교사는 많이 기록해야 한다는 부담에서 벗어나 영유아 관찰기록 중 영유아의 이해 및 놀이지원에 중요하고 의미 있다고 판단되는 자료를 선별한다. 자료를 수집할 때에는 효과적으로 내용을 조직할 수 있고 기록을 쉽게 활용할 수 있으며 관리하는 데에도 시간이 덜 드는 방법을 활용하는 것이 좋다.

(1) 다양한 방식의 기록

놀이중심 교육과정이 잘 운영되기 위해서는 영유아의 놀이를 중심으로 일과를 관찰하고 기록할 필요가 있다. 일과 중 관찰한 내용을 메모지에 핵심 단어 위주로 짧게 기록을 남기고 일과 후 상세한 내용을 보완할 수 있다. 이때 짧은 메모를 그대로 활용할 수도 있고, 시간, 장소 상황, 관련 누리과정 내용 등을 수기로 간단히 작성할 수 있다. 혹은 일일계획안의 평가란이나 일지 양식을 변형하여 관찰 및 평가 내용을 기록할 수도 있다.

(2) 놀이영역별 유아 수행 평가 척도

개정 누리과정의 신체운동 · 건강, 의사소통, 사회관계, 예술경험, 자연탐구 영역을 중심으로 유아의 누리 영역별 수행평가 척도를 활용하여 평가자료로 활용할 수 있다. 놀이영역별 유아 수행평가 척도는 다음과 같다(남효순 외, 2020 재인용; 서울특별시교육청, 2017).

<table>
<tr><th colspan="5">신체운동 · 건강영역 - 기구를 이용하여 신체활동 하기</th></tr>
<tr><td>유아명</td><td colspan="2"></td><td>활동명</td><td></td></tr>
<tr><td>평가일</td><td colspan="2"></td><td>평가유형</td><td></td></tr>
<tr><td>평가내용 및 관점</td><td colspan="4">〈신체활동에 참여하기 - 도구를 이용하여 신체활동하기〉
1. 유아가 공이 나아가는 방향을 생각하는가?
2. 유아가 공을 넣기 위해 올바른 자세를 취하는가?
3. 유아가 목표물을 향해 잘 던지는가?</td></tr>
<tr><td rowspan="5">내용</td><td>평정 척도</td><td>그렇지 않다</td><td>보통이다</td><td>그렇다</td></tr>
<tr><td>1. 공을 던질 때, 주로 위나 아래쪽으로 던진다.</td><td></td><td></td><td></td></tr>
<tr><td>2. 공이 앞으로 나아가도록 팔을 뻗어 던질 수 있다.</td><td></td><td></td><td></td></tr>
<tr><td>3. 공을 원하는 방향 쪽으로 던질 수 있다.</td><td></td><td></td><td></td></tr>
<tr><td>4. 목표물 근접한 곳에 공을 던질 수 있다.</td><td></td><td></td><td></td></tr>
<tr><td>사진</td><td colspan="4"></td></tr>
<tr><td>해석 및 교사 의견</td><td colspan="4"></td></tr>
</table>

<table>
<tr><th colspan="6">의사소통영역 - 이야기 듣고 이해하기</th></tr>
<tr><td>유아명</td><td></td><td>활동명</td><td colspan="3"></td></tr>
<tr><td>평가일</td><td></td><td>평가유형</td><td colspan="3"></td></tr>
<tr><td>평가내용 및 관점</td><td colspan="5">〈듣기와 말하기 - 이야기 듣고 이해하기〉
1. 중심 내용을 요약하여 표현하는가?
2. 등장인물, 상황 등에 대해 정확히 기억하는가?</td></tr>
<tr><td rowspan="5">내용</td><td colspan="2">평정 척도</td><td>그렇지 않다</td><td>보통이다</td><td>그렇다</td></tr>
<tr><td colspan="2">1. 이야기를 들은 후 내용을 물어보면 대답하지 못한다.</td><td></td><td></td><td></td></tr>
<tr><td colspan="2">2. 이야기를 들은 후 내용을 물어보면 관련 없는 내용을 말하기도 한다.</td><td></td><td></td><td></td></tr>
<tr><td colspan="2">3. 이야기를 들은 후 내용을 물어보면 관련된 내용 중 일부 내용이나 또는 전체 내용을 말한다.</td><td></td><td></td><td></td></tr>
<tr><td colspan="2">4. 이야기를 들은 후 전체 내용을 정리하여 중심 내용을 말한다.</td><td></td><td></td><td></td></tr>
<tr><td>사진</td><td colspan="5"></td></tr>
<tr><td>해석 및 교사 의견</td><td colspan="5"></td></tr>
</table>

<table>
<tr><th colspan="5">사회관계영역 - 사회에 관심 가지기</th></tr>
<tr><td>유아명</td><td></td><td>활동명</td><td colspan="2"></td></tr>
<tr><td>평가일</td><td></td><td>평가유형</td><td colspan="2"></td></tr>
<tr><td>평가내용
및 관점</td><td colspan="4">〈사회에 관심 가지기 - 내가 살고 있는 곳에 대해 알아보기〉
1. 자신이 사는 곳을 정확히 말할 수 있는가?
2. 자신이 자주 가는 곳을 말할 수 있는가?
3. 자신이 사는 곳에 있는 기관을 말할 수 있는가?
4. 주요 기관에서 사람들이 하는 일을 아는가?</td></tr>
<tr><td rowspan="6">내용</td><td colspan="4">관찰 내용
*본 도구는 평정 척도가 아닌 관찰 내용을 제시하고 이에 근거하여 평가하도록 함</td></tr>
<tr><td colspan="2"></td><td>○</td><td>×</td></tr>
<tr><td colspan="2">1. 자신이 사는 곳을 말할 수 있다. (예: 아파트 이름, 동네 이름 등)</td><td></td><td></td></tr>
<tr><td colspan="2">2. 자신이 자주 가는 곳을 말할 수 있다. (슈퍼마켓, 놀이터, 병원, 미용실 등)</td><td></td><td></td></tr>
<tr><td colspan="2">3. 자신이 사는 곳에 있는 기관을 말할 수 있다. (은행, 우체국 등)</td><td></td><td></td></tr>
<tr><td colspan="2">4. 주요 기관에서 사람들이 하는 일을 안다.</td><td></td><td></td></tr>
<tr><td>사진</td><td colspan="4"></td></tr>
<tr><td>해석 및
교사 의견</td><td colspan="4"></td></tr>
</table>

<table>
<tr><th colspan="6">예술경험영역 - 창의적으로 표현하기</th></tr>
<tr><td>유아명</td><td colspan="2"></td><td>활동명</td><td colspan="2"></td></tr>
<tr><td>평가일</td><td colspan="2"></td><td>평가유형</td><td colspan="2"></td></tr>
<tr><td>평가내용 및 관점</td><td colspan="5">〈예술적 표현하기 - 움직임과 춤으로 표현하기〉
1. 움직임과 춤으로 표현하는 데 참여하는가?
2. 참여하는 모습을 보일 때 교사의 언어적 안내에 반응하거나, 음악적 요소(속도, 강약 등)를 반영하는가?</td></tr>
<tr><td rowspan="5">내용</td><td colspan="2">평정 척도</td><td>그렇지 않다</td><td>보통이다</td><td>그렇다</td></tr>
<tr><td colspan="2">1. 움직임과 춤으로 표현하는 활동에 거의 참여하지 않는다.</td><td></td><td></td><td></td></tr>
<tr><td colspan="2">2. 움직임과 춤으로 표현하는 활동에 참여하나 교사나 다른 또래의 표현을 주로 따라 한다.</td><td></td><td></td><td></td></tr>
<tr><td colspan="2">3. 움직임과 춤으로 표현하는 활동에 참여하여 자신의 생각이나 느낌을 단순하게 표현한다.</td><td></td><td></td><td></td></tr>
<tr><td colspan="2">4. 움직임과 춤으로 자신의 생각이나 느낌을 다양하게 표현한다.</td><td></td><td></td><td></td></tr>
<tr><td>사진</td><td colspan="5"></td></tr>
<tr><td>해석 및 교사 의견</td><td colspan="5"></td></tr>
</table>

<table>
<tr><th colspan="6">자연탐구영역 - 자연과 더불어 살기</th></tr>
<tr><td>유아명</td><td></td><td>활동명</td><td colspan="3"></td></tr>
<tr><td>평가일</td><td></td><td>평가유형</td><td colspan="3"></td></tr>
<tr><td>평가내용 및 관점</td><td colspan="5">〈자연과 더불어 살기 - 주변의 동식물에 관심 갖기〉
1. 유아가 생활 주변의 생물(동물이나 식물)에 관심을 보이는가?
2. 유아가 생활 주변의 생물을 지속적으로 관찰하는가?</td></tr>
<tr><td rowspan="5">내용</td><td colspan="2">평정 척도</td><td>그렇지 않다</td><td>보통이다</td><td>그렇다</td></tr>
<tr><td colspan="2">1. 동물이나 식물에 대하여 관심을 보이지 않는다.</td><td></td><td></td><td></td></tr>
<tr><td colspan="2">2. 주변의 동물이나 식물에 대하여 관심을 보인다.</td><td></td><td></td><td></td></tr>
<tr><td colspan="2">3. 교실에서 키우거나 실외환경에서 볼 수 있는 동물이나 식물을 관찰한다.</td><td></td><td></td><td></td></tr>
<tr><td colspan="2">4. 동물이나 식물의 변화 과정에 관심을 갖고 적극적으로 관찰한다.</td><td></td><td></td><td></td></tr>
<tr><td>사진</td><td colspan="5"></td></tr>
<tr><td>해석 및 교사 의견</td><td colspan="5"></td></tr>
</table>

(3) 놀이성 관찰척도

놀이성은 놀이에 대한 유아의 성향을 알아보는 것이다. 어떤 영유아는 자주 놀이를 즐기고 아주 빈약한 놀이 여건에서도 자신의 놀이 세계를 창조하는 성향이 있는 반면, 어떤 영유아는 풍부한 환경에서조차 놀이하지 않는 경향을 나타낸다.

Barrett(1991)는 놀이성을 신체적 자발성, 사회적 자발성, 인지적 자발성, 분명한 즐거움, 유머 감각의 다섯 가지 차원을 활용하여 측정하고 있다. 교사는 놀이성 관찰척도를 활용하여 교사의 개입과 놀이 친구가 필요한 영유아를 발견하고 영유아가 놀이에 즐겁게 참여할 수 있도록 도와줄 수 있다.

표 10-1 놀이성 평정 척도

항목	유아의 놀이성 척도				
	전혀 그렇지 않다	조금 그렇다	다소 그렇다	많이 그렇다	아주 많이 그렇다
신체적 자발성					
동작이 잘 협응된다.					
유아는 신체적으로 능동적이다.					
보다 능동적인 것을 선호한다.					
달리기, 한발뛰기, 껑충뛰기, 도약을 많이 한다.					
사회적 자발성					
타인의 접근에 쉽게 반응한다.					
타인과의 놀이를 제안한다.					
다른 유아와 협동적으로 놀이한다.					
놀잇감을 흔쾌히 공유한다.					

<table>
<tr><th rowspan="2">항목</th><th colspan="5">유아의 놀이성 척도</th></tr>
<tr><th>전혀 그렇지 않다</th><th>조금 그렇다</th><th>다소 그렇다</th><th>많이 그렇다</th><th>아주 많이 그렇다</th></tr>
<tr><td colspan="6">인지적 자발성</td></tr>
<tr><td>스스로 게임을 창안한다.</td><td></td><td></td><td></td><td></td><td></td></tr>
<tr><td>놀이에서 비전형적인 놀잇감을 사용한다.</td><td></td><td></td><td></td><td></td><td></td></tr>
<tr><td>여러 가지 배역을 가장한다.</td><td></td><td></td><td></td><td></td><td></td></tr>
<tr><td>놀이 동안 활동을 변화시킨다.</td><td></td><td></td><td></td><td></td><td></td></tr>
<tr><td colspan="6">분명한 즐거움</td></tr>
<tr><td>놀이하는 동안 즐거움을 표현한다.</td><td></td><td></td><td></td><td></td><td></td></tr>
<tr><td>놀이 동안 충만함을 나타낸다.</td><td></td><td></td><td></td><td></td><td></td></tr>
<tr><td>놀이 동안 열정을 보인다.</td><td></td><td></td><td></td><td></td><td></td></tr>
<tr><td>놀이 동안 감정을 표현한다.</td><td></td><td></td><td></td><td></td><td></td></tr>
<tr><td>놀이하면서 노래하고 말을 한다.</td><td></td><td></td><td></td><td></td><td></td></tr>
<tr><td colspan="6">유머감각</td></tr>
<tr><td>다른 유아들과 농담을 즐긴다.</td><td></td><td></td><td></td><td></td><td></td></tr>
<tr><td>다른 사람을 조용하게 놀린다.</td><td></td><td></td><td></td><td></td><td></td></tr>
<tr><td>재미있는 이야기를 한다.</td><td></td><td></td><td></td><td></td><td></td></tr>
<tr><td>유머러스한 이야기에 웃는다.</td><td></td><td></td><td></td><td></td><td></td></tr>
<tr><td>익살부리는 것을 좋아한다.</td><td></td><td></td><td></td><td></td><td></td></tr>
</table>

출처: 박찬옥 외(2016).

또한 Fantuzzo와 Sutton-Smith(1994)의 상호작용 또래놀이 척도(Pennsylvania Interactive Peer Play Scale, PIPPS)는 교사가 학급 유아들의 놀이행동을 관찰하여 놀이지도에 반영할 수 있으며 또래 중재적 개입에도 도움이 된다. 중재적 개입은 성숙한 수준의 상호작용 행동을 나타내는 유아가 미숙한 유아의 사회적 능력을 향상시키도록 도와주는 것을 말한다.

표 10-2 상호작용 또래 놀이척도

항목	상호작용 또래놀이 척도			
	관찰 되지 않음	가끔	자주	매우 자주
놀이 상호작용				
아이디어를 공유한다.				
다른 유아를 돕는다.				
또래 행동을 긍정적으로 지도한다.				
다른 유아가 참여하도록 격려한다.				
놀이활동에서 창의성을 보인다.				
놀이 방해				
싸움을 걸거나 시비를 건다.				
또래 유아들이 거부한다.				
역할을 바꾸지 않는다.				
고자질한다.				
다른 사람의 물건을 파괴한다.				
언어적으로 공격한다.				
울거나 불평하거나 화낸다.				
다른 유아의 물건을 뺏는다.				
신체적 공격을 한다.				
놀이 단절				
놀이집단 밖에서 배회한다.				
움츠린다.				
목표 없이 쳐다본다.				
다른 사람에 의해 무시된다.				
놀이집단 속으로 초청받지 못한다.				
놀이에 초대받았을 때 거절한다.				
놀이에서 갈팡질팡한다.				
교사 지시가 필요하다.				
불행해 보인다.				
한 활동에서 다른 활동으로 전이하기가 어렵다.				

출처: Fantuzzo & Sutton-Smith (1994).

2) 자료 활용하여 평가하기

평가는 유아평가와 누리과정 운영평가로 나누어 볼 수 있다. 유아평가는 유아의 고유한 특성과 시간의 흐름에 따른 변화를 이해하고자 하는 것이다. 누리과정 운영평가는 놀이, 일상생활, 활동이 잘 연계되어 유아에게 의미 있는 통합적 경험의 내용으로 운영되었는지를 알아보는 것이다.

(1) 유아의 특성 및 변화 정도를 평가한다

유아평가는 일상생활 및 놀이 과정에서 이루어질 수 있다. 유아의 놀이에 대한 기록(예: 계획안 또는 일지에 기록한 유아들의 실제 놀이 모습, 유아의 놀이 결과물, 작품, 사진이나 동영상) 등을 통해 유아의 흥미와 관심, 놀이, 선호, 또래와의 상호작용 등 유아의 특성과 변화 정도를 평가할 수 있다. 이때 누리과정 5개 영역의 내용이 놀이에서 어떻게 경험되고 어떤 배움이 일어났는지 살펴본 후 이를 추후 놀이지원에 반영할 수 있도록 한다. 또한 유아평가는 유아의 변화와 성장에 초점을 두어야 하며, 눈에 보이는 부분만을 객관화, 과학화시켜 이에 대해 '설명'하려 하기보다는 유아의 삶 전체 맥락 속에서 한 개인을 해석하고 '이해'하기 위한 것이어야 한다. 즉, 유아평가는 유아 개개인이 가진 다양한 잠재력을 기준으로 놀이와 배움을 이어 주는 평가로 활용되어야 한다.

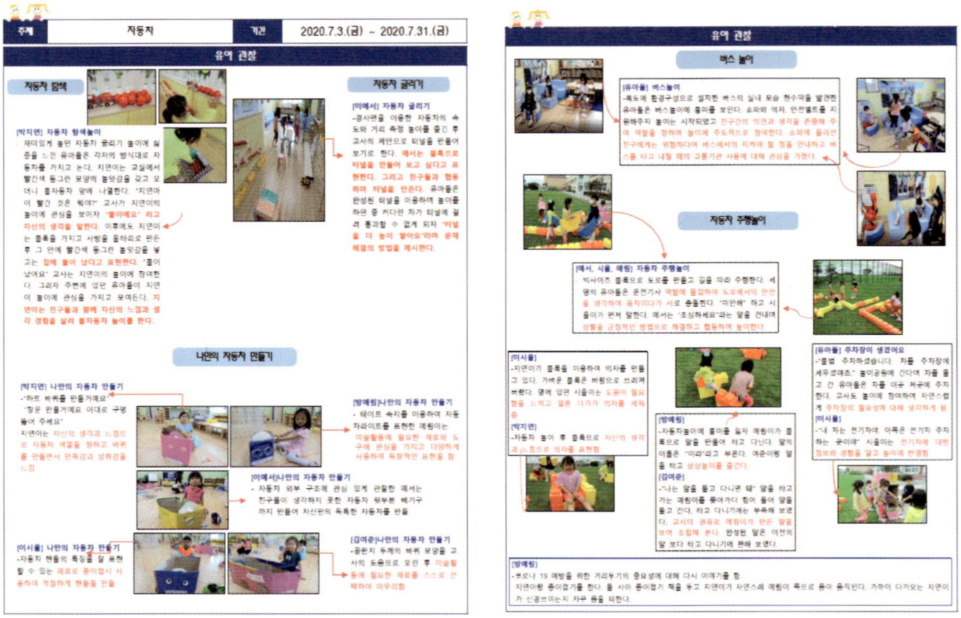

그림 10-9 유아의 특성과 변화 정도를 평가한 예

출처: https://www.jjkids.go.kr/jjkids

(2) 누리과정 운영을 평가한다

교사는 누리과정 운영의 질을 개선하기 위하여 기관과 학급의 특성을 반영하여 자율적으로 누리과정 운영을 평가하여야 한다. 누리과정 운영평가는 일과 구성이 적절하였는지, 일상생활이나 활동이 놀이를 지원하는 방식으로 진행되었는지, 놀이를 통해 어떤 경험이 어떻게 일어났는지 등에 대해 반성적으로 들여다보는 과정이다. 교사는 학급 내 놀이의 내용, 놀이를 통해 학급에서 일어나고 있는 유아들의 배움과 참여 등에 대한 기록을 바탕으로 교육과정을 평가하고 교육과정 개선 계획에 이를 반영할 수 있다.

날 짜	2020. 7. 29.(수)		
주 제	자동차	놀 이	안전하게 횡단보도 건너기
놀이 모습			
놀이 이야기	애니메이션 '안전하게 횡단보도를 건너요' 안전교육 후 유아들은 교사가 제공해 준 횡단보도 조각을 맞추어 커다란 횡단보도를 완성한다. 그 옆에 신호등까지 세우고 놀이를 시작한다. "나 아팠어 119차 필요해" 지연이는 예서가 타고 다니는 119차를 세운다. 지연이를 태운 예서는 횡단보도 가까이 서서 신호등이 빨간색으로 바뀌기를 기다렸다가 지나간다. "이번에 내가 신호등 할래" 예림이가 신호등 색깔을 조정하며 바꾼다. "선생님 여준이가 손을 들지 않고 건너요" 예림이는 횡단보도 건널때의 지켜야 할 행동을 지키지 않는 여준이를 나무란다. 여준이는 자신의 실수를 인정하고 손을 들고 횡단보도를 건넌다. 유아들의 놀이는 교실에서 복도까지 오가며 드라이브스루 놀이랑 연결하여 확장해 간다.		
누리과정 평가 및 교사지원 계획	- 안전교육 재료로 만들어진 커다란 119 구급차와 버스를 주자 놀이는 더욱 활발하게 이루어짐 - 자신의 만든 자동차를 타고 드라이브스루와 횡단보도 건너기 놀이를 함께하며 교실과 복도 공간확장으로 이어졌음		

그림 10-10 유아의 경험을 누리과정 내용과 연계하여 이해한 예

출처: https://www.jjkids.go.kr/jjkids

(3) 놀이에서 누리과정 5개 영역을 경험하였는지 돌아본다

누리과정 5개 영역은 유아가 놀이를 통하여 경험해야 할 내용이므로 교사는 놀이상황에서 5개 영역과 관련한 경험이 어떻게 이루어졌는지 연계할 수 있다. 이는 5개 영역의 내용을 유아가 달성해야 할 성취의 기준으로 삼는다는 것이 아니다. 매일 일과를 5개 영역에 따라 연계할 필요는 없다. 일과(놀이, 일상생활, 활동) 후 혹은 하나의 놀이 흐름이 마무리되었을 때 5개 영역의 경험이 어떻게 나타났는지 검토하고 지원을 계획해 볼 수 있다.

PART 5

놀이지도의 실제

Chapter 11

쌓기놀이

1. 쌓기놀이 개념과 교육적 가치
2. 영유아를 위한 쌓기놀이 활동

쌓기놀이는 다양한 종류의 블록을 이용하여 영유아의 일상생활 경험에서부터 상상의 세계까지 표현해 낼 수 있는 창조적 놀이 활동이다. 영유아는 쌓기놀이 과정을 통해 신체발달, 인지발달, 사회성발달, 창의성발달, 언어발달을 증진한다. 교사는 쌓기놀이 과정에서 영유아들이 주도적인 놀이를 할 수 있도록 지지해 주어야 한다. 따라서 놀이 주제에 맞는 물리적 환경 및 소품 등을 제공하여 확산적 사고의 기회를 제공하고, 놀이를 확장해 나아갈 수 있도록 지원해 주어야 한다.

1 쌓기놀이 개념과 교육적 가치

1) 개념

쌓기놀이는 영유아가 가장 선호하는 놀이의 하나로서 영유아 간의 상호작용 및 의사소통이 활발하게 이루어지는 놀이이다. 영유아는 쌓기놀이를 통해 자신의 경험과 상상한 것, 새롭게 창조해 내는 것 등을 자신들만의 새로운 세계로 표현하기 위한 다양한 종류의 재질과 질감, 색, 크기, 모양, 형태의 블록을 이용하여 입체적으로 구성하고 창조적인 구조물을 만드는 놀이를 말한다.

2) 교육적 가치

영유아는 다양한 블록과 소품을 활용하여 쌓고 끼우고 연결하고 조립하며 무너뜨리는 과정 속에서 새로운 창조활동을 놀이로 표현한다. 쌓기놀이를 통해 영유아의 신체, 인지, 사회성, 창의성, 언어 발달 등 전인적인 발달이 촉진된다. 교사는 영유아들이 쌓기놀이 과정 속에서 표준보육과정 6개 영역과 누리과정 5개 영역의 내용이 통합적으로 연계될 수 있도록 지원한다.

(1) 쌓기놀이를 통해 신체발달을 증진한다

영유아는 다양한 크기, 부피, 무게의 블록, 소품을 이용하여 쌓고 조립하는 놀이 과정 속에서 신체의 모든 기관을 활용하여 대근육, 소근육, 손과 눈의 협응력, 손의 조작 능력 등이 발달하며 신체운동 영역의 발달을 촉진한다.

(2) 쌓기놀이를 통해 인지발달을 증진한다

영유아는 쌓기놀이를 통해 논리 · 수학적 사고를 스스로 키워 나간다. 블록을 쌓기 위해서는 형태, 길이, 크기, 높이, 넓이, 부피, 비교, 분류, 균형, 패턴, 면적 등의 개념을 이해하고 구조물을 만드는 과정 속에서 다양한 실패와 성공을 경험하며 스스로 수학적 사고를 배우게 된다. 또한 쌓기놀이 과정에서 관찰, 예측, 측정, 탐구 등 과학적 개념을 이해하고 사고하며 스스로 원리를 배워 나간다.

이러한 수 · 과학적 논리와 사고를 통해 인지발달을 증진시키며, 쌓기놀이를 성공적으로 만들기 위하여 다양한 방법을 예측하고 실험하며 자연탐구영역의 발달도 촉진한다.

(3) 쌓기놀이를 통해 사회성발달을 증진한다

영유아는 쌓기놀이를 하면서 또래 친구와 서로의 의견과 생각을 나누며 사회적 관계를 익혀 나간다. 또래와 함께 놀이를 통하여 친구에게 양보하고 배려하며 나눌 수 있는 협동의 중요성을 이해하게 된다. 때로는 쌓기놀이 과정 속에서 또래와의 갈등을 경험하며 다툼과 화해의 경험을 통해 더불어 살아가는 사회성을 익히고 사회관계영역의 발달을 촉진한다.

(4) 쌓기놀이를 통해 창의성발달을 증진한다

영유아는 자신의 생각과 경험, 상상 등 또래와의 소통을 통해 구체적인 형태를 표현하고 구조물을 단계적으로 구체화한다. 특히 블록을 배열하고 쌓고 연결하며 공간에 대하여 이해하게 되고 조형능력, 입체구성능력, 공간지각능력이 발달하며, 자신이 상상한 새로운 창조적 구조물을 만들어 감으로써 창의성이 발달하고 예술경험영역의 발달도 촉진된다.

(5) 쌓기놀이를 통해 언어발달을 증진한다

영유아는 쌓기놀이 과정 속에서 또래와의 구조물에 대한 계획, 진행, 완성하는 방법 등을 조율하기 위해 자신의 의견 말하기, 친구의 의견 듣기, 다른 생각 조율하기 등 완성된 구조물을 교사나 친구들에게 설명할 기회를 통해 언어발달이 이루어지며 의사소통영역의 발달이 촉진된다.

2 영유아를 위한 쌓기놀이 활동

쌓기놀이 놀이 활동의 실제

<table>
<tr><th>활동명</th><th>기차놀이해요</th><th>연령</th><th>만 1세</th></tr>
<tr><td>목표</td><td colspan="3">• 블록을 연결하여 기차를 만든다.
• 완성된 기차 타는 놀이를 한다.
• 대근육 운동 능력을 기른다.</td></tr>
<tr><td>자료</td><td colspan="3">다양한 종류의 블록</td></tr>
<tr><td rowspan="5">놀이경험</td><td>영아의 놀이</td><td>교사의 놀이지원</td><td>편성 및 교수학습</td></tr>
<tr><td>• 주변에 다양한 종류의 블록을 자유롭게 탐색한다.</td><td>• 영아가 볼 수 있는 곳에 다양한 블록을 놓아 둔다.
• 영아가 블록을 탐색할 수 있는 시간을 충분히 제공한다.</td><td></td></tr>
<tr><td>• 블록과 블록을 이어 붙이며 한 줄로 길게 연결해 본다.</td><td>• 영아에게 블록을 연결할 수 있는 방법을 보여 주며 지지한다.
– 블록을 만지니까 어떤 느낌이에요?
– 블록과 블록을 연결하고 있군요?
– 블록을 길게 줄을 세우니 어떤 모양이 되었나요?
– ○○가 연결한 블록이 길이 되었네요!</td><td>상호작용하기
(관찰하기, 질문하기)</td></tr>
<tr><td>• 종이블록을 연결하여 기차를 만든다.</td><td>• 교사가 블록으로 기차 만드는 모습을 보여 주고 영아가 모방할 수 있도록 돕는다.
– ○○가 만든 기차를 움직여 볼까요?
– ○○가 만든 기차에 타 볼까요?</td><td>상호작용하기
(모델링하기, 질문하기)</td></tr>
<tr><td>• 블록 위에 앉아서도 타고, 서서도 타는 기차놀이를 한다.</td><td>• 영아들이 번갈아 가며 함께 놀이할 수 있도록 격려한다.
– ○○와 ○○가 기차를 서서 타네요?
– ○○와 ○○는 어느 자리에 앉아 볼까요?
– 어디로 가는 기차인가요?
– 친구들이 많이 탔군요.
– 그럼 우리 함께 기차를 타고 여행을 떠나 볼까요?</td><td>상호작용하기
(질문하기)</td></tr>
</table>

<table>
<tr><td rowspan="2">놀이확장</td><td>• 버스나 배, 자동차 관련 책이나 모형을 보여 주며 관심을 갖도록 한다.</td><td>• 영아들에게 다른 교통기관에 흥미를 가질 수 있는 책이나 모형을 보여 주며 관심을 갖도록 놀이로 연계한다.
– 타는 것은 기차도 있고 자동차도 있고 배도 있어요!
– 어느 것을 타고 여행을 떠나 볼까요?</td><td>상호작용하기
(연계하기,
질문하기)</td></tr>
<tr><td colspan="3">기차 외에도 교통기관에 대한 다양한 자료나 모형을 제공하여 새로운 놀이로 확장시킨다.</td></tr>
<tr><td>유의사항</td><td colspan="3">• 놀이에 흥미를 보이지 않는 영아의 경우 기다려 주고, 교사가 블록으로 쌓아 보고 연결하는 모델링을 보여 준다.
• 영아의 발달 수준을 고려하여 단계적으로 놀이에 흥미를 가지고 확장할 수 있도록 돕는다.</td></tr>
</table>

사진첨부

쌓기놀이 놀이 활동의 실제

<table>
<tr><td>활동명</td><td colspan="2">바다 낚시해요</td><td>연령</td><td>만 2세</td></tr>
<tr><td>목표</td><td colspan="4">• 블록으로 바다를 구성하고 낚싯대로 고기를 잡는 놀이를 한다.
• 신체조절능력, 손과 눈의 협응능력, 집중력을 기른다.
• 수 개념이 발달한다.</td></tr>
<tr><td>자료</td><td colspan="4">다양한 블록, 낚시대(막대 끝에 자석 붙인 것), 물고기</td></tr>
<tr><td rowspan="4">놀이경험</td><td>영아의 놀이</td><td colspan="2">교사의 놀이지원</td><td>편성 및 교수학습</td></tr>
<tr><td>• 블록을 연결하고 위로 쌓아 가며 구조물에 관심을 갖는다.</td><td colspan="2">• 블록과 함께 다양한 놀이를 할 수 있도록 여러 가지 소품을 지원한다.
– 블록으로 집을 만들었구나!
– 집 옆에 자동차도 있네요?
– 어디로 가는 거예요?</td><td>상호작용하기
(격려하기)</td></tr>
<tr><td>• 교사가 블록으로 바다를 만드는 시범에 관심을 갖고 함께 만들어 본다.</td><td colspan="2">• 영아들이 블록으로 바다를 구성할 수 있도록 시범을 보인다.
– ○○야, 블록과 블록을 연결해서 바다를 만들어 볼까요?
– 와~ 넓은 바다가 되었네요!</td><td>상호작용하기
(시범 보이기, 질문하기)</td></tr>
<tr><td>• 낚싯대를 이용하여 다양한 방법으로 낚시를 시도하며 반복놀이를 한다.</td><td colspan="2">• 영아가 낚싯대 사용 방법에 대해 교사가 낚시하는 모습을 보여 주고 영아들이 모방할 수 있도록 지지한다.
– 와~ ○○는 물고기를 많이 잡았네요.
– ○○는 꽃게도 잡았어요?
– 다음은 물고기로 무슨 놀이를 할까요?
– 물고기로 요리를 해 볼까요?</td><td>상호작용하기
(모델링하기, 질문하기)</td></tr>
</table>

<table>
<tr><td rowspan="2">놀이확장</td><td>• 물고기를 이용하여 요리 놀이를 해 본다.</td><td>• 영아에게 요리도구, 그릇, 소품 등을 제공하여 요리 놀이할 수 있도록 지원한다.
– ○○야, 물고기로 무슨 요리를 할까요?</td><td>상호작용하기
(질문하기)</td></tr>
<tr><td colspan="3">• 영아들이 잡은 물고기를 가지고 요리하기 놀이로 연계할 수 있도록 돕는다.
• 다양한 요리도구를 제공한다.</td></tr>
<tr><td>유의사항</td><td colspan="3">• 낚시놀이를 할 때 안전에 대하여 규칙을 이야기한다.
• 낚싯대와 리본끈의 길이는 짧게 만들고 물고기 수는 충분하게 지원한다.
• 눈과 손의 협응능력이 미숙한 영아의 경우 교사가 옆에서 함께 놀이 도움을 지원해 준다.</td></tr>
</table>

사진첨부

쌓기놀이 놀이 활동의 실제

<table>
<tr><th>활동명</th><td colspan="2">바닷가에서 놀이해요
(쌓기 & 역할놀이 연계)</td><th>연령</th><td>만 3세</td></tr>
<tr><th>목표</th><td colspan="4">• 여름 바닷가에서 할 수 있는 놀이에 관심을 갖는다.
• 다양한 블록을 이용하여 해수욕장을 구성해 본다.
• 여름 바닷가에서 먹을 수 있는 음식에 대하여 알아보고 경험해 본다.</td></tr>
<tr><th>자료</th><td colspan="4">레고 큰 블록, 컬러 공, 펠트지, 해수욕장 관련 사진자료, 갯벌 사진자료(해산물), 야외용 의자, 바비큐 도구, 음식모형 사진자료, 아이스크림 모형, 판매대 등</td></tr>
<tr><th rowspan="4">놀이경험</th><th>유아의 놀이</th><th>교사의 놀이지원</th><th colspan="2">편성 및 교수학습</th></tr>
<tr><td>• 바닷가에 다녀온 유아가 '해수욕장' 이야기를 시작하자 유아들은 바닷가 놀이에 대해 이야기 나눈다.</td><td>• 유아들과 바닷가에서 경험한 다양한 놀이에 대하여 이야기 나눈다.
– ○○는 해수욕장 가 본 적 있나요?
– 바닷가에서 무슨 놀이할 때가 재미있었나요?</td><td colspan="2">상호작용하기
(질문하기)</td></tr>
<tr><td>• 유아들은 각자가 하고 싶은 놀이를 위해 소품을 찾아 만들어 본다.</td><td>• 교사는 각 팀들이 놀이명 정하는 것을 돕는다.
– 그래? 해수욕장 만들기? 갯벌 놀이? 바비큐 놀이? 아이스크림 가게 놀이?
– 모두 모두 재미있겠다~</td><td colspan="2">상호작용하기
(참여하기)</td></tr>
<tr><td>• 유아들은 4팀으로 해수욕장팀, 갯벌놀이팀, 바비큐 놀이팀, 아이스크림가게팀으로 나누어 각자가 맡은 영역의 놀이 공간 꾸민다.</td><td>• 각 팀의 유아들이 요구하는 소품을 지원한다.
– ○○야, 해수욕장은 무엇으로 만들면 좋을까요?
– 갯벌에서는 어떤 놀이를 할 거예요?
– 바비큐 파티를 할 때는 어떤 소품과 도구가 필요할까요?
– 장작불 피울 사람은? 고기 구울 사람은? 역할을 정해 볼까요?
– 다 같이 아이스크림 가게를 꾸미고 있군요?
– 아이스크림 맛은 어떨까요?
– 누가 아이스크림가게 주인이에요? 손님은? 역할을 정해 볼까요?</td><td colspan="2">상호작용하기
(질문하기)</td></tr>
</table>

<table>
<tr><td rowspan="2">놀이확장</td><td>• ‘갯벌’에서 캠핑을 하고 싶어 하는 유아들에게 ‘텐트’를 만들어 볼 수 있도록 방법에 대하여 이야기 나눈다.</td><td>• 바닷가에서 또 다른 놀이 무엇을 할 수 있는지 이야기 나눈다.
– ○○는 갯벌에서 캠핑을 하고 싶군요?
– 텐트는 어떤 재료로 만들면 좋을까요?
– 멋진 밤이 되겠는 걸!</td><td>상호작용하기
(질문하기)</td></tr>
<tr><td colspan="3">유아들이 ‘텐트’를 미술영역과 쌓기영역에서 만들 수 있도록 연계한다.
캠핑놀이를 하며 안전과 놀이소품 사용 방법에 대하여 알아본다.</td></tr>
<tr><td>유의사항</td><td colspan="3">유아가 놀이를 지속하길 원할 때에는 시간적, 공간적 융통성을 갖고 지원한다.</td></tr>
</table>

사진첨부

쌓기놀이 놀이 활동의 실제

<table>
<tr><td>활동명</td><td colspan="2">자판기를 만들어요</td><td>연령</td><td>만 4세</td></tr>
<tr><td>목표</td><td colspan="4">• 자판기와 관련한 경험을 회상하며 움직이는 원리에 대해 알아본다.
• 창의성을 발휘하여 친구들과 협력하여 자판기를 구성해 본다.</td></tr>
<tr><td>자료</td><td colspan="4">자석블록, 매트, 폐품, 매직, 종이블록, 그리기도구 등</td></tr>
<tr><td rowspan="5">놀이경험</td><td>유아의 놀이</td><td colspan="2">교사의 놀이지원</td><td>편성 및 교수학습</td></tr>
<tr><td>• 소아과에 다녀 온 유아가 병원에 있는 자판기에서 과자를 골라 먹었다고 이야기하자 유아들은 일상생활에서 본 자판기에 대해 이야기 나눈다.</td><td colspan="2">• 유아들과 자판기 사용 경험에 대해 이야기 나눈다.
– ○○야, 어디에서 과자 자판기를 보았어요?
– 과자자판기에는 무슨 과자들이 들어 있었나요?</td><td>상호작용하기
(질문하기)</td></tr>
<tr><td>• 유아들은 자석블록으로 자판기를 만들고 음료수 나오는 곳은 미끄럼틀처럼 만들어 본다.</td><td colspan="2">• 유아들의 상호작용을 지켜보며 놀이의 확장을 위한 소품을 지원한다.
– 블록으로 자판기를 만들고 있나요?
– 자판기에서 음료수는 어떻게 나올까요?</td><td>상호작용하기
(관찰하기, 질문하기)</td></tr>
<tr><td>• 폐품을 이용하여 음료수와 과자 그림을 그려서 붙여 만든다.</td><td colspan="2">• 자판기에서 나오는 음료 및 과자 등을 만들 수 있도록 미술영역에서 놀잇감 만드는 것을 지원한다.
– ○○야, 요구르트 병이 있네요?
– ○○야, 우유갑도 있어요!</td><td>상호작용하기
(참여하기)</td></tr>
<tr><td>• 유아들은 순서를 지키며 자판기 놀이를 한다.</td><td colspan="2">• 유아들과 놀이 규칙에 대하여 이야기 나눈다.
– 우~아! ○○가 좋아하는 뽀** 음료수가 나오네요!
– ○○가 좋아하는 새**도 나오네요!
– 선생님이 좋아하는 커피도 나올까요?</td><td>상호작용하기
(참여하기, 질문하기)</td></tr>
</table>

<table>
<tr><td rowspan="2">놀이확장</td><td>• '세계 다른 나라 자판기는 어떤 것이 있을까?'에 대하여 이야기 나눈다.</td><td>• 세계의 자판기 사진이나 그림자료를 준비하여 다양함의 이해를 돕는다.
• 컴퓨터로 검색할 수 있도록 지원한다.</td><td>상호작용하기
(참여하기)</td></tr>
<tr><td colspan="3">• 컴퓨터로 세계의 자판기를 검색할 수 있도록 돕는다.
• 과자 자판기, 인스턴트 음식자판기, 책 자판기, 마스크 자판기, 피자 자판기, 우산 자판기 등
• '나는 어떤 자판기를 만들고싶을까?'로 연계하여 놀이할 수 있다.</td></tr>
<tr><td>유의사항</td><td colspan="3">• 유아가 스스로 창의적으로 활동할 수 있도록 많은 지식을 알려 주지 않는다.
• 교사는 유아가 궁금해하는 것을 직접 찾아볼 수 있는 기회를 준다.</td></tr>
</table>

사진첨부

쌓기놀이 놀이 활동의 실제

<table>
<tr><td>활동명</td><td colspan="2">자동차 경주놀이해요</td><td>연령 만 5세</td></tr>
<tr><td>목표</td><td colspan="3">• 친구와 함께 다양한 경사로와 도로를 구성한다.
• 친구들과 만든 경사로에서 자동차의 속도를 측정하는 게임을 한다.</td></tr>
<tr><td>자료</td><td colspan="3">여러 종류 레고블록, 속도 게임판 등</td></tr>
<tr><td rowspan="5">놀이경험</td><td>유아의 놀이</td><td>교사의 놀이지원</td><td>편성 및 교수학습</td></tr>
<tr><td>• 한 유아가 애니메이션에 나오는 자동차 경주에 대하여 이야기하자 유아들은 '자동차 경주놀이'에 대하여 이야기를 나눈다.</td><td>• 유아들과 다양한 자동차 경주 애니메이션에 대해 이야기 나눈다.
– ○○야, 자동차 경주를 해 본 적 있나요?</td><td>상호작용하기
(질문하기)</td></tr>
<tr><td>• 유아들은 자동차 경주를 위한 자신의 자동차를 만든다.</td><td>• 교사는 유아에게 다양한 모양의 레고 블록을 지원한다.
– ○○는 빨간색 자동차네요?
– ○○는 날개 달린 자동차를 만들었군요?</td><td>상호작용하기
(질문하기)</td></tr>
<tr><td>• 유아들은 두 팀으로 나누어 한 팀은 '대기타워'를 만들고, 다른 한 팀은 타워에서 내려오는 '경사로'를 만든다.</td><td>• 교사는 유아들에게 다양한 타워의 사진자료와 다양한 길이의 블록을 제공한다.
– 나선형 타워 너무 멋지겠는 걸요?
– 나선형으로 만들려면 어떻게 연결해야 할까요?
– 얘들아! 무엇으로 경사로를 만들거예요?
– ○○야, 차가 잘 굴러 내려가려면 어떻게 만들면 좋을까요?</td><td>상호작용하기
(질문하기)</td></tr>
<tr><td>• 유아들은 자신의 자동차를 갖고 서로 순서를 정하여 자동차 경주 놀이를 한다.</td><td>• 교사는 유아들이 차례를 지키며 놀이할 수 있도록 규칙에 대하여 이야기 나눈다.
– ○○와 ○○의 경주대회가 시작되었군요?
– 어떤 색 자동차가 빠를까요?
– 이긴 자동차의 이름을 속도 게임판에 기록해 봐요.</td><td>상호작용하기
(질문하기)</td></tr>
</table>

<table>
<tr><td rowspan="2">놀이확장</td><td>• 자동차 경주에서 유아들은 고속도로로 확장하여 도로 만들기를 해본다.</td><td>• 교사는 고속도로 관련 사진자료와 운행규칙에 대하여 유아들과 이야기 나눈다.
– 우리는 무슨 고속도로를 만들어볼까요?
– 고속도로 이름을 지어 보아요.</td><td>상호작용하기
(질문하기)</td></tr>
<tr><td colspan="3">• 교사는 고속도로가 길게 이어질 수 있도록 보육실 공간을 확장해준다.
• 고속도로의 상행선과 하행선에 대하여 이야기 나눈다.
• 고속도로의 표지판 등에 대하여 사진자료를 충분히 제공해 준다.
• 휴게소에 대하여 이야기 나누며 역할놀이로 연계한다.</td></tr>
<tr><td>유의사항</td><td colspan="3">• 유아들이 스스로 놀이를 연계하여 리드할 수 있도록 지원해 준다.
• 고속도로에서 지켜야 할 안전과 규칙에 대한 내용을 함께 다룬다.</td></tr>
</table>

사진첨부

쌓기놀이 놀이 활동의 실제

활동명	작품을 전시해요	연령	만 5세
목표	• 창의성을 발휘하여 자유롭게 작품을 만든다. • 전시회 계획과 준비를 한다. • 자신의 작품에 대하여 설명할 수 있다.		
자료	레고블록, 소품, 전시장 소품 등		
놀이경험	**유아의 놀이**	**교사의 놀이지원**	**편성 및 교수학습**
	• 유아들은 '레고 전시회'를 보고 온 친구와 함께 전시회에 다녀온 경험에 대하여 이야기를 나눈다.	• 유아들이 전시회 가 본 경험에 대하여 이야기 나누는 것을 지켜본다. – ○○야, 무슨 전시회를 가 보았나요?	상호작용하기 (질문하기)
	• 유아들은 레고 전시회를 하기 위해 자유로운 주제로 제각기 만들고 싶은 작품을 만든다.	• 교사는 유아들에게 다양한 레고블록을 제공하고 자유롭게 만들 수 있도록 돕는다. – 다 함께 전시회를 하고 싶어요? – 정말 재미있겠는데요? – ○○는 무슨 작품을 만들고 있나요? – ○○가 만드는 작품의 이름은?	상호작용하기 (질문하기)
	• 유아들은 작품을 완성하고, 전시회 준비를 위해 작품명과 작가이름 캡션을 만들어 본다.	• 유아들의 작품이 전시할 수 있도록 공간을 확장해 준다. • 유아들은 자신의 작품을 전시하고, 작품 관련 캡션도 가져다 놓도록 돕는다. – ○○는 멋진 레고집을 만들었네요! – 모두 멋진 작품을 완성했어요!	상호작용하기 (참여하기)
놀이확장	• 친구들에게 자신의 작품에 대하여 설명할 기회를 갖는다.	• 전시작품 설명하는 방법에 대하여 이야기 나눈다. – 모두들 멋진 작품이 완성되었네요! – 우리 전시장을 관람해 볼까요?	상호작용하기 (질문하기, 참여하기)
	• 전시장 관람 예절에 대하여 규칙을 정한다. • 교사는 유아들이 설명을 들으며 레고 전시장을 관람하도록 돕는다.		
유의사항	• 교사는 유아들이 다양한 작품을 감상하며, 손으로 만지지 않도록 유의한다.		

사진첨부

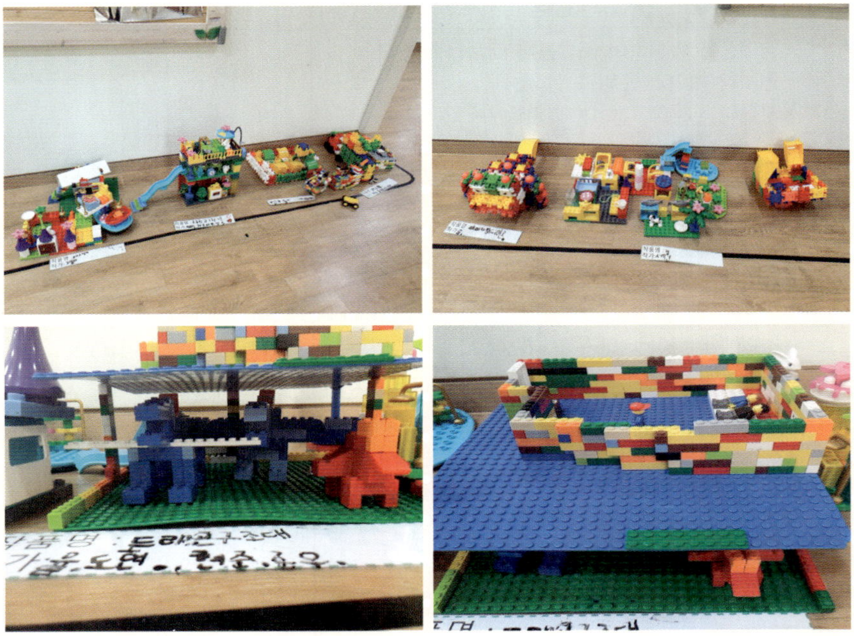

쌓기놀이 놀이 활동의 실제

<table>
<tr><th>활동명</th><td colspan="2">놀이동산을 만들어요</td><th>연령</th><td>만 5세</td></tr>
<tr><th>목표</th><td colspan="4">• 놀이동산에 있는 놀이기구에 대하여 알아본다.
• 놀이기구 타본 경험과 느낌을 말로 표현한다.
• 블록을 이용하여 놀이기구를 구성한다.</td></tr>
<tr><th>자료</th><td colspan="4">자석블록, 레고블록, 인형 사진자료 등</td></tr>
<tr><th rowspan="4">놀이경험</th><th>유아의 놀이</th><th colspan="2">교사의 놀이지원</th><th>편성 및 교수학습</th></tr>
<tr><td>• 유아들은 놀이동산 가 본 경험에 대하여 이야기를 나눈다.</td><td colspan="2">• 교사는 유아들과 다양한 놀이동산 다녀온 경험에 대해 이야기 나눈다.
– ○○는 어떤 놀이동산에 가 보았나요?
– 놀이동산에서 놀이기구를 타 보았나요?</td><td>상호작용하기
(질문하기)</td></tr>
<tr><td>• 유아들은 팀을 이루어 놀이동산에서 자신이 타고 싶은 놀이기구를 만든다.</td><td colspan="2">• 교사는 놀이기구 만들 수 있는 다양한 블록을 제공한다.
– ○○는 무슨 놀이기구를 만드는 거예요?
– 어머! 롤러코스터도 있네요?
– 이 놀이기구 이름은 무엇일까요?</td><td>상호작용하기
(질문하기)</td></tr>
<tr><td>• 유아들이 만든 놀이기구를 모아 놀이동산을 꾸민다.</td><td colspan="2">• 교사는 놀이동산의 크기를 생각해서 공간 확장을 지원한다.
– 이 놀이기구는 어디에 놓을까요?
– 우리 놀이동산 일주할 수 있는 도로를 만들어 볼까요?</td><td>상호작용하기
(질문하기)</td></tr>
<tr><th rowspan="2">놀이확장</th><td>• 놀이동산에서 경험할 수 있는 다양한 역할에 대하여 이야기 나눈다.</td><td colspan="2">• 놀이동산에서 일하는 사람들의 역할에 대하여 이야기 나눈다.
– ○○는 어떤 역할이 해 보고 싶은가요?
– 놀이기구 직원? 스낵음식 파는 사람? 퍼레이드하는 사람? 역할을 정해 봐요!</td><td>상호작용하기
(질문하기)</td></tr>
<tr><td colspan="4">• 놀이동산에서 해 보고 싶은 직업에 대하여 역할놀이로 전개할 수 있다.
• 놀이동산 도로 표지판 만들기로 확장할 수 있다.</td></tr>
<tr><th>유의사항</th><td colspan="4">• 놀이동산에서 전시하는 놀이기구가 파손되지 않도록 유의할 사항에 대하여 이야기 나눈다.</td></tr>
</table>

사진첨부

Chapter 12

역할놀이

1. 역할놀이 개념과 교육적 가치
2. 영유아를 위한 역할놀이 활동

역할놀이는 영유아가 경험하는 다양한 일상생활에서의 주제를 동원하여 의식 속에 잠재되어 있는 기억을 토대로 재인식하며 재현하기도 하고, 상상의 세계를 펼쳐 놀이를 새롭게 창조하며, 흥미진진하게 역할수행을 즐기는 가작화 놀이이다. 가작화 놀이란 마치 ~인 것처럼(as if), 역할을 가상하여 표현하는 놀이를 말한다. 영유아는 역할놀이 과정에서 정서발달, 인지발달, 사회성발달, 창의성발달, 언어발달을 증진한다. 교사는 역할놀이 과정에서 관찰을 통해 놀이 주제에 맞는 환경 구성 및 소품 등을 제공하여 영유아들이 주도하는 놀이를 발전시킬 수 있도록 지지해 준다.

1 역할놀이 개념과 교육적 가치

1) 개념

역할놀이는 영유아 자신이 경험한 일상생활에서 느낀 흥미로운 상황들이나 상상속의 아이디어를 동원해 가상적인 역할을 수행하고 타인의 감정 및 행동에 대한 이해능력, 공감능력을 경험하면서 자신의 태도나 행동에 긍정적 영향을 미치는 놀이 활동이다.

2) 교육적 가치

역할놀이는 영유아들이 경험한 다양한 상황, 역할들에 대하여 자신의 욕구를 담아 상상하며 또래와의 상호작용을 통해 표현하는 놀이이다. 역할놀이 과정 속에서 조망수용능력을 키우며, 다양한 직업의 특성을 이해하고, 상상하는 창조적 활동을 놀이로 표현함으로써 영유아의 정서, 인지, 사회성, 창의성, 언어 발달 등 전인적인 발달을 촉진한다. 교사는 영유아가 역할놀이 과정 속에서 영아의 놀이 6개 영역, 유아의 놀이 5개 영역의 내용이 통합적으로 연계될 수 있도록 지원한다.

(1) 역할놀이를 통해 정서발달을 촉진한다

역할놀이는 영유아 정서발달과 정신건강에 많은 도움이 된다. 영유아는 자신이 경험하는 일상에서 느꼈던 긍정적 정서, 즉 인상적이었던 것, 희망하는 모든 역할을 통해 기쁨, 즐거움, 욕구를 충족시킨다. 이러한 역할놀이를 통해 놀이를 주도하게 되고 놀이의 자율성, 성취감, 만족감 등의 긍정적인 자아개념을 형성하게 된다. 또한 영유아의 경험에 의해서 생긴 부정적 감정인 불안, 분노, 공포감, 두려움 등은 놀이를 통해 발산하고 해소할 수 있다. 따라서 다양한 역할 수행을 재현하고 극복하면서 정신적인 안도감, 정서적 안정감을 체험하는 기회를 가질 수 있다.

(2) 역할놀이를 통해 인지발달이 증진한다

역할놀이 과정 속에서 영유아는 현실적인 욕구와 상상하는 욕구 모두를 포함시킨다. 또래와의 놀이를 계획하고 다양한 가작화 요소에 대한 말과 행동을 통해 그 역할들의 상황과 입장을 이해하고 상상하며 놀이를 진행함으로써 상징적 사고, 추상적 사고, 확산적 사고, 문제해결력 등이 증진된다.

(3) 역할놀이를 통해 사회성발달이 증진한다

영유아는 역할놀이를 통해 또래와의 관계 개선하기, 사귀기, 협력하기, 협상하기, 타협하기 등 다양한 사회화 기술을 익힌다. 역할 중심적 사고를 하는 놀이 경험은 자기중심성 사고에서 벗어나 타인 조망수용능력까지 증진시켜 나아갈 수 있다. 이 놀이를 통해서 사회적 유능감을 경험하게 되고 긍정적인 또래관계를 형성하게 된다. 성공적인 역할놀이를 수행하기 위해서는 또래와의 수많은 타협과 동의, 설득 등을 통해 얻어지는 조망수용 연습의 놀이를 해야 한다.

(4) 역할놀이를 통해 창의성발달을 증진한다

영유아는 다양한 역할의 경험하면서 여러 가지의 상상력이 발전하고 확장시키는 과정에서 자연스럽게 창의성을 키워 나간다. 일상생활에서 알게 된 다양한 경험이나 학습을 통해 흉내내 보고 감정을 이입해 보며 새로운 놀이로의 도전을 한다. 이러한 놀이를 통해 문제를 발견하고 해결해 보려고 하는 놀이 속에서 소통하는 방법을 알게 되고 스스로 창의성을 극대화한다.

(5) 역할놀이를 통해 언어발달을 증진한다

영유아의 역할놀이는 역할 수행을 위해 교사나 또래와의 토론과 협상, 문제해결 등 의사소통을 하는 과정에서 어휘력, 상징적 사고, 언어적 수준이 향상된다. 역할놀이에서 영유아의 상상과 경험이 더해지며, 새로운 놀이를 탐구하고 역할에 따른 목소리나 문장으로 대화하는 상호작용을 즐긴다. 또한 놀이에 대한 재미와 공감을 나누는 과정을 통해 급진적으로 언어발달이 이루어진다.

2 영유아를 위한 역할놀이 활동

역할놀이 놀이 활동의 실제

<table>
<tr><th>활동명</th><td colspan="2">미용실 놀이해요</td><th>연령</th><td>만 1세</td></tr>
<tr><th>목표</th><td colspan="4">• 미용실 놀이도구에 흥미를 갖고 놀이를 한다.
• 미용실 놀이도구를 적절하게 사용할 수 있다.
• 친구와 함께 협력하여 놀이 한다.</td></tr>
<tr><th>자료</th><td colspan="4">드라이기, 머리끈, 고데기, 헤어 롤, 빗, 가위, 가운, 샴푸통, 화장대, 매니큐어, 헤어디자인 사진집 등</td></tr>
<tr><th rowspan="4">놀이경험</th><th>영아의 놀이</th><th colspan="2">교사의 놀이지원</th><th>편성 및 교수학습</th></tr>
<tr><td>• 영아가 화장대 앞에서 미용도구에 관심을 보이며 탐색한다.</td><td colspan="2">• 교사는 영아가 흥미를 가질 수 있도록 다양한 미용도구를 제공한다.
– 이것은 무엇을 할 때 사용하는 것일까요?</td><td>상호작용하기
(질문하기)</td></tr>
<tr><td>• 영아가 여러 가지 미용도구를 이용하여 친구와 놀이를 한다.</td><td colspan="2">• 교사는 미용실 놀이도구 이름을 알려준다.
– 드라이기는 머리를 말릴 때 사용해요.
– ○○야 고무줄과 빗, 머리띠도 있어요!
– ○○가 ○○에게 머리띠를 예쁘게 해 주었네요!
– ○○는 마음에 드나요?
– ○○는 너무 예뻐졌어요~
– 어머~ ○○가 ○○를 예쁘게 화장해 주네요!</td><td>상호작용하기
(참여하기,
질문하기)</td></tr>
<tr><td>• 여러 가지 미용도구 사용하는 방법을 탐색하며 모방한다.</td><td colspan="2">• 영아가 사용방법을 모를 때 교사가 시범을 보여 주며 모방할 수 있도록 도와준다.
– ○○야, 머리끝을 잡고 헤어 롤을 대고 머리카락을 감는 거예요!
– ○○도 한번 해 볼까요?
– 이번에는 ○○를 예쁘게 머리 해 줄래요?</td><td>상호작용하기
(시범 보여주기,
질문하기)</td></tr>
</table>

<table>
<tr><td rowspan="2">놀이확장</td><td>• 매니큐어 놀잇감으로 네일숍 놀이를 할 수 있도록 지지한다.</td><td>• 교사는 새로운 미용도구를 소개하며 사용방법에 대하여 이야기 나눈다.
– ○○야, 매니큐어 바르는 방법을 알려 줄게요!
– 우리 네일숍을 해 볼까요?</td><td>상호작용하기
(참여하기,
질문하기)</td></tr>
<tr><td colspan="3">• 새로운 미용실 놀이기구를 이용하여 색다른 놀이로 확장시킨다.
• 매니큐어 놀이도구를 활용해서 네일숍 놀이를 할 수 있도록 지원한다.
• 삼푸를 이용하여 머리 감겨 주는 놀이를 할 수 있도록 돕는다.</td></tr>
<tr><td>유의사항</td><td colspan="3">• 영아의 안전을 위해 헤어핀과 머리끈은 지름 3.5cm 이상의 것으로 준비한다.
• 영아가 사용하는 매니큐어는 무해한 유아용으로 준비한다.</td></tr>
</table>

사진첨부

역할놀이 놀이 활동의 실제

<table>
<tr><td>활동명</td><td colspan="2">명절음식을 만들어 보아요</td><td>연령</td><td>만 2세</td></tr>
<tr><td>목표</td><td colspan="4">• 추석 명절 음식에 관심을 가진다.
• 친구들과 함께 추석음식을 만들어 본다.
• 한복 의상에 따른 역할을 정하고 놀이를 한다.</td></tr>
<tr><td>자료</td><td colspan="4">소꿉놀이 교구(냄비 2개, 프라이팬 1개, 음식 모형 7개, 뒤집개 1개, 국자 1개, 칼 1개, 수저 2개, 포크 2개, 접시 2개, 그릇 2개)
추석의 음식과 놀이 관련된 사진 자료</td></tr>
<tr><td rowspan="4">놀이경험</td><td>영아의 놀이</td><td colspan="2">교사의 놀이지원</td><td>편성 및 교수학습</td></tr>
<tr><td>• 한복을 입고 등원한 영아들이 추석놀이에 대한 이야기를 나눈다.</td><td colspan="2">• 한복을 입고 등원 한 영아들에게 추석 음식놀이를 할 수 있도록 환경을 제공한다.
– 우아~ 한복을 입고 온 우리 친구들 모두 모두 멋진걸!
– ○○는 임금님이 되었네요!
– ○○는 왕비님 한복을 입고 왔네요?</td><td>상호작용하기
(참여하기, 질문하기)</td></tr>
<tr><td>• 다양한 소꿉놀이도구와 요리도구를 이용하여 요리하는 놀이를 한다.</td><td colspan="2">• 영아에게 요리놀이를 할 수 있도록 놀이도구를 지원한다.
– 추석에 여러분은 무엇을 먹어 보았나요?
– 어떤 음식이 가장 맛있었나요?
– 우리 추석음식을 만들어 볼까요?
– ○○는 무엇을 만들었을까요?
– 와~ 맛있겠다!</td><td>상호작용하기
(질문하기)</td></tr>
<tr><td>• 영아들이 만든 음식을 임금님과 왕비님 수라상에 차리는 놀이를 한다.</td><td colspan="2">• 영아의 놀이를 관찰하며 영아의 말과 행동, 기분이나 느낌을 공감하고 표현해 준다.
– 임금님 수라상에 음식을 차리고 있군요?
– 임금님은 어떤 요리를 하셨나요?
– 왕비님은 송편을 드시고 있네요!</td><td>상호작용하기
(관찰하기, 참여하기, 질문하기)</td></tr>
</table>

<table>
<tr>
<td rowspan="2">놀이확장</td>
<td>• 전통 한복의 다른 점에 대해 이야기 나눈다.</td>
<td>• 전통 남자 한복과 여자 한복의 다른 점에 대하여 이야기 나눈다.
– 남자한복과 여자한복은 무엇이 다를까요?</td>
<td>상호작용하기
(질문하기)</td>
</tr>
<tr>
<td colspan="3">• 우리나라의 전통 한복에 대한 사진자료를 통해 이야기 나눈다.
• 남자 한복과 여자 한복의 차이에 대해 유아들이 느껴 보도록 한다.
• 추석의 풍습과 전통놀이에 흥미를 가질 수 있도록 놀이 확장을 한다.</td>
</tr>
<tr>
<td>유의사항</td>
<td colspan="3">• 놀이에 흥미를 갖지 못하는 영아의 경우 영아가 좋아하는 음식을 함께 만들 수 있도록 제안한다.</td>
</tr>
</table>

사진첨부

역할놀이 놀이 활동의 실제

활동명	가을 소풍놀이터로 놀러 가요	연령	만 3세
목표	• 가을이 되면 변화하는 자연에 대하여 이해한다. • 친구들과 가을 소풍 이야기를 극놀이로 표현한다.		
자료	통나무 블록, 비닐돗자리, 사진기, 의자, 테이블, 역할놀이 놀잇감 등		
놀이경험	**유아의 놀이**	**교사의 놀이지원**	**편성 및 교수학습**
	• 가을 환경 분위기로 변한 보육실을 둘러보며 가을에 대하여 이야기 나눈다. – ○○가 소리치며 "우리 소풍놀이터 만들자~"라고 말한다.	• 유아들은 가을의 환경 분위기에서 지난 가을에 대한 회상을 하며 놀이에 대한 이야기를 나눈다. – 가을에는 어떤 놀이를 하면 재미있을까요? – 그래! 우리 가을 소풍 가자~	상호작용하기 (질문하기)
	• 유아들은 가을 소풍놀이터를 만들기 위해 다른 영역에서 필요한 놀잇감을 찾아온다.	• 교사는 보육실 전체로 영역을 확장하여 소풍놀이터 환경을 지원한다. – 소풍놀이터를 만들기 위해서 필요한 소품은 무엇이 있을까요?	상호작용하기 (질문하기)
	• 유아들은 각각의 주제에 맞는 가을소풍놀이터를 만든다.	• 유아들이 서로 맡은 영역에서 소풍놀이터를 만들 때 공간에 필요한 소품을 지원한다. – 카메라도 가져가나요? – ○○는 모닥불을 만들고 있네요? – ○○는 통나무 의자도 가져다 놓았네요! – 돗자리는 중앙에 펼치나요?	상호작용하기 (질문하기)
	• 소풍놀이터에서 영역에 따라 다양한 역할을 상의하며 극놀이를 한다.	• 유아들은 각자의 영역에서 역할놀이를 한다. – ○○는 선생님이구나! 아이들과 소풍 왔나요? – ○○와 ○○는 모닥불 근처에 앉아 노래하며 사진을 찍고 있군요? – 의자에 앉은 친구들은 어떤 놀이를 하나요?	상호작용하기 (질문하기)

놀이확장	• 유아들은 소풍놀이터에서 가을 운동회 놀이에 대하여 이야기 나눈다.	• 다 같이 즐거운 소풍놀이를 했어요! – 다음엔 어떤 놀이를 해 볼까요? – 가을 운동회에서 하고 싶은 운동은 무엇이 있나요?	상호작용하기 (질문하기)
	• 가을 운동회 놀이로 확장할 수 있다. • 가을 운동회의 물리적 환경과 다양한 소품을 지원한다. • 커다란 가을나무 만드는 미술활동으로 연계할 수 있다.		
유의사항	• 유아가 놀이를 지속하길 원할 때에는 시간적, 공간적 융통성을 갖고 지원한다. • 놀이 안전 규칙에 대하여 이야기 나눈다.		

사진첨부

역할놀이 놀이 활동의 실제

<table>
<tr><th>활동명</th><td colspan="2">미술관을 만들어요</td><th>연령</th><td>만 4세</td></tr>
<tr><th>목표</th><td colspan="4">• 세계 여러 나라의 미술작품에 관심을 갖는다.
• 미술관에서의 미술작품 감상태도를 기른다.
• 유아 미술 체험장을 직접 만들어 본다.</td></tr>
<tr><th>자료</th><td colspan="4">미술작품, 명화, 비닐, 시트지, 솜방울 뿡뿡이, 글루건 등</td></tr>
<tr><th rowspan="4">놀이경험</th><th>유아의 놀이</th><th colspan="2">교사의 놀이지원</th><th>편성 및 교수학습</th></tr>
<tr><td>• 유아들은 명화를 감상하며 미술관에 대하여 이야기 나눈다.</td><td colspan="2">• 교사와 유아들은 명화를 활용한 환경을 만들고 감상태도에 대하여 이야기 나눈다.
– 미술관에 가 본 적 있나요?
– 우리 교실 안에는 누구의 작품이 전시되어 있을까요?</td><td>상호작용하기
(질문하기)</td></tr>
<tr><td>• 유아들은 미술관 놀이를 하자며 '쿠사마 야요이' 작품을 보고 유아 미술 체험장도 만든다.
• '고흐' 작품을 감상하던 친구들은 여러 가지 재료로 새로운 의자를 만든다.</td><td colspan="2">• 교사는 다양한 미술작품 사진을 설치할 수 있도록 공간을 확장해 준다.
– 우와~ 멋진 미술관 놀이가 되겠네요!
– 미술관의 이름은 무엇으로 정할 거예요?
– 어떤 미술작품을 전시하나요?
– 어디에 작품을 배치할 건가요?
– 이 장소는 직접 만들 수 있는 미술 처험 공간이군요?
– ○○야, 이 공간에 무엇을 붙이고 있나요?
– ○○야, 이 작품은 입체작품이네요?
– 이 작품의 이름은 무엇인가요?</td><td>상호작용하기
(질문하기)</td></tr>
<tr><td>• 유아들은 미술관 내에서 관람객과 안내하는 사람의 역할놀이를 한다.</td><td colspan="2">• 서로 맡은 역할을 바꾸어가며 놀이하도록 격려한다.
– 미술관에서는 작품 관람 예절이 있어요!
– 작품은 눈으로만 보아야 해요.
– 그렇지만 우리반 ○○미술관에서는 직접 만져 볼 수 있는 공간도 있고 작품도 있네요!
– 어머~ 폭신폭신한 의자가 완성됐네요! 앉아 보아도 될까요?</td><td>상호작용하기
(참여하기)</td></tr>
</table>

놀이확장	• 체험 공간 작품 속에서 사진 찍는 놀이로 연계하여 사진관 놀이로 확장한다.	• 사진 찍기 위해 카메라 소품을 지원한다. – 한 사람씩 작품과 함께 사진 찍어 볼까요?	상호작용하기 (질문하기)
	• 유아들이 만든 작품을 배경으로 사진관 놀이로 연계할 수 있다. • 사진관의 물리적 환경과 다양한 소품을 지원한다.		
유의사항	• 사전 미술활동으로 필요한 소품, 사진자료들을 미리 만들어 환경을 구성한다.		

사진첨부

역할놀이 놀이 활동의 실제

<table>
<tr><td>활동명</td><td colspan="2">미세먼지 연구소를 만들어요</td><td>연령</td><td>만 5세</td></tr>
<tr><td>목표</td><td colspan="4">• 미세먼지의 위험성을 알고 탐구한다.
• 놀이 과정과 안전에 유의하는 방법을 알고 역할놀이를 통해 경험할 수 있다.</td></tr>
<tr><td>자료</td><td colspan="4">연구원복, 돋보기, 현미경, 비커, 집게, 미세먼지 사진자료</td></tr>
<tr><td rowspan="5">놀이경험</td><td>유아의 놀이</td><td colspan="2">교사의 놀이지원</td><td>편성 및 교수학습</td></tr>
<tr><td>• 교사가 보여 주는 예시사진을 보면서 미세먼지가 무엇인지 함께 이야기 나눈다.</td><td colspan="2">• 미세먼지가 무엇인지 함께 생각하며 이야기 나눈다.
– 오늘 뉴스에서 미세먼지가 나쁨이래요! 미세먼지와 초미세먼지의 차이점을 알고 있나요?</td><td>상호작용하기
(질문하기)</td></tr>
<tr><td>• 미세먼지가 생기지 않게 하는 방법에 대하여 이야기 나눈다.</td><td colspan="2">• 교사는 미세먼지가 생기게 되는 원인에 대하여 이야기하며 사진자료와 동영상을 제공한다.
– 미세먼지는 우리의 머리카락 한 가닥보다 더 작고 작다고 해요! (사진자료 제시)
– 미세먼지가 생기지 않게 하려면 어떻게 해야 할까요?</td><td>상호작용하기
(질문하기)</td></tr>
<tr><td>• 유아들은 미세먼지를 없애기 위해 공간과 소품을 준비하고 연구소를 만든다.</td><td colspan="2">• 교사는 연구소 공간을 확보해 주고 탐구 놀이도구들을 지원한다.
– 연구소 간판을 만들고 있군요?
– 미세먼지를 현미경으로 관찰하고 있군요?
– 미세먼지 연구에 물이 필요하다고요?</td><td>상호작용하기
(질문하기)</td></tr>
<tr><td>• 초미세먼지에 대해 컴퓨터로 검색하고 기상캐스터 놀이를 한다.</td><td colspan="2">• 유아들이 스스로 컴퓨터 검색을 하고 기상캐스터 역할 놀이를 할 수 있도록 지원한다.
– 초미세먼지가 지역별로 안내되어 있네요?
– 그럼 우리 지역별 초미세먼지 브드판을 만들어 볼까요?
– ○○는 어느 지역 기상캐스터인가요?</td><td>상호작용하기
(질문하기)</td></tr>
</table>

<table>
<tr><td rowspan="2">놀이확장</td><td>• 미세먼지를 줄이기 위해 우리들이 지켜야 할 방법에 대하여 서로 이야기를 나누도록 돕는다.</td><td>• 유아들이 찾아내는 방법에 대하여 격려한다.
– 환경을 중요시해야 한다고요? 맞아요. 우리가 먼저 해야 할 일은 무엇이 있을까요?</td><td>상호작용하기
(질문하기)</td></tr>
<tr><td colspan="3">• 미세먼지를 줄이는 방법을 팀별로 토론해 보도록 격려한다.
• 미세먼지 이미지를 입체물로 표현할 수 있도록 미술활동을 연계한다.</td></tr>
<tr><td>유의
사항</td><td colspan="3">• 유아가 스스로 지식을 알아 갈 수 있도록 지원한다.</td></tr>
</table>

사진첨부

역할놀이 놀이 활동의 실제

활동명	공항놀이해요 (쌓기 & 역할놀이 연계)	연령	만 5세
목표	• 공항과 관련한 경험을 회상하며 블록으로 만든다. • 친구들과 함께 공항 탑승수속에 필요한 역할을 극놀이로 표현한다.		
자료	레고블록, 다양한 놀잇감, 표지판, 우드락, 시트지, 종이블록, 테이프, 바구니 등		
놀이경험	**유아의 놀이**	**교사의 놀이지원**	**편성 및 교수학습**
	• 한 유아가 "비행기 타고 여행 가고 싶다"는 말을 하자, • 유아들은 "공항"을 만들자고 이야기 나눈다.	• 교사는 유아들과 함께 공항에서의 경험과 기능에 대하여 이야기를 나눈다. – 공항은 무엇을 하는 곳일까요? – 비행기를 타려면 어떻게 해야 하는지 알아볼까요?	상호작용하기 (질문하기)
	• 유아들은 팀을 나누어 공항 각 영역의 역할을 정한다.	• 공항에 무엇이 있는지 이야기 나눈다. 공항 내부의 사진자료를 제공한다. – 공항에서 무엇을 보았나요? – 길 안내 로봇, 비행장, 탑승수속, 보안 검색, 탑승구가 있다고요?	상호작용하기 (질문하기)
	• 공항 내 길안내 로봇을 코딩 블록으로 부착해서 움직이는 로봇을 만든다.	• 교사는 유아들의 요구에 따른 로봇을 만들 수 있는 소품을 지원한다. – ○○야, 자석블록으로 완성했군요! – '에어스타'는 어떻게 움직일 수 있을까요? – 움직이는 에어스타 로봇이 교실 내를 자유롭게 돌아다닐 수 있게 완성되었네요!	상호작용하기 (질문하기)
	• 탑승구 표지판을 꾸미고 비행장을 만든다.	• 교사는 공항 만들기를 위해 공간의 확장을 지원한다. – ○○는 탑승구를 만들고 있네요! – ○○는 비행장을 만드는 거예요! – ○○는 비행기를 만들고 있네요!	상호작용하기 (질문하기)

<table>
<tr><td rowspan="2"></td><td>• 탑승수속에 필요한 보안검색대, 탑승에 필요한 공간과 소품을 만든다.</td><td>• 교사는 유아들의 상호작용을 지켜보며 놀이의 확장을 위해 필요한 재료와 소품을 지원한다.
– ○○는 보안검색대를 만들었어요?
– ○○는 비행기 탑승권을 만들었네요?</td><td>상호작용하기
(관찰하기,
질문하기)</td></tr>
<tr><td>• 유아는 비행기 탑승하는 역할놀이를 한다.</td><td>• 교사는 유아가 각각 맡은 역할을 위해 각자의 영역을 지원한다.
– ○○는 탑승수속을 하고 있군요?
– ○○는 보안검색을 하고 있네요?
– ○○는 탑승 안내하고 있네요!
– 우리 비행기를 타고 떠나 보자!</td><td>상호작용하기
(질문하기)</td></tr>
<tr><td rowspan="2">놀이확장</td><td>• 해외 여행지에서 먹을 수 있는 음식점 놀이로 역할 놀이를 연계할 수 있다.</td><td>• 세계의 여러나라 음식 사진이나 그림자료를 준비하여 이야기 나눈다.
– ○○는 베트남 쌀국수를 좋아하는군요?
– ○○는 일본 스시를 좋아하군요?</td><td>상호작용하기
(질문하기)</td></tr>
<tr><td colspan="3">• 여행지 음식점 놀이로 역할놀이를 연계한다.
• 여행지 관광가이드 놀이를 할 수 있도록 한다.</td></tr>
<tr><td>유의사항</td><td colspan="3">• 유아들이 스스로 결정한 활동을 할 수 있도록 지원해 준다.
• 교사는 유아들이 직접 만들 수 있는 기회를 준다.</td></tr>
</table>

사진첨부

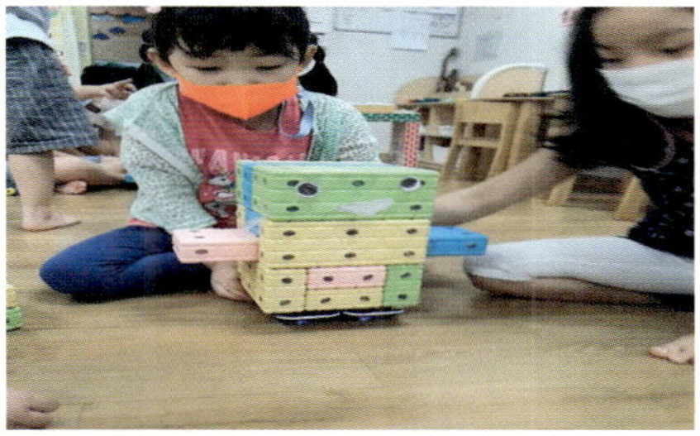

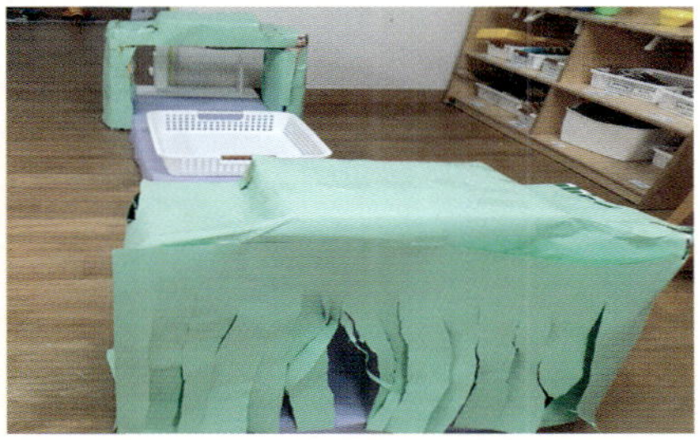

역할놀이 놀이 활동의 실제

<table>
<tr><td>활동명</td><td colspan="2">음식점 놀이해요</td><td>연령</td><td>만 5세</td></tr>
<tr><td>목표</td><td colspan="4">• 다른 나라 음식의 종류와 맛에 대하여 알아본다.
• 친구들과 함께 다양한 종류의 음식점을 극놀이로 표현한다.</td></tr>
<tr><td>자료</td><td colspan="4">탁자와 의자, 메뉴판, 음식점 간판, 모자, 레고블록, 우드락, 음식 사진 자료, 색지, 표지판 인쇄물, 테이프, 가위 등</td></tr>
<tr><td rowspan="4">놀이경험</td><td>유아의 놀이</td><td colspan="2">교사의 놀이지원</td><td>편성 및 교수학습</td></tr>
<tr><td>• 세계 여러나라 음식의 종류와 메뉴에 대하여 이야기 나눈다.</td><td colspan="2">• 유아들의 경험에 대하여 이야기 나누는 것을 지켜보며 상호작용한다.
– ○○는 어느 나라 음식을 좋아해요?</td><td>상호작용하기
(질문하기)</td></tr>
<tr><td>• 음식점 놀이에 어떤 음식을 만들 것인지 계획하고 음식점 공간을 꾸민다.</td><td colspan="2">• 유아들의 음식점 놀이 확장을 위한 사진자료와 소품을 지원한다.
– ○○는 음식점 간판을 만드나요?
– ○○는 메뉴판을 만들고 있네요?</td><td>상호작용하기
(질문하기)</td></tr>
<tr><td>• 음식점 주인과 손님이 되어 역할놀이를 한다.</td><td colspan="2">• 유아들의 음식점 놀이를 위한 넓은 공간을 지원한다.
– ○○야, 이 요리 이름은 무엇일까요?
– ○○야, 이 테이블 위에 놓인 회전판은 무엇일까요?
– 회전요리 음식점이군요!</td><td>상호작용하기
(질문하기)</td></tr>
<tr><td rowspan="2">놀이확장</td><td>• 음식점의 광고지를 만들어 홍보할 수 있도록 한다.</td><td colspan="2">• 음식점 사진이나 그림자료를 준비하여 광고지를 만들어 본다.
– 음식점을 홍보하려면 어떤 방법이 좋을까요?</td><td>상호작용하기
(질문하기)</td></tr>
<tr><td colspan="4">• 음식점의 홍보 전략 계획을 세운다.
• 음식의 홍보를 위해 손님들의 반응을 인터뷰한다.</td></tr>
<tr><td>유의사항</td><td colspan="4">• 놀이에 필요한 소품들을 가정과 연계하여 미리 협조 요청을 한다.</td></tr>
</table>

사진첨부

역할놀이 놀이 활동의 실제

활동명	유튜버가 되어보아요	연령	만 5세
목표	• 사진 찍는 방법에 대해 알아본다. • 동영상 촬영의 방법을 이해한다. • 유튜버가 하는 활동에 대하여 알아본다.		
자료	디지털카메라, 휴대폰, 소품, 소꿉놀이 놀잇감 등		
놀이경험	**유아의 놀이**	**교사의 놀이지원**	**편성 및 교수학습**
	• 유튜브 방송에 대하여 이야기 나누던 유아들은 “유튜버 놀이하자”고 제안한다.	• 교사는 요즘 가장 인기 있는 유튜버에 대해 이야기 나눈다. – 그 유튜버는 왜 인기가 있을까요? – 어떤 점이 재미있나요?	상호작용하기 (질문하기)
	• 유아들은 서로 동영상 촬영을 하며 유튜버 놀이 계획을 세운다.	• 교사는 유아의 요구에 따라 핸드폰과 디지털카메라를 지원한다. – 동영상을 촬영해 본 적이 있나요? – 동영상엔 어떤 모습을 담으면 좋을까요? – 흥미롭게 제작하려면 어떻게 해야 할까요?	상호작용하기 (질문하기)
	• 유튜버 촬영을 위해 영상담당과 감독을 정하고 역할놀이를 한다.	• 교사는 유아들의 놀이의 흐름을 지켜보며 상호작용한다. – ○○야, 무엇을 하는 것을 촬영하고 있어요? – 무엇을 하는 것을 설명하고 있나요? – ○○는 요리하는 동영상을 찍고 있군요?	상호작용하기 (관찰하기, 질문하기)
	• 영상담당과 감독, 유튜버의 말과 목소리를 흉내를 내며 놀이 한다.	• 교사는 유튜브에서 활동하는 사람의 말과 행동을 모델링 해 준다. – ○○는 방송을 잘하네요! – 영상이 끝나면 “좋아요”, “구독” 버튼 꼭 눌러 주세요! 잊지 마세요!	상호작용하기 (모델링하기, 질문하기)

놀이확장	• 유튜브 사이트에 올릴 수 있는 방법을 컴퓨터로 검색한다.	• 유튜브 개정을 만드는 방법을 컴퓨터로 검색하도록 지원한다. – 유튜브에 동영상을 올리려면 개정이 필요해요!	상호작용하기 (참여하기)
	• 유아 스스로 컴퓨터 검색을 할 수 있도록 지원한다. • 교사는 유아가 찍은 동영상을 보고 유아들과 더욱 실감나게 촬영할 수 있는 방법에 대하여 이야기 나눈다. • 휴대폰 카메라에 찍은 영상에 관한 저작권에 대하여 이야기 나눈다.		
유의사항	• 디지털카메라의 사용방법과 주의사항에 대하여 알아본다.		

사진첨부

Chapter 13

조작놀이

1. 조작놀이 개념과 교육적 가치
2. 영유아를 위한 조작놀이 활동

1 조작놀이 개념과 교육적 가치

조작놀이(manipulative play)는 유아가 퍼즐이나 구슬 꿰기, 바느질하기, 판 게임, 도미노 게임과 같이 주로 놀잇감을 손과 손가락의 소근육을 사용해서 맞추고 분리하여 재배열하는 등 여러 가지 방법을 다루는 놀이이다(신은수 외, 2011).

유아는 놀잇감을 직접 손으로 만지고 조작해 봄으로써 문제해결력을 키우고 수학적 태도를 함양할 수 있다(조형숙, 이명옥, 2012).

조작놀이는 다른 놀이에 비해 정적이고 탐색적이며 정교함을 요구하는 특징을 지니고 있다. 또한 유아 스스로 문제를 해결하는 과정에서 집중력과 지구력을 기를 수 있는 효과가 있다.

수·조작놀이를 지도할 때 교사는(박찬옥 외, 2018) 유아의 발달 수준에 적절하게 단순하고 쉬운 활동으로부터 복잡하고 어려운 활동으로 제공한다. 같은 바느질 활동이라도 장판과 신발 끈 또는 돗바늘과 굵은 실로 자료를 다르게 내줄 수 있다. 또한 바닥에서만이 아닌 벽에서도 조작을 할 수 있도록 자석을 활용한 자료를 제공할 수 있다.

세트로 제작된 놀잇감 중 유아의 수준을 고려하여 부속물 중 하나를 빼거나 다른 것으로 대체할 수 있고, 놀이방법을 약간 수정하는 것도 좋다.

유아가 다양한 탐색과 조작을 할 수 있도록 격려해 주며 때로는 시범도 필요하다.

생활주제에 따라 또는 일정 기간이 지나면 놀잇감을 교체하나, 인기 있는 놀잇감은 유아들에게 물어본 후 유아들이 원한다면 그대로 비치한다.

조작놀이영역에는 크기가 작은 게임 자료가 많아서 분실될 경우가 많다.

놀이하기 전 새 놀잇감을 소개할 때 게임 말과 조각의 수를 정확히 소개한다.

놀잇감 정리 시간에 그 수를 같이 세어 보아 처음의 개수와 맞지 않을 경우에는 그 자리에서 찾아 바구니에 넣도록 한다.

조작놀이를 통해 얻게 되는 교육적 가치는 다음과 같다(김수영 외, 2018).

첫째, 소근육 및 눈과 손의 협응력을 발달시킨다. 조작놀이는 주로 손과 손가락, 손목 등의 소근육을 활용하여 섬세한 조작을 하도록 구성되어 있으므로 소근육 조작 능력이 증진되는 효과가 있으며 정교한 조작활동은 눈과 손의 협응력을 발달시키는 데 도움을 준다.

둘째, 사고력 발달에 도움이 된다. 조작놀이를 통해 유아는 형태, 크기, 무게, 질감, 분류, 연속, 수와 같은 개념을 습득하게 되고, 퍼즐과 같이 부분으로 전체를 구성하는 활동을 통해 수렴적 사고 및 논리 · 수학적 사고를 발달시키게 된다. 또한 도미노와 빙고, 주사위 게임은 수의 조합, 계산, 기하학적 개념의 형성을 돕는다. 이 밖에 패턴활동과 지시카드는 창의적 구성능력과 기억력을 향상시키는 등 유아의 사고력 발달에 도움을 주게 된다.

셋째, 언어발달의 기초를 제공한다. 조작놀이는 유아의 어휘 및 문자 습득에 영향을 준다. 퍼즐, 패턴활동 등은 유아가 다양한 형태를 변별하는 데 도움이 되며 이것은 문자식별의 기초를 제공한다. 또한 바느질하기, 구슬 꿰기 등은 유아가 글자를 쓰는 데 필요한 소근육을 발달시킨다. 또한 함께 놀이하는 또래와의 언어적 상호작용을 촉진시켜 의사소통 기술을 발달시키게 된다.

넷째, 학습태도의 형성에 도움이 된다. 조작놀이는 유아가 자발적으로 활동에 참여하여 집중할 수 있도록 구조화된 놀이이므로 유아의 탐구력, 관찰력 및 주의집중에 많은 도움을 준다. 또한 조작놀이를 하는 과정에서 유아는 스스로 목표달성을 위한 계획을 세우고, 조작하는 방법을 학습하는 시도를 끊임없이 하게 된다. 이러한 과정에서 유아는 바람직한 학습태도를 형성하게 되며 자신의 능력에 자신감과 성취감을 갖게 된다.

또한 전우용, 홍용희(2018)가 말한 조작놀이의 가치에 대해 살펴보면 다음과 같다.

첫째, 조작놀이를 통해 눈과 손의 협응력은 물론 소근육 발달을 돕는다. 사물을 다양하게 탐색해 보면서 감각 능력을 기르고 신체 발달을 도울 수 있다.

둘째, 조작놀이는 유아의 인지 발달을 돕는다. 조작놀이를 통해 놀잇감을 조작하면서 몰입하게 되고 흥미를 느끼며 적극적으로 참여한다. 이 과정을 통해 깊이 생각하는 것과 문제 해결력, 탐구력을 기를 수 있으며 수학, 언어, 사회와 관련한 학습을 자연스럽게 하게 된다.

셋째, 조작놀이를 통해 영유아 스스로 학습할 수 있다. 유아가 놀잇감을 선택하고 놀이하는 동안 독립적이고 자율적인 학습자로서 자기주도적인 학습을 한다.

넷째, 조작놀이는 유아의 의사결정 능력을 길러 준다. 유아는 어떤 놀잇감을 선택할 것인지, 누구와 함께 활동할 것인지, 어떤 규칙을 준수해야 하는지 등을 결정하며 의사결정 능력을 발달시킨다.

다섯째, 조작놀이를 통해 협동심을 기른다. 조작놀이에 제공된 놀잇감의 유형에 따라 2명 이상의 유아가 주체가 되어 놀이하며 서로 협력하는 가운데 놀이가 촉진된다.

2 영유아를 위한 조작놀이 활동

감각탐색놀이 활동의 실제

<table>
<tr><th>활동제목</th><td>빈 요플레 통을 흔들어 봐요</td><th>활동연령</th><td>만 0세</td></tr>
<tr><th>활동목표</th><td colspan="3">• 빈 요플레 통 놀잇감에 관심을 가진다.
• 빈 요플레 통 소리를 탐색한다.</td></tr>
<tr><th>활동자료</th><td colspan="3">빈 요플레 통</td></tr>
<tr><th rowspan="3">활동과정</th><th>영아</th><th colspan="2">교사</th></tr>
<tr><td>• 빈 요플레 통을 보여 주며 탐색한다.</td><td colspan="2">• 빈 요플레 통을 보여 주며 영아들과 상호작용을 나눈다.
– 요플레 통으로 어떤 놀이를 할 수 있을까?
– 선생님하고 함께 놀이를 해보자.</td></tr>
<tr><td>• 빈 요플레 통에 작은 놀잇감을 넣어 흔들어 본다. 두 개의 통을 부딪쳐 가며 소리를 탐색한다.
• 한 손에 한 개씩 잡고 기어가면서 소리를 내어 탐색한다.
• 두 개의 요플레 통을 가슴에 대어 보기도 한다.</td><td colspan="2">• 빈 요플레 통에 작은 놀잇감을 넣어 소리 탐색을 하는 모습을 보여 준다.
– 요플레 통에 작은 놀잇감을 넣어 흔들었더니 소리가 나네.
– ○○도 해 볼까?
– 작은 놀잇감이 나와 버렸네. 다시 넣어 줄게. ○○가 해보자.
– 두 개의 요플레 병을 부딪치니 소리가 나네.
– ○○가 요플레 통을 바닥에 부딪치니 소리가 나는구나!
– 가슴에 요플레 통이 있네.</td></tr>
<tr><th rowspan="2">활동의 확장</th><td>• 빈 요플레 통을 머리 위에 올려 고개를 숙여 떨어뜨려 본다.</td><td colspan="2">– 요플레 통을 머리 위에 올려 보고 인사해 볼까? 선생님이 해 볼게.
– 안녕하세요. 고개를 숙이니 요플레 통이 떨어졌네.
– ○○도 해 볼까? 머리에서 요플레 통이 내려왔네.</td></tr>
<tr><td colspan="3">• 머리 위에서 떨어지는 요플레 통을 관심을 보이며 영아 스스로 머리 위에 올려 보려고 한다.
• 친구 머리 위에도 올려 보려고 하는 모습을 보인다.</td></tr>
<tr><th>유의사항</th><td colspan="3">• 영아가 요플레 통을 탐색하면서 입으로 먹지 않도록 주의한다.
• 놀이를 하면서 깨지지 않는지 주의 깊게 살핀다.</td></tr>
</table>

사진첨부

감각탐색놀이 활동의 실제

<table>
<tr><td>활동제목</td><td>신문지를 갖고 놀아요</td><td>활동연령</td><td>만 0세</td></tr>
<tr><td>활동목표</td><td colspan="3">• 신문지 종이에 관심을 가진다.
• 신문지를 찢어 보면서 소근육발달을 돕는다.</td></tr>
<tr><td>활동자료</td><td colspan="3">신문지, 테이프</td></tr>
<tr><td rowspan="3">활동과정</td><td>영아</td><td colspan="2">교사</td></tr>
<tr><td>• 신문지를 만져 보며 탐색한다.</td><td colspan="2">• 신문지를 보여 주며 상호작용을 나눈다.
– 신문지로 어떤 놀이를 할까?
– 선생님하고 해 보자.
– 신문지를 만지니 소리가 나네?
– 신문지를 만졌을 때 나는 소리를 들어 볼까?
– ○○가 신문지를 만져 보니 느낌이 어때?</td></tr>
<tr><td>• 신문지를 찢어 보거나 뭉쳐 본다.</td><td colspan="2">• 신문지 찢는 모습을 보여 준다.
– 탐색한 신문지를 찢어 보고 뭉쳐 볼 수 있도록 돕는다.
– ○○도 찢어 볼까?
– 선생님이 도와줄게! 이렇게 해 보자!
– ○○가 했구나!</td></tr>
<tr><td rowspan="2">활동의 확장</td><td>• 찢어진 신문지를 영아 무릎 위에 올려 쌓아 본다.
• 신문지 치마를 표현해 본다.</td><td colspan="2">• 테이프에 찢어진 신문지를 연결하여 붙인 후 영아에게 입혀 주어 치마를 표현해 본다.
• 머리 위에 써 본다.</td></tr>
<tr><td colspan="3">• 만지며 탐색하던 신문지를 찢어 보고 뭉쳐 보는 활동을 찢어진 신문지를 테이프로 연결하여 치마를 표현해 보고 머리에도 써 보면서 다양한 모습을 표현해 본다.</td></tr>
<tr><td>유의사항</td><td colspan="3">• 신문지를 탐색하면서 입으로 먹지 않도록 주의해야 한다.</td></tr>
</table>

사진첨부

수조작놀이 활동의 실제

<table>
<tr><th>활동제목</th><td colspan="2">맛있는 과일을 탐색해요</td><th>활동연령</th><td>만 1세</td></tr>
<tr><th>활동목표</th><td colspan="4">• 다양한 과일에 관심을 가진다.
• 다양한 과일을 감각적으로 탐색한다.</td></tr>
<tr><th>활동자료</th><td colspan="4">다양한 종류의 과일, 과일책, 쟁반, 펠트과일모형</td></tr>
<tr><th rowspan="5">활동과정</th><th>영아</th><th colspan="3">교사</th></tr>
<tr><td>• 다양한 종류의 과일을 제공하고 지켜본다. 영아들이 관심을 보이며 만져 보고 입으로 가져가는 영아가 있다.</td><td colspan="3">• 교사의 의도적인 상호작용, 개입 없이 환경만 제공한다.</td></tr>
<tr><td>• 다양한 종류의 과일에 관심을 보이기 시작하면 상호작용을 나눈다.</td><td colspan="3">– ○○이가 과일을 만지고 있구나~
– 어떤 과일들이 쟁반에 있니?
– ○○아~ 이 과일은 무엇인지 아니?
– 그래 맞아~ 사과야.
– 사과를 먹어 본 적 있니?</td></tr>
<tr><td>• 교사가 과일은 탐색하는 모습을 보여 주고 영아도 따라할 수 있도록 돕는다.</td><td colspan="3">– 사과는 어떻게 생겼을까?
– 동글동글 동그라미처럼 생겼구나~
– 사과는 어떤 냄새가 날까?
– 사과는 무슨 색깔일까?</td></tr>
<tr><td>• 영아가 다양한 과일을 자유롭게 탐색하며 먹어 보도록 한다.</td><td colspan="3">– ○○이는 어떤 과일을 먹어 보고 싶니?
– ○○이 좋아하는 과일은 무슨 과일이야?
– 딸기를 먹으면 무슨 맛이 날까?</td></tr>
<tr><th>활동의 확장</th><td colspan="4">• 과일에 대한 실물 책이나 동화책등을 찾아 연계하여 볼 수 있도록 돕는다.
• 펠트로 만든 과일 모양을 준비하여 책과 함께 볼 수 있도록 한다.
• 과일을 작게 잘라 먹어 보도록 한다.
• 과일을 갈아 주스로 먹어 보도록 한다.
• 과일이나 채소를 추가하여 물감 찍기 놀이를 해 본다.</td></tr>
<tr><th>유의사항</th><td colspan="4">• 영아가 스스로 활동할 수 있도록 강요하지 않는다.
• 교사는 많은 지식을 알려 주려 하지 않는다.</td></tr>
</table>

사진첨부

사과가 쿵!
사과
사과
바나나

딸기, 딸기,
예쁜 딸기.
새콤달콤 맛있는 딸기.
냠냠냠 맛있게 먹자.

딸기, 딸기,
예쁜 딸기.
새콤달콤 맛있는 딸기.
냠냠냠 맛있게 먹자.

수조작놀이 활동의 실제

<table>
<tr><td>활동제목</td><td colspan="2">채소 도장을 찍어 꽃다발을 완성해요</td><td>활동연령</td><td>만 1세</td></tr>
<tr><td>활동목표</td><td colspan="4">• 채소의 모양과 단면의 모양을 탐색한다.
• 다양한 색의 스탬프로 도장을 찍고 모양과 색을 감상한다.</td></tr>
<tr><td>활동자료</td><td colspan="4">꽃다발 모양의 활동지, 다양한 색의 스탬프 또는 물감, 여러 가지 채소(파프리카, 당근, 오이)</td></tr>
<tr><td rowspan="4">활동과정</td><td>영아</td><td colspan="3">교사</td></tr>
<tr><td>• 여러 가지 모양의 채소와 채소의 단면을 보며 자유롭게 탐색한다.</td><td colspan="3">• 영아가 채소를 관찰하며 맛, 냄새, 촉감, 모양 등을 다양하게 탐색하도록 격려한다.
– ○○아 이 채소는 어떤 색일까? 냄새도 맡아 볼까?</td></tr>
<tr><td>• 꽃다발 사진을 관찰하고 포장지가 그려진 활동지 위에 야채도장을 찍어 본다.</td><td colspan="3">• 영아들과 꽃다발 사진을 보며 포장지만 그려진 활동지에 과일의 단면을 이용하여 도장을 찍어 보도록 제안한다.
– ○○가 포장지 위에 파프리카 도장을 찍어 줄까? 오이랑 당근은 이런 모양이구나.</td></tr>
<tr><td>• 다양한 색과 모양으로 꽃다발을 완성하고 색과 모양을 감상한다.</td><td colspan="3">• 영아가 자유롭게 채소와 색을 선택하여 찍어 볼 수 있도록 돕는다.
– 와~ ○○는 빨간색을 좋아하는구나! 채소마다 모양이 다르게 생겼네?</td></tr>
<tr><td rowspan="2">활동의 확장</td><td>• 나뭇가지가 그려진 큰 전지에 친구들과 채소 도장을 자유롭게 찍어 나무를 완성한다.</td><td colspan="3">• 영아가 계절의 변화를 눈여겨보고 봄의 나무는 어떤 색인지 알아보며 표현하고 친구와의 협동을 통해 친밀도를 높여 준다.
– ○○는 나무에 꽃이 핀 것처럼 찍어 주었네? 와~ ○○는 잎사귀를 찍어 주었구나! 친구랑 같이 꽃나무를 완성해 주었네.</td></tr>
<tr><td colspan="4">• 영아가 일상생활 속에서 느낄 수 있는 계절의 변화를 감지하고 주도적으로 관찰, 탐색하여 계절의 변화를 다양한 색으로 자유롭게 표현할 수 있도록 한다.</td></tr>
<tr><td>유의사항</td><td colspan="4">• 활동 초반 자유롭게 탐색할 때는 영아들이 미각을 통해 관찰할 수 있으므로 깨끗이 씻어서 준비하고 물감이나 스탬프를 찍은 후에는 입으로 가져가지 않도록 주의하며 활동한다.</td></tr>
</table>

사진첨부

감각탐색놀이 활동의 실제

<table>
<tr><td>활동제목</td><td colspan="2">고무줄 낚시놀이</td><td>활동연령</td><td>만 2세</td></tr>
<tr><td>활동목표</td><td colspan="4">• 고무줄 낚시놀이에 관심을 가지며 활동을 해 본다.
• 물의 촉감을 느껴 본다.</td></tr>
<tr><td>활동자료</td><td colspan="4">고무줄, 나무젓가락, 물이 담긴 볼</td></tr>
<tr><td rowspan="4">활동과정</td><td>영아</td><td colspan="3">교사</td></tr>
<tr><td>• 고무줄에 관심을 가져 보며 이야기를 나눈다.</td><td colspan="3">• 활동에 관심을 보이는 영아와 함께 이야기를 나누며 상호작용을 나눈다.
– 이것은 무엇일까?
– 이것은 고무줄이야.</td></tr>
<tr><td>• 교사가 낚시놀이 하는 시범에 관심을 가진다.</td><td colspan="3">• 영아들에게 하는 방법을 알려 주기 위해 낚시놀이 시범을 보인다.
– 우리 고무줄을 이렇게 젓가락으로 들어 올리니 고무줄이 따라오네~.</td></tr>
<tr><td>• 영아가 젓가락으로 고무줄을 들어 올리며 고무줄 낚시놀이를 해 본다.</td><td colspan="3">• 활동하기 어려운 영아는 교사의 도움을 받아 활동을 해 본다.
– 선생님과 함께 해 보자~.
– 우리 ○○는 2개나 잡아 보았구나.</td></tr>
<tr><td rowspan="2">활동의 확장</td><td>• 펠트로 만든 물고기 자석낚시놀이를 해 본다.</td><td colspan="3">• 자석 낚싯대를 이용하여 펠트 물고기를 들어 올려 낚시놀이를 해 본다.
– ○○는 낚싯대로 오징어를 잡아 보았구나~</td></tr>
<tr><td colspan="4">• 영아가 펠트 물고기 낚시놀이를 하여 여러 가지 물고기와 바다 생물에 관심을 보이거나, 이름을 알아볼 수 있다.</td></tr>
<tr><td>유의사항</td><td colspan="4">• 영아가 활동을 할 때 즐거움을 느낄 수 있도록 하며, 자유롭게 할 수 있도록 격려하여 주고, 교사가 지나치게 개입하지 않도록 주의한다.</td></tr>
</table>

사진첨부

감각탐색놀이 활동의 실제

<table>
<tr><td>활동제목</td><td>국수놀이</td><td>활동연령</td><td>만 1~2세</td></tr>
<tr><td>활동목표</td><td colspan="3">• 국수의 촉감을 느껴본다.
• 도구를 활용하여 국수놀이를 한다.</td></tr>
<tr><td>활동자료</td><td colspan="3">소면, 그릇, 채반, 플라스틱 숟가락과 포크, 놀이매트</td></tr>
<tr><td rowspan="4">활동과정</td><td>영아</td><td colspan="2">교사</td></tr>
<tr><td>• 국수에 관심을 가져 보며 이야기를 나눈다.</td><td colspan="2">• 활동에 관심을 보이는 영아와 함께 이야기를 나누며 상호작용을 나눈다.
– 이것은 무엇일까?
– 국수를 본 적 있을까?</td></tr>
<tr><td>• 영아가 자유롭게 소면을 만져 보며 부숴 보거나 촉감을 느껴 본다.</td><td colspan="2">• 영아가 국수로 촉감을 느껴 본 후 이야기를 나누며 상호작용을 나눈다.
– 국수의 느낌은 어땠니?</td></tr>
<tr><td>• 영아가 그릇과 숟가락, 포크로 국수를 담아 보며 자유롭게 놀이를 해 본다.</td><td colspan="2">• 활동하기 어려운 영아는 교사의 도움을 받아 활동을 해 본다.
– 선생님과 함께해 보자~.
– 우리 ○○는 그릇에 가득 담아 보았구나.</td></tr>
<tr><td rowspan="2">활동의 확장</td><td>• 종이에 풀칠을 하여 잘게 자른 소면을 풀칠한 종이에 붙여 보며 국수그림 미술활동을 해 본다.</td><td colspan="2">• 풀칠을 한 종이에 소면을 붙여 볼 수 있도록 한다.
– 와~ 정말 잘하는구나.</td></tr>
<tr><td colspan="3">• 영아가 스스로 원하는 모양으로 풀칠을 해서 자유롭게 표현할 수 있으며, 소면을 종이에 붙이며 소근육을 발달시킬 수 있다.</td></tr>
<tr><td>유의사항</td><td colspan="3">• 영아가 활동을 할 때 즐거움을 느낄 수 있도록 하며, 자유롭게 할 수 있도록 격려하여 주고, 교사가 지나치게 개입하지 않도록 주의한다.</td></tr>
</table>

사진첨부

감각 · 탐색놀이 활동의 실제

<table>
<tr><th>활동제목</th><td colspan="2">밀가루 점토놀이</td><th>활동연령</th><td>만 2세</td></tr>
<tr><th>활동목표</th><td colspan="4">• 밀가루 점토의 질감을 느껴 본다.
• 밀가루 점토로 다양한 사물을 만들고 소꿉놀이를 한다.</td></tr>
<tr><th>활동자료</th><td colspan="4">밀가루, 물, 소금, 식용색소, 식용유, 빵칼, 모양 찍기 틀, 소꿉놀이 도구</td></tr>
<tr><th rowspan="4">활동과정</th><th>영아</th><th colspan="3">교사</th></tr>
<tr><td>• 점토놀이를 해 본 경험에 대해 이야기 나눈다.</td><td colspan="3">• 점토를 소개하고 점토놀이한 경험을 이야기 한다.
– 밀가루 점토로 놀이해 본 적이 있니?</td></tr>
<tr><td>• 점토를 주무르고 늘리고 자르면서 촉감놀이를 한다.</td><td colspan="3">• 점토로 놀이하는 방법을 알려준다.
– 길게 만들어보았구나.
– 빵칼로 아주 잘 자르네!!
– 동그란 피자도 만들었구나.</td></tr>
<tr><td>• 찍기 틀로 모양을 찍고 다양한 사물을 만들어 본다.</td><td colspan="3">• 여러 가지 모양의 찍기틀로 점토를 찍어 본다.
– 코끼리가 되었구나.
– 달팽이를 만들었구나.</td></tr>
<tr><th>활동의 확장</th><td>• 소꿉놀이 도구를 이용하여 자유롭게 놀이한다.</td><td colspan="3">• 소꿉놀이 도구를 이용하여 놀이를 한다.
– 빵을 만들어서 접시에 담았구나. 맛있겠다.</td></tr>
<tr><th>유의사항</th><td colspan="4">• 식용색소를 사용했으나 입에 넣지 않도록 주의한다.
• 빵칼을 이용할 때 주의해서 사용하도록 지도한다.</td></tr>
</table>

사진첨부

감각 · 탐색놀이 활동의 실제

<table>
<tr><td>활동제목</td><td colspan="2">비눗방울 놀이</td><td>활동연령</td><td>만 2세</td></tr>
<tr><td>활동목표</td><td colspan="4">• 신체를 조절하여 비눗방울을 잡을 수 있다.
• 입의 힘을 조절하여 비눗방울을 불 수 있다.</td></tr>
<tr><td>활동자료</td><td colspan="4">비눗방울, 물감, 동그라미 모양의 놀잇감</td></tr>
<tr><td rowspan="4">활동과정</td><td>영아</td><td colspan="3">교사</td></tr>
<tr><td>• 비눗방울 놀이의 사전 경험에 대해 이야기 나눈다.</td><td colspan="3">– 비눗방울 놀이를 해 본 적 있나요?
– 비눗방울을 잡을 수 있나요?
– 비눗방울을 불 수 있나요?</td></tr>
<tr><td>• 교실에서 비눗방울 잡기 놀이를 한다.</td><td colspan="3">– 선생님이 비눗방울을 불어 볼게요. 잡을 준비되었나요?
– 비눗방울이 어디로 날아가나요?
– 손으로 정말 잘 잡는구나~</td></tr>
<tr><td>• 비눗방울을 직접 불어 본다.</td><td colspan="3">– 와~ 비눗방울이 멀리 날아가네.</td></tr>
<tr><td rowspan="2">활동의 확장</td><td>• 동그라미 모양의 놀잇감을 물감에 찍어 비눗방울을 표현한다.</td><td colspan="3">• 동그라미 모양의 놀잇감을 찾아온다.
– 비눗방울을 표현할 수 있는 놀잇감에는 무엇이 있을까?</td></tr>
<tr><td colspan="4">• 하늘색, 파란색 물감에 동그라미 모양의 놀잇감을 찍어 비눗방울을 표현해 본다.
• 동그라미 모양 외 다른 모양의 놀잇감으로도 비눗방울을 자유롭게 표현해 본다.
• 비눗방울을 표현한 그림 위에 영아들이 비눗방울 부는 사진을 오려 붙이고 영아들이 작품을 감상할 수 있도록 게시한다.</td></tr>
<tr><td>유의사항</td><td colspan="4">• 비눗방울 묻은 손으로 눈이나 얼굴을 비비지 않도록 유의한다.
• 실내 · 외 장소에 맞는 비눗방울을 선택한다.
• 비눗방울을 따라 이동하는 만큼 주변에 장애물이 없도록 한다.</td></tr>
</table>

사진첨부

수조작놀이 지원 실제

놀이	기차에 바퀴는 몇 개일까요?	활동연령	만 3세

유아들이 기차를 타 본 경험을 이야기 나누며 기차는 길고 바퀴가 셀 수 없이 많다고 자신의 기차에 바퀴를 붙여 주며 수를 세어 보았다.

"나는 엄마, 아빠랑 기차타고 엄청 멀리 여행갔었어."

"나도 기차 타보고 싶은데……."

"우리 기차를 합치면 엄청 길어지겠지? 어때?"

<table>
<tr><th>교사의 놀이지원 실제</th><th>편성 및 교수학습</th></tr>
<tr><td rowspan="3">유아들이 각자의 기차를 만들어 놀이하다가 친구들과 서로 합쳐 아주 긴 기차를 만들고 싶어 하여 책상을 치우고 복도 바닥에서 넓게 놀이할 수 있도록 공간을 확장하였고, 다른 탈것을 만들고 싶어 하는 유아가 있어 원하는 교구를 사용하도록 지원하였다.</td><td>상호작용
(관찰하기)</td></tr>
<tr><td>공간의 변화
(복도 전체로 확장)</td></tr>
<tr><td>자료의 변화
(유아가 원하는 자료 지원)</td></tr>
</table>

수조작놀이 지원 실제

놀이	젓가락으로 색깔 뽕뽕이 옮기기	활동연령	만 3세

유아들이 물감 팔레트에 있는 색깔과 뽕뽕이의 촉감과 색깔에 대해 이야기 나누며 젓가락을 이용하여 팔레트 중앙에 담긴 색깔 뽕뽕이를 한 칸 한 칸 옮겨 보았다.

"나는 에디슨 젓가락으로 할 거야."

"나는 어른들처럼 그냥 젓가락질도 잘해."

"얘들아, 우리 뽕뽕이 같은 색깔 장난감까지 옮겨 볼까?"

교사의 놀이지원 실제	편성 및 교수학습
작은 물감 팔레트 안에서 젓가락질에 자신감이 붙은 유아가 뽕뽕이와 같은 색의 교구를 찾아 옮기며 놀이하다가, 한 유아가 "너무 멀어서 손에 힘이 빠져요."라고 이야기하자, 교구와의 간격을 줄여 성취감을 느낄 수 있도록 지원하였다.	상호작용 (관찰하기)
	공간의 이동 (유아가 놀이 가능한 위치로 교구 이동)
	자료의 변화 (유아가 원하는 영역으로 확장)

수조작놀이 지원 실제

놀이	시계로 놀이하기	활동연령	만 4세

유아들은 시계 교구를 탐색하고 각자의 하루일과에 대한 이야기를 주고받으며, 숫자의 위치와 시계 바늘의 위치를 옮겨 보았다.

"항상 우리가 밥 먹고 노는 시간만 있으면 좋겠다~."

"우리 거꾸로 돌아가는 시계도 만들어 볼까?"

교사의 놀이지원 실제	편성 및 교수학습
시계로 놀이하던 유아들이 "우리 어린이집 놀이할까?"라는 한 유아의 제안에 역할영역으로 이동하여 어린이집 하루일과 놀이를 시작하였다. 유아가 우리 반의 하루일과표를 요구하여 놀이에 활용할 수 있도록 제공하였다.	상호작용 (관찰하기)
	공간, 자료의 변화 (유아가 원하는 영역으로 확장, 자료 지원)

수조작놀이 지원 실제

놀이	칠교놀이로 우리 원을 만들자	활동연령	만 4세

유아들은 우리 원의 이곳저곳에 대한 이야기를 나누며 자신이 관심 있는 곳을 칠교놀이로 구성해 보았다.

"난 우리 어린이집이 성처럼 멋지게 생겨서 좋아."

"우리 맛있는 음식을 만드는 조리실도 만들어 볼까?"

"선생님, 저는 형님 교실에 한 번도 안 가 봐서 궁금해요."

교사의 놀이지원 실제	편성 및 교수학습
유아들이 알록달록 다양한 색깔과 도형으로 이루어진 칠교놀이를 이용하여 각자 관심 있는 장소들을 구성해 커다란 우리 원을 구성하며 뿌듯해하고 즐거워하였다. 한 유아가 표현하고 싶으나 가 보지 못한 장소를 궁금해하여 직접 가 보고 탐색한 후 놀이할 수 있도록 지원하였다.	상호작용 (관찰하기)
	기회 제공 (유아가 원하는 공간 탐색 지원)

수조작놀이 지원 실제

놀이	우리 반의 하루일과	활동연령	만 5세

유아들이 우리 반의 하루일과표를 보며, 자신이 좋아해서 더 길었으면 하는 시간과 짧게 지나갔으면 하는 시간에 대해 이야기 나누고 시계 바늘을 움직이며 시간을 맞춰 보았다.

"나는 우리 교실에 항상 일등으로 와서 너무 좋아~."

"몇 시에 오면 일등 할 수 있어? 그 시간에 맞춰 볼래."

"선생님, 저는 혼자 시계 볼 수 있어요!"

교사의 놀이지원 실제	편성 및 교수학습
유아들이 하루일과 중 자신이 좋아하는 시간을 이야기하며 시계로 표현하면서 시계를 스스로 읽을 줄 아는 유아의 도움을 받기도 하고, 한 유아가 "선생님이 가장 좋아하는 시간은 언제예요?"라고 물어 함께 이야기 나누며 놀이하였다.	상호작용 (관찰하기, 대화에 참여하기)

수조작놀이 지원 실제

놀이	멸종위기 동물 바느질	활동연령	만 5세

유아들이 지구상에 멸종위기에 놓인 동물에 대해 탐색하고 서로의 의견을 나누며, 자신이 좋아하는 멸종위기 동물을 골라 실 꿰기를 하여 바느질 놀이를 하였다.

"난 사람도 동물들처럼 멸종될까 봐 겁이 나."

"동물들이 멸종되지 않도록 우리가 도울 수 있는 방법은 뭐가 있을까?"

"내 맘대로 실을 꿰었더니 다 엉켜 버렸어."

교사의 놀이지원 실제	편성 및 교수학습
유아들이 멸종위기 동물의 종류와 멸종위기에 놓인 이유에 대해 알아본 후, 자신이 선택한 동물 틀에 각자의 방법으로 실 꿰기를 하다가 실이 엉키는 경우 교사가 풀어 주고 다시 꿰어 볼 수 있도록 격려하였다.	상호작용 (관찰하기, 격려하기)
	자료의 지원 (멸종위기 동물 자료)
	문제 해결 지원 (엉킨 실 풀어 주기)

Chapter 14

물 · 모래놀이

1. 물·모래놀이의 교육적 가치
2. 영유아를 위한 물·모래놀이 활동

1 물 · 모래놀이의 교육적 가치

유아들은 태어나는 순간 주변 세계를 인식하고 이해하기 시작하며, 어떤 사물에 대해 본능적인 호기심을 나타내고 탐구하며 이론을 정립하는 과정에 지속적으로 참여한다(Chaillé & Britain, 2000). 유아의 성장에 있어 물과 모래는 자연과 친숙해지기 위한 교육활동 재료로써 특별히 정해진 형태가 필요하지 않으므로 유아에게 편안함과 만족감을 통해 친숙하고 즐거움을 제공하는 자료이다. 이렇게 자연에 친숙한 재료를 토대로 유아는 자신이 원하는 내적 만족의 세계를 표현하고 규격화되지 않는 감각경험을 통해 기능놀이, 상징놀이, 창의적 표상 등 다양한 놀이 활동을 만들어 갈 수 있다.

유아에게 있어서 물과 모래놀이는 가장 일반적이면서도 그 자체만으로 교육적으로 가치가 있는 실제적 놀잇감으로 사물과의 직접적인 접촉을 통하여 손으로 만지는 놀이를 통해 자연스럽게 감각을 발달시켜 나간다. 유아는 활동 경험에서 관찰했던 특성을 놀이로 표현함으로써 사물에 대한 다양한 방법을 구상하여 물과 모래를 놀이에 함께 사용하는 동안 소 · 대근육 운동을 발달시키고 과학적 탐구과정을 통해 확산적인 사고를 경험하게 된다.

이와 같이 물과 모래 놀이는 정서적, 인지적, 사회적 측면 등 다양한 교육활동의 가능성을 제공하고 오개념을 표현함으로써 유아의 탐구능력과 과학현상을 이해하는 태도 향상에 효과가 있다고 하였다(Kamii & DeVries, 1992). 오개념은 유아가 기존에 가지고 있는 인지적 상황을 구조에 맞게 새로운 사물이나 사건을 동화하기 때문에 생기는 현상으로 흥미로운 놀이과정에서 새로운 경험을 접하게 할 수 있다. 또한 촉감적인 자극발견하기, 추론하기, 실험하기, 상호작용하기, 비교하기, 예측하기, 역할놀이 참여, 문제해결방안 및 토의하는 과정에서 과학적 이해를 통해 이론을 알아 간다고 볼 수 있다. 물과 모래는 알갱이의 크기, 모래시계 만들기, 감촉, 무게, 색상, 견고성, 물의 수압, 물의 흐름 알기, 분류하는 활동 등 물리적 현상을 관찰할 수 있게 해주고, 특별한 기술이 필요하지 않은 무정형의 특성을 통해 유아 스스로 만지고, 파고, 조작하고, 두들기는 등 모래가 갖는 속성을 경험하며 그 자체만으로 호기심과 물리적 지식을 형성한다.

이렇듯 물과 모래 놀이는 유아가 보이는 행동, 언어, 인지적 갈등과 호기심을 자극하고 지식을 모래놀이 과정에 표현하여 물리적 현상을 탐색함으로써 유아는 창의적 지능을 개발한다.

그러므로 물과 모래놀이는 무작위로 연출하는 손가락 놀이를 의미하는 것이 아니라 사물의 특성에 행동을 가함으로써 문제를 해결하는 방식이 다양하게 이루어지는 놀이이다. 또한 유아가 원하는 결과를 얻기 위해 인지적 갈등을 경험하면서 물체의 반응을 통하여 의미와 해석을 다르게 하는 정신적 활동이 포함된다고 볼 수 있다. 이러한 물과 모래의 특성은 유아들의 전인적 발달과정을 촉진시키는 중요한 놀이이다.

이처럼 물 · 모래놀이에 관한 연구들이 꾸준히 이루어지고 있으며 최근 유아교육기관을 중심으로 창의성 발달에 효과적인 교수학습방법의 제시를 통하여 교육적으로 가치와 의미를 높이고 있는 실정이다. 물 · 모래놀이 활동이 교사의 학습방법과 보조자료의 구성물로 자연스럽게 이루어진 경우 유아의 정서지능, 사회성, 과학적 탐구 능력, 수학적 성취 능력이 향상되었다고 보고하고 있다

물 · 모래놀이영역의 교육적 가치를 다음과 같이 정리하였다.

첫째, 물 · 모래놀이는 실외에서 할 수 있는 다양한 놀이로 유아의 신체, 감각 발달을 돕는다. 유아들은 창의적 놀이 재료인 물 · 모래놀이를 통해 흥미와 즐거움을 느끼며 소근육 운동을 통해 신체 각 부분 간의 협응력이 향상되어 신체 조절 능력이 발달하게 된다. 또한 손과 발이 모래의 감촉을 느낌으로써 몸의 말초 감각을 세련되게 하고 대뇌를 활발하게 한다(임재택, 하정연, 조채영, 2002).

둘째, 물 · 모래놀이는 열린 공간에서 유동성 있는 놀잇감으로 단독놀이가 아닌 집단놀이를 통하여 유아의 사회성 발달을 촉진시킨다. 놀이영역에서 물과 모래의 조합을 이룬 융통성 있는 놀이 환경이 제공되었을 때 유아는 단독놀이와 병행놀이보다 집단놀이의 사회적 역할놀이를 통해 자신의 느낌과 생각을 표현함으로써 정서지능 및 사회성 발달에 도움이 된다고 볼 수 있다. 물과 모래놀이는 주로 집단놀이로 많이 이루어지기 때문에 여러 명의 또래들과 상호작용하며 놀이하면서 의사소통 능력 및 사회성을 향상시킨다(박찬옥, 정남미, 곽현주, 2012).

셋째, 물 · 모래놀이는 유아의 긍정적 자아개념과 정서적 발달에 도움이 된다. 지성애(1994)는 유아가 물을 붓고 쏟고, 모래를 쌓고, 만지고, 두드리는 활동에 집중하면서 정서적 안정을 찾는다고 하였다. 물과 모래는 쉽게 구할 수 있고 마음대로 변형이 가능한 자연의 재료로, 유아의 상상력을 자극하여 의도하지 않는 작품이 되었을 때 만족을 얻을 때까지 다시 작품 활동을 할 수 있다. 따라서 물과 모래의 구성물을 통하여 상황에 따라 확산적인 사고를 통해 성취감과 만족감을 느낄 수 있는 유연한 재료이다. 이러한 점에서 물과 모래는 유아들이 자연의 세계를 이해하고 긴장을 해소하는 데 있어서 중요한 가치가 있으므로 정서치료에 도움이 된다고 볼 수 있다.

넷째, 물 · 모래놀이는 유아의 언어발달과 인지발달을 촉진시킨다. 유아들이 각자 다른 역할놀이에서 자신의 생각과 느낌을 표현하고 놀이 상황을 설명하는 과정을 통하여 언어 능력이 발달하게 된다. Lindberg와 Swedlow(1985)는 유아들이 모래로 구성물을 만들면서 요리사, 엔지니어 등과 같은 역할을 함으로써 언어의 사용이 증가한다고 하였다. 유아는 건조한 모래에 물이 들어가 축축할 때 더 무거워진다는 것도 알게 되며 모래 주형의 견고성 정도는 모래 속에 섞여진 물의 양과 관계가 있다는 것을 인식하게 된다(지성애, 1994). 물과 모래놀이는 과학적 관점뿐만 아니라 물과 모래를 가지고 놀면서 마른 모래와 젖은 모래의 촉감이 다르고, 젖은 모래의 물이 증발하거나, 흡수 또는 모래가 위에서 아래로 떨어지는 것 등의 경험은 유아들의 다양한 과학적 개념 습득에 도움을 준다(조연경, 2006). 즉, 용도가 다양한 물과 모래놀이로 흥미를 유발하고 탐색하는 과정을 통하여 인지적 경험을 한다고 볼 수 있다.

이상에서 살펴본 바와 같이 유아가 물과 모래를 자연에서 직접적으로 경험하는 과정을 종합적으로 활용하여 과학교육의 목표에 근거한 유아의 창의적 사고를 증진할 수 있도록 하여야 한다. 그러므로 물, 모래놀이는 유아들이 자유롭게 감정과 자기표현을 할 수 있도록 자극함으로써 전인적 발달을 돕는 등 교육적, 인지적, 정서적으로 중요한 창의적 가치를 가지고 있다고 볼 수 있다. 따라서 유아교육기관에서는 유아들에게 물과 모래놀이 활동을 풍부하게 제공해 주는 학습의 장이 필요하다.

2 영유아를 위한 물 · 모래놀이 활동

물 · 모래놀이 지원 실제

<table>
<tr><th>활동명</th><td colspan="2">쓱싹쓱싹, 물그림을 그려요</td><th>연령</th><td>만 1세</td></tr>
<tr><th>목표</th><td colspan="4">• 물을 다양하게 탐색한다.
• 물을 이용한 끼적이기를 한다.</td></tr>
<tr><th>자료</th><td colspan="4">• 물그림펜, 도안교구(도안 종이 위에 젖는 종이)</td></tr>
<tr><th rowspan="4">놀이경험</th><th>영아의 놀이</th><th>교사의 놀이지원</th><th colspan="2">편성 및 교수학습</th></tr>
<tr><td>• 물그림펜과 도안교구를 제공하고 영아가 관심을 보이는지 관찰 한다.</td><td>• 교사의 의도적인 상호작용, 개입 없이 환경만 제공한다.</td><td colspan="2"></td></tr>
<tr><td>• 물 그림펜에 관심을 가지고 손으로 만져 보며, 문질러 보기도 하는 영아가 있다.</td><td>– ○○이가 물을 보고 있구나~
–(물 그림펜을 살펴보며) 이건 무엇일까?
– ○○아~ 이건 어떻게 사용하는 건지 아니?
– 그래 맞아~ 이건 물그림펜이라고 하는 거야
– 써 본 적이있니?</td><td colspan="2">상호작용하기
(질문하기)</td></tr>
<tr><td>• 물그림펜에 물을 담아 주고 교사가 펜 끝부분을 잡아 본다.
• 물그림펜으로 자유롭게 끼적이기를 할 수 있도록 한다. 시간이 지나면 그림이 사라지는 형상을 영아 스스로가 관찰해 볼 수 있도록 한다.</td><td>– OO가 물그림펜을 가지고 있구나. 펜을 살펴볼까? / – 펜으로 그림을 그릴 수 있겠구나. 흰부분에 그림을 그려 볼까? / – 어? 그림이 그려지지 않네? 어떻게 하면 그림이 그려질까? / – 선생님이 물그림펜에 물을 담았어. 펜 끝 부분을 잡아 볼까? / – 물이 나와서 축축해졌네. 다시 그림을 그려 볼까? / – 우아! 물을 담아 그리니 그림이 나타난다.
– 어? OO가 그린 그림들이 사라지고 있네? 다시 그려 볼까?</td><td colspan="2">상호작용하기
(참여하기)</td></tr>
<tr><th>놀이확장</th><td>• 영아가 물과 그림펜을 탐색하며 자유롭게 그려 볼 수 있도록 격려한다.</td><td>– ○○이는 어떤 색을 좋아하니?
– ○○이 좋아하는 색깔로 그림을 더 그려 볼까?
– 사라진 그림들은 어디로 갔을까?</td><td colspan="2">상호작용하기
(질문하기)</td></tr>
</table>

	• 손 도장 찍기(신체, 감각탐색, 예술): 손에 물을 묻혀 손도장을 찍어 본다. • 자연물에 그려요(바깥놀이): 자연물에 물 그림을 그려 본다.
유의사항	• 영아가 스스로 활동할 수 있도록 강요하지 않는다. • 교사는 많은 지식을 알려 주려 하지 않는다.

사진첨부

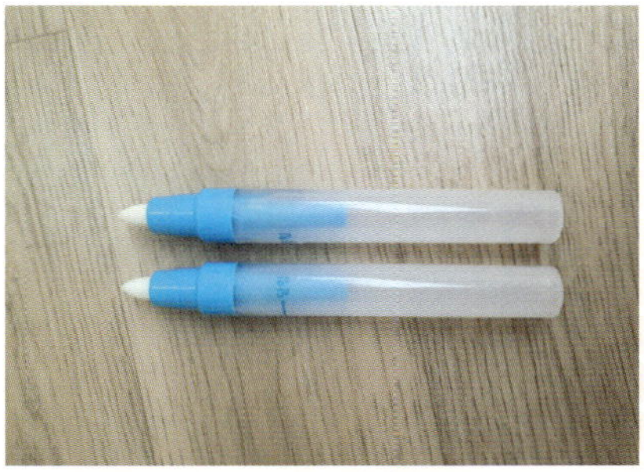

물 · 모래놀이 지원 실제

<table>
<tr><th>활동명</th><td colspan="2">얼음을 옮겨요</td><th>연령</th><td>만 1세</td></tr>
<tr><th>목표</th><td colspan="4">• 얼음을 감각적으로 탐색한다.
• 소근육을 이용하여 얼음을 접시에 옮겨 본다.</td></tr>
<tr><th>자료</th><td colspan="4">• 얼음, 접시, 숟가락, 수건, 방수매트, 아이스박스 등</td></tr>
<tr><th rowspan="4">놀이경험</th><th>영아의 놀이</th><th colspan="2">교사의 놀이지원</th><th>편성 및 교수학습</th></tr>
<tr><td>• 얼음과 접시를 제공하고 영아가 관심을 보이는지 관찰한다.</td><td colspan="2">• 교사의 의도적인 상호작용, 개입 없이 환경만 제공한다.</td><td></td></tr>
<tr><td>• 얼음과 접시에 관심을 보이는 영아가 있다.</td><td colspan="2">– ○○이가 얼음을 보고 있구나.
– 우리 얼음을 한번 만져 볼까?
– 어떤 느낌이니?</td><td>상호작용하기
(질문하기)</td></tr>
<tr><td>• 교사가 얼음을 빈 접시에 옮기는 모습을 보여 주고 영아도 해 볼 수 있도록 격려한다.</td><td colspan="2">– 차갑지? 손으로 만지니까 물이 생긴다. 녹고 있어.
– OO야, 선생님처럼 이렇게 옮겨 주면 손에서 녹지 않을 거야. 어때? 선생님 손에는 물이 생기지 않았지?
– OO이도 옮겨 볼 수 있을까?
• 영아가 다양한 방법으로 얼음을 다른 접시에 옮겨 볼 수 있도록 격려한다.
– 이번에는 두 손으로 모아서 옮겨 볼까?
– 손이 정말 차가워졌네.
– 여기 숟가락도 있어. 숟가락으로 옮겨 볼까?</td><td>상호작용하기
(참여하기)</td></tr>
<tr><th rowspan="2">놀이확장</th><td>• 활동 중 얼음을 먹지 않도록 지원한다(먹을 것을 대비하여 정수로 얼음 얼리기).
• 얼음이 많이 녹았을 시, 중간중간에 물을 따라 버릴 수 있는 통을 준비한다.</td><td colspan="2">– ○○이는 얼음을 먹어봤니? 느낌이 어땠니?
– 차가운 얼음을 넣어 우리 맛있는 음식을 만들어 먹어 볼까?
– 색깔 얼음을 만들어 볼까?</td><td>상호작용하기
(질문하기)</td></tr>
<tr><td colspan="4">• 집게로 얼음을 옮겨요(감각탐색, 신체): 집게를 이용하여 얼음 옮기기
• 얼음 물감 그리기(감각탐색, 예술): 색 얼음으로 그림 그리기</td></tr>
<tr><th>유의사항</th><td colspan="4">• 영아가 스스로 활동할 수 있도록 강요하지 않는다.
• 교사는 많은 지식을 알려 주려 하지 않는다.</td></tr>
</table>

사진첨부

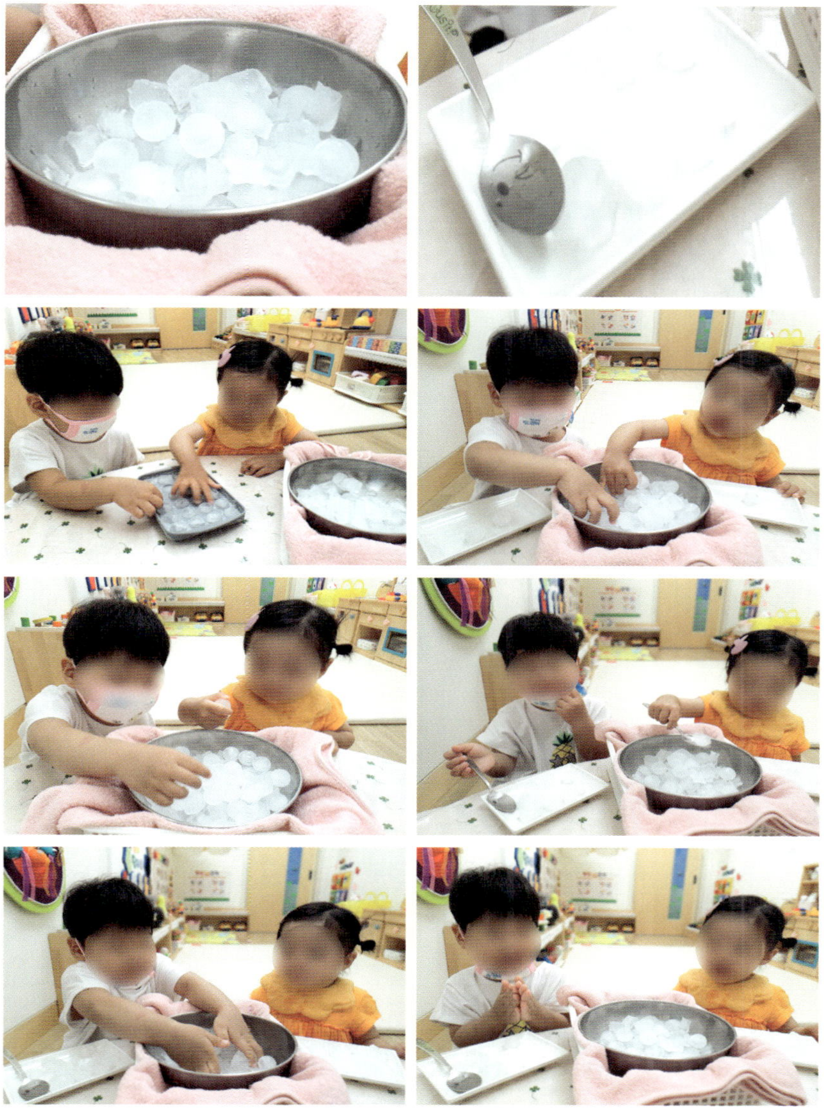

물 · 모래놀이 지원 실제

<table>
<tr><td>활동명</td><td colspan="2">색 얼음으로 그림을 그려요</td><td>연령</td><td>만 1세</td></tr>
<tr><td>목표</td><td colspan="4">• 얼음을 감각적으로 탐색한다.
• 색 얼음에 관심을 갖는다.
• 색 얼음을 이용하여 그림 그리기를 시도한다.
• 주변 환경에서 색, 모양에 호기심을 가진다.</td></tr>
<tr><td>자료</td><td colspan="4">• 색 얼음(막대 꽂아 얼린 색 얼음), 종이, 방수비닐, 수건 등</td></tr>
<tr><td rowspan="4">놀이경험</td><td>영아의 놀이</td><td>교사의 놀이지원</td><td colspan="2">편성 및 교수학습</td></tr>
<tr><td>• 색 얼음을 제공하고 영아가 관심을 보이는지 관찰한다.</td><td>• 교사의 의도적인 상호작용, 개입 없이 환경만 제공한다.</td><td colspan="2"></td></tr>
<tr><td>• 영아가 색 얼음에 관심을 보인다.</td><td>– OO가 종이컵을 가지고 있구나. 종이컵이 차갑지?
– 무엇이 들어 있을까?
– 색 얼음으로 무엇을 할 수 있을까?</td><td colspan="2">상호작용하기
(질문하기)</td></tr>
<tr><td>• 교사가 먼저 색 얼음을 만져 보면서 영아가 만지고 꺼내 볼 수 있도록 한다.</td><td>– 막대를 잡고 얼음을 꺼내 볼까? 아이스크림 같다. 그렇지만 먹을 수 없어. 여기에는 물감이 들어 있어서 배가 아플 수 있어.
– 그럼 이 색 얼음으로 무엇을 할까?
– 우아~ 얼음이 지나간 자리에 색이 나왔네.
– OO도 막대를 잡고 얼음 위에 그림을 그려 볼까?</td><td colspan="2">상호작용하기
(참여하기)</td></tr>
<tr><td rowspan="2">놀이확장</td><td>• 활동 시 색 얼음을 입에 넣지 않도록 한다.
• 색 얼음이 잘 표현되기 위해, 물감의 농도를 진하게 준비하여 얼린다.
• 방수비닐과 수건으로 물기를 관리한다.</td><td>– 이번에는 다른 색의 얼음을 골라 보자.
– 여러 가지 색을 섞어 볼까? 재미있다. 동글 동글, 쭉쭉~</td><td colspan="2">상호작용하기
(질문하기)</td></tr>
<tr><td colspan="4">• 얼음 옮기기(신체, 감각탐색): 얼음을 접시에 옮겨 본다.
• 색깔 비가 내려요(예술표현, 신체, 감각탐색): 분무기에 물감을 섞은 물을 담아, 종이에 색깔 비를 뿌려 표현해 본다.</td></tr>
<tr><td>유의사항</td><td colspan="4">• 영아가 스스로 활동할 수 있도록 강요하지 않는다.
• 교사는 많은 지식을 알려 주려 하지 않는다.</td></tr>
</table>

사진첨부

물 · 모래놀이 지원 실제

<table>
<tr><th>활동명</th><td colspan="2">모래놀이를 해요</td><th>연령</th><td>만 2세</td></tr>
<tr><th>목표</th><td colspan="4">• 모래에 관심을 가진다.
• 모래를 이용한 안전한 놀이를 즐긴다.</td></tr>
<tr><th>자료</th><td colspan="4">• 모래놀이 도구, 실내용 모래, 모래 매트</td></tr>
<tr><th rowspan="4">놀이경험</th><th>영아의 놀이</th><th colspan="2">교사의 놀이지원</th><th>편성 및 교수학습</th></tr>
<tr><td>• 모래놀이를 도구를 준비 하고 영아가 관심을 보이는지 관찰한다.</td><td colspan="2">• 교사의 의도적인 상호작용, 개입 없이 환경만 제공한다.</td><td></td></tr>
<tr><td>• 영아가 모래에 관심을 보인다.</td><td colspan="2">– ○○이가 모래를 보고 있구나.
– 우리 모래를 한번 만져 볼까?
– 어떤 느낌이니?</td><td>상호작용하기
(질문하기)</td></tr>
<tr><td>• 교사가 먼저 모래를 만져 보면서 영아가 만져 볼 수 있도록 유도한다.</td><td colspan="2">– 모래를 만져 보니 느낌이 어때?
– 모래를 손에 담고 있다가 내려놓으니까 주르륵 떨어지네.
– 손 등 위에도 모래가 있네.
– 선생님과 함께 두꺼비 집을 지어 볼까? / – 손을 살짝 빼 볼까? 모래로 만든 구멍이 생겼네. / – 모래 위에 토닥토닥 두드려 주자. / – 이 칼은 무엇을 하기 위해 여기 있는 걸까? / – 아~ ○○이가 칼로 모래를 썰어 보는구나. / –모양 틀에 모래를 담았구나. / – 모양 틀을 뒤집으니 모래성이 쌓였네.</td><td>상호작용하기
(참여하기)</td></tr>
<tr><th rowspan="2">놀이확장</th><td>• 모래놀이를 할 때에는 친구에게 던지지 않도록 하고, 모래가 눈에 들어가거나 입에 들어가지 않도록 주의하여 놀이한다.</td><td colspan="2">– 이 칼은 무엇을 하기 위해 여기 있는 걸까?
– 아~○○이가 칼로 모래를 썰어 보는구나.
– 모양 틀에 모래를 담았구나.
– 모양 틀을 뒤집으니 어떤 모양이 되었니?
– 모래성을 본 적이 있니?</td><td>상호작용하기
(질문하기)</td></tr>
<tr><td colspan="4">• 모래 속 놀잇감 찾기(바깥놀이): 모래 속에 숨겨진 놀잇감을 찾아본다.
• 모래에 손, 발자국 찍기(신체, 예술, 감각탐색): 모래에 손과 발 모양을 찍어 본다.</td></tr>
<tr><th>유의사항</th><td colspan="4">• 영아가 스스로 활동할 수 있도록 강요하지 않는다.
• 교사는 많은 지식을 알려 주려 하지 않는다.</td></tr>
</table>

사진첨부

물 · 모래놀이 지원 실제

<table>
<tr><th>활동명</th><td colspan="2">모래놀이를 해요</td><th>연령</th><td>만 2세</td></tr>
<tr><th>목표</th><td colspan="4">• 모래에 관심을 가진다.
• 모래를 이용한 안전한 놀이를 즐긴다.</td></tr>
<tr><th>자료</th><td colspan="4">• 모래놀이 도구, 비상약, 물티슈</td></tr>
<tr><th rowspan="4">놀이경험</th><th>영아의 놀이</th><th>교사의 놀이지원</th><th colspan="2">편성 및 교수학습</th></tr>
<tr><td>• 영아가 모래에 관심을 보이면서 만져 보기도 하고, 두 손으로 모래를 잡고 흔들어 보기도 한다.</td><td>• 교사의 의도적인 상호작용, 개입 없이 환경만 제공한다.</td><td colspan="2"></td></tr>
<tr><td>• 영아가 모래에 관심을 보인다.</td><td>– 모래놀이터의 모래를 한번 만져 볼까?
– 어린이집 안에서 만져 보았던 모래와 같니? 아니면 다르니?
– 어떤 느낌이니?</td><td colspan="2">상호작용하기
(질문하기)</td></tr>
<tr><td>• 교사가 먼저 모래를 만져 보면서 영아가 탐색하고 만져 볼 수 있도록 돕는다.</td><td>– 모래를 만져 보니 느낌이 어떠니?
– 바깥의 모래를 만져 보니 어떤 느낌이니?
– 모래를 손에 담고 있다가 내려놓으니까 주르륵 떨어지네.
– 어린이집에서 놀이했던 모래와 같은 느낌이니?
– 모래로 무엇을 만들고 싶니?</td><td colspan="2">상호작용하기
(참여하기)</td></tr>
<tr><th rowspan="2">놀이확장</th><td>• 영아가 모래를 자유롭게 탐색하며 만져보고 놀이할 수 있도록 한다.</td><td>– 모래를 한번 토닥토닥 두드려 볼까?
– 손을 모래 안에 넣고 두드려 보자.
– ○○이가 손을 뺐더니 동굴이 생겼네.
– ○○이가 놀이도구로 모래를 담고 있구나.
– 이번에는 나뭇가지로 모래 그림을 그리고 있네.
– 모래 속에 있는 돌을 찾고 있구나.</td><td colspan="2">상호작용하기
(질문하기)</td></tr>
<tr><td colspan="4">• 나뭇가지로 모래 그림을 그려 본다.
• 색 모래를 이용하여 그림을 그려 본다.</td></tr>
<tr><th>유의사항</th><td colspan="4">• 영아가 스스로 활동할 수 있도록 강요하지 않는다.</td></tr>
</table>

	• 교사는 많은 지식을 알려 주려 하지 않는다.

사진첨부

물 · 모래놀이 지원 실제

활동명	색 모래로 그림을 그려요	연령	만 2세
목표	• 색 모래의 색과 질감을 감각적으로 탐색한다. • 색 모래를 이용하여 자유롭게 표현하는 경험을 한다.		
자료	• 색 모래, 도화지, 풀		
놀이경험	**영아의 놀이**	**교사의 놀이지원**	**편성 및 교수학습**
	• 색 모래를 제공하자 영아가 관심을 보이며, 만져보고 냄새를 맡아 보기도 한다.	• 교사의 의도적인 상호작용, 개입 없이 환경만 제공한다.	
	• 색 모래와 함께 준비된 도화지와 풀을 살펴보며 관심을 가진다.	– ○○이가 모래를 만져 보고 있구나~ – 느낌이 어떠니? – ○○아~ 이 모래는 어떤 모래인지 아니? – 그래 맞아~ 색 모래야. – 색 모래로 놀이해 본 적이 있니?	상호작용하기 (질문하기)
	• 교사가 색 모래를 먼저 손으로 만져 보고 흔들어 보기도 하며 영아가 탐색할 수 있도록 돕는다.	– 색 모래를 가지고 어떤 놀이를 할 수 있을까?? – 여러 가지 색깔이 들어 있구나~ ○○이는 어떤 색을 좋아하니? – 색 모래에서는 어떤 냄새가 날까? – 색 모래로 어떻게 그림을 그릴 수 있을까?	상호작용하기 (참여하기)
놀이확장	• 영아가 색 모래와 풀을 이용하여 자유롭게 그려 볼 수 있도록 한다.	– ○○이는 색 모래로 어떤 그림을 그리고 싶니? – ○○이가 좋아하는 색깔 모래로 그림을 그려 볼까? – 모래가 종이에 붙어 있으려면 먼저 어떻게 해야 할까?	상호작용하기 (질문하기)
	• 모래 집 만들기(바깥놀이): 모래를 이용하여 집을 지어 본다. • 모래 소꿉놀이하기(역할, 예술): 모래로 음식을 만들어 본다.		
유의사항	• 영아가 스스로 활동할 수 있도록 강요하지 않는다.		

	• 교사는 많은 지식을 알려 주려 하지 않는다.

사진첨부

물 · 모래놀이 지원 실제

<table>
<tr><th>활동명</th><td colspan="2">꽃잎을 띄워요</td><th>연령</th><td>만 4세</td></tr>
<tr><th>목표</th><td colspan="4">• 물에 뜨다, 가라앉다의 개념을 안다.
• 물 위에서 꽃잎이 펼쳐지는 원리를 알아본다.
• 궁금한 것을 탐구하는 과정을 즐긴다.</td></tr>
<tr><th>자료</th><td colspan="4">• 색종이, 흰 도화지, 이면지, 수조, 가위</td></tr>
<tr><th rowspan="4">놀이경험</th><th>유아의 놀이</th><th colspan="2">교사의 놀이지원</th><th>편성 및 교수학습</th></tr>
<tr><td>• 제공된 자료를 보며 무엇을 하는 물건들인지 궁금해한다.</td><td colspan="2">• 교사의 의도적인 상호작용, 개입 없이 환경만 제공한다.</td><td></td></tr>
<tr><td>• 수조와 종이를 살펴 보면서 관심을 가진다.</td><td colspan="2">– 준비되어 있는 재료를 보자. 어떤 재료들이 있니?
– 준비한 재료들로 어떤 활동을 할 수 있을까?
– 물이 담겨 있는 수조는 무엇에 사용되는 물건일까?</td><td>상호작용하기
(질문하기)</td></tr>
<tr><td>• 교사가 수조를 흔들어 보기도 하고, 색종이를 가위로 잘라 보기도 하면서 유아들의 호기심을 유발시키고, 이를 통해 유아가 제시된 자료들을 탐색할 수 있도록 한다.</td><td colspan="2">– 혹시 물에서 사는 꽃을 본 적이 있니?
– 어떤 꽃이 있니?
– 여기에 있는 재료들 중 꽃을 만들 수 있는 재료에는 어떤 것이 있니?
– 종이는 물 위에 뜰까?
– 물 위에 종이꽃잎을 올려놓으면 어떻게 될까?
– 색종이는 어떻게 될까? 두꺼운 종이는 어떻게 될까?
– 종이꽃잎을 물 위에 올려놓으니 어떻게 되었니?
– 어떤 모습이니?</td><td>상호작용하기
(참여하기)</td></tr>
<tr><th rowspan="2">놀이확장</th><td>• 영아가 여러 가지 종류의 종이를 활용하여 다양한 꽃을 만들어 볼 수 있도록 한다.</td><td colspan="2">– ○○이는 어떤 꽃을 만들고 싶니?
– 그 꽃은 물에 뜰까?
– 종이가 물에 뜨는 이유는 무엇이라고 생각하니?</td><td>상호작용하기
(질문하기)</td></tr>
<tr><td colspan="4">• 다양한 종류의 종이로 꽃잎을 만들어 본다.
• 물에 뜨지 않는 재질의 재료도 준비해 둔다.
• 물과 기름에 물감을 떨어뜨려 변화되는 과정을 실험해 본다.</td></tr>
<tr><th>유의사항</th><td colspan="4">• 유아가 스스로 활동할 수 있도록 강요하지 않는다.
• 교사는 많은 지식을 알려 주려 하지 않는다.</td></tr>
</table>

사진첨부

물 · 모래놀이 지원 실제

<table>
<tr><th>활동명</th><td colspan="2">조물조물 모래놀이</td><th>연령</th><td>만 4세</td></tr>
<tr><th>목표</th><td colspan="4">• 모래의 촉감을 느껴 본다.
• 모래로 할 수 있는 놀이에 대해 알아본다.
• 자유롭게 모래놀이를 한다.</td></tr>
<tr><th>자료</th><td colspan="4">• 모래, 찍기 틀</td></tr>
<tr><th rowspan="4">놀이경험</th><th>유아의 놀이</th><th>교사의 놀이지원</th><th colspan="2">편성 및 교수학습</th></tr>
<tr><td>• 실내에서 할 수 있는 모래놀이 교구를 제공해 준다. 유아들이 신기한 듯 관심을 가지고 살펴본다.</td><td>• 교사의 의도적인 상호작용, 개입 없이 환경만 제공한다.</td><td colspan="2"></td></tr>
<tr><td>• 모래를 손으로 만져 보고, 비벼 보기도 한다.</td><td>– 모래가 많은 곳에서 놀이해 본 적이 있니?
– 어떤 놀이를 해 보았니?
– 모래의 느낌은 어땠니?
– 모래성을 만들어 본 적이 있니?</td><td colspan="2">상호작용하기
(질문하기)</td></tr>
<tr><td>• 교사가 먼저 모래를 만져 보고, 바깥 모래놀이터의 모래처럼 손에 붙지 않는 것을 보여 주며 유아들의 호기심을 유발시키고, 이를 통해 유아가 제시된 자료들을 탐색할 수 있도록 한다.</td><td>– 하고 싶은 모래놀이가 있니?
– 모래로 무엇을 할 수 있을까?
– 모래성 뺏기 놀이가 어떤 놀이인지 아니?</td><td colspan="2">상호작용하기
(참여하기)</td></tr>
<tr><th rowspan="2">놀이확장</th><td>• 유아가 모래를 이용하여 다양한 놀이를 할 수 있도록 한다.</td><td>– 친구들과 어떤 놀이를 하고 싶니?
– 어떤 놀이가 재미있었니?
– 다음에는 모래를 이용하여 어떤 놀이를 하고 싶니?</td><td colspan="2">상호작용하기
(질문하기)</td></tr>
<tr><td colspan="4">• 실외에서 모래놀이를 한다.
• 모래와 흙을 비교해 보고 흙으로 할 수 있는 놀이를 한다.
• 모래를 사용하여 시계를 만들어 본다. (모래시계 만들기)</td></tr>
<tr><th>유의사항</th><td colspan="4">• 유아가 스스로 활동할 수 있도록 강요하지 않는다.
• 교사는 많은 지식을 알려 주려 하지 않는다.</td></tr>
</table>

사진첨부

물 · 모래놀이 지원 실제

<table>
<tr><td>활동명</td><td>모래시계를 만들어요</td><td>연령</td><td>만 4세</td></tr>
<tr><td>목표</td><td colspan="3">• 모래의 촉감을 느껴 본다.
• 다양한 종류의 시계에 관심을 갖는다.
• 여러 가지 꾸미기 재료를 사용하여 모래시계를 만들어 본다.</td></tr>
<tr><td>자료</td><td colspan="3">• 우드락, 우유통 8개, 색 모래, 꾸미기 재료, 글루건, 매직</td></tr>
<tr><td rowspan="4">놀이경험</td><td>유아의 놀이</td><td>교사의 놀이지원</td><td>편성 및 교수학습</td></tr>
<tr><td>• 여러 종류의 재료들을 제공하고 지켜보자, 관심을 가지고 가까이 다가와 살펴보는 유아가 있다.</td><td>• 교사의 의도적인 상호작용, 개입 없이 환경만 제공한다.</td><td></td></tr>
<tr><td>• 다양한 만들기 재료에 관심을 보이고 특히 색 모래에 관심을 보이는 유아들이 있다.</td><td>– 여기에 준비되어 있는 재료들로 무엇을 만들고 싶니?
– 우리 교실에 있는 시계를 본 적이 있니?
– 어떤 모양이니?
– 여러 가지 모양의 시계를 본 적이 있니?</td><td>상호작용하기
(질문하기)</td></tr>
<tr><td>• 교사가 먼저 제시된 재료들을 만져보고, 살펴보면서 무엇에 사용되는 재료들인지 유아들의 호기심과 궁금증을 유발시킨다.</td><td>– 다양한 종류의 시계 중 기억나는 시계가 있니?
– 모래시계에 대해 들어 본 적이 있니?</td><td>상호작용하기
(참여하기)</td></tr>
<tr><td rowspan="2">놀이확장</td><td>• 유아가 준비된 재료들을 이용하여 다양한 놀이를 할 수 있도록 한다.</td><td>– 이 시계의 이름이 무엇이니?
– 이 시계는 어떻게 시간을 알 수 있을까?
– 생김새는 어떠니?</td><td>상호작용하기
(질문하기)</td></tr>
<tr><td colspan="3">• 내가 만든 모래시계로 게임활동을 한다.
• 여름에 할 수 있는 놀이를 떠올리며 색 모래로 그려본다.</td></tr>
<tr><td>유의사항</td><td colspan="3">• 유아가 스스로 활동할 수 있도록 강요하지 않는다.
• 교사는 많은 지식을 알려 주려 하지 않는다.</td></tr>
</table>

사진첨부

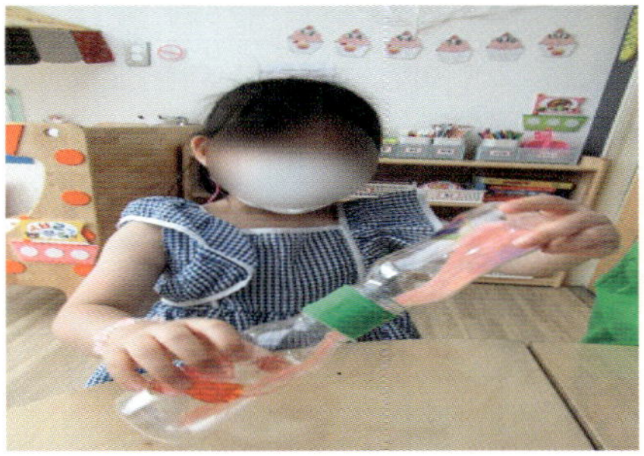

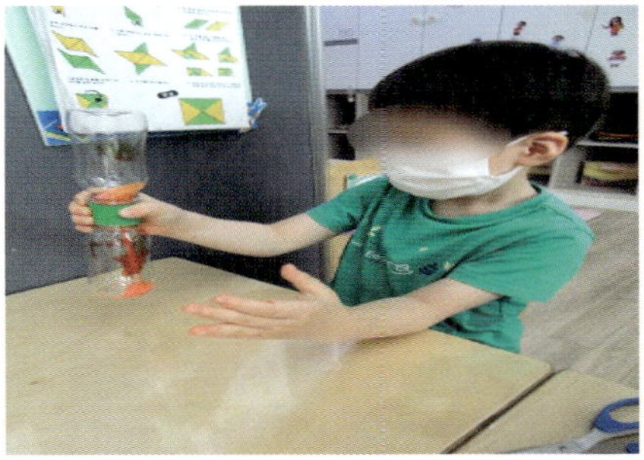

물 · 모래놀이 지원 실제

<table>
<tr><th>활동명</th><td colspan="2">빗방울과 친구해요</td><th>연령</th><td>만 3세</td></tr>
<tr><th>목표</th><td colspan="4">• 빗물 웅덩이를 이용하여 놀이를 즐긴다.
• 친구와 협력하여 놀이한다.
• 비 오는 날 주변과 자연에 대해 호기심을 가진다.</td></tr>
<tr><th>자료</th><td colspan="4">• 비옷, 장화, 우산, 빗물을 받을 수 있는 그릇</td></tr>
<tr><th rowspan="4">놀이경험</th><th>유아의 놀이</th><th>교사의 놀이지원</th><th colspan="2">편성 및 교수학습</th></tr>
<tr><td>• 비옷과 우산을 준비하자 유아들은 어떤 놀이를 할지 궁금해하며 자신의 우산과 비옷을 바라본다.</td><td>• 교사의 의도적인 상호작용, 개입 없이 환경만 제공한다.</td><td colspan="2"></td></tr>
<tr><td>• 비옷을 입고 우산을 들고 밖으로 나간다. 유아들은 서로의 옷과 우산을 만져보고, 그릇을 살펴본다.</td><td>– 비가 오면 바깥 놀이터가 어떻게 달라질까?
– 비가 내리는 것을 보니 바깥으로 나가 보고 싶은데 우리 함께 밖으로 나가 볼까?
– 바깥놀이 시 지켜야 할 약속은 무엇일까?</td><td colspan="2">상호작용하기
(질문하기)</td></tr>
<tr><td>• 교사가 비 옷을 입고 우산을 쓰고 먼저 밖으로 나가자 유아들은 교사를 따라 밖으로 나가 내리는 비를 보며, 우산에 떨어지는 빗소리에 귀를 기울이기도 한다.</td><td>– 바깥에서 빗소리를 들으니 어떠니?
– 나무 밑에서는 빗소리가 어떻게 들리니?
– 잔디 위에 떨어지는 빗소리가 어떻게 들리니?
– 손으로 비를 느껴 보고 있구나. 빗방울이 손바닥에 떨어질 때의 느낌은 어떠니?
– 비에 젖은 땅과 풀의 모습은 어떠니?</td><td colspan="2">상호작용하기
(참여하기)</td></tr>
<tr><th rowspan="2">놀이확장</th><td>• 유아가 비와 관련된 용품을 활용하여 다양한 놀이를 할 수 있도록 한다.</td><td>– 비가 멈추었는데 놀이터에서 어떤 놀이를 해 보고 싶니?
– 비가 온 후 놀이터 바닥이 어떻게 되었니?
– 비가 오니까 땅이 미끄럽구나. 어떻게 놀이하면 좋을까?
– 바닥에 무엇이 생겼니?
– 물웅덩이에서 어떤 놀이를 해 볼까?</td><td colspan="2">상호작용하기
(질문하기)</td></tr>
<tr><td colspan="4">• 미술영역에서 우산과 비옷을 만들어 다른 영역과 연계하여 놀이해 본다.
• 빗물을 가져와 관찰해 본다.</td></tr>
</table>

유의사항	• 유아가 스스로 활동할 수 있도록 강요하지 않는다. • 교사는 많은 지식을 알려 주려 하지 않는다.

사진첨부

물 · 모래놀이 지원 실제

활동명	두꺼비 집 짓기	연령	만 3세
목표	• 모래의 촉감을 느껴 본다. • 전통놀이 '두꺼비 집 짓기'에 대해 알아본다. • 소근육을 사용해 놀이해 보며 친구들과 협력하여 놀이한다.		
자료	• 모래, 두꺼비 집 짓기 사진자료, '두껍아 두껍아' 음원, 가사판		
놀이경험	**유아의 놀이**	**교사의 놀이지원**	**편성 및 교수학습**
	• 실내 모래놀이교구와 사진자료, 가사판을 제공한다.	• 교사의 의도적인 상호작용, 개입 없이 환경만 제공한다.	
	• 유아들이 호기심을 가지고 다가와 모래와 가사판을 살펴 본다. 다가와 손으로 만져 보는 유아가 있다.	– 모래로 할 수 있는 놀이에는 어떤 것들이 있을까? – 모래놀이를 할 때 어떤 약속을 지켜야 할까? – 모래놀이를 하면서 부를 수 있는 노래가 있을까?	상호작용하기 (질문하기)
	• 교사가 먼저 모래를 만져 보고, 손으로 비벼 보며 유아들의 호기심을 자극하자, 유아들이 다가와 교사의 행동을 모방한다.	– 이 사진 속 놀이는 어떤 놀이일까? – 이 놀이를 해 본 적이 있니? – 이 노래를 들어 본 적이 있니? – 어떤 노랫말이 들렸니? – 선생님을 따라서 노랫말을 읽어 볼까? – 노래를 다시 한번 들어 볼까? – 노래를 함께 불러 볼 수 있겠니? – '두꺼비 집 짓기'는 어떻게 하는 놀이일까? – '두껍아 두껍아' 노래를 불러 볼까? – 어떤 손으로 두꺼비 집을 지을지 생각해 볼까? – 좀 더 단단한 두꺼비집을 만드는 방법은 무엇이 있을까? – 다른 친구들의 두꺼비 집도 함께 살펴 볼까?	상호작용하기 (참여하기)
놀이확장	• 유아가 다양한 방법으로 모래놀이를 할 수 있도록 한다. • 친구들과 함께 협동하여 두꺼비 집을 지어 볼 수 있도록 한다.	– 좀 더 단단한 두꺼비집을 만드는 방법은 무엇이 있을까? – 다른 친구들의 두꺼비 집도 함께 살펴 볼까?	상호작용하기 (질문하기)
	• 미술영역으로 연계하여 점토를 이용한 두꺼비집을 만들어 본다.		

	• 땅속 동물들의 집을 상상하며 블록으로 땅속 마을을 구성해 본다. • 실제 두꺼비와 두꺼비집 사진 또는 영상을 보며 관찰한다.
유의사항	• 유아가 스스로 활동할 수 있도록 강요하지 않는다. • 교사는 많은 지식을 알려 주려 하지 않는다.

사진첨부

물 · 모래놀이 지원 실제

<table>
<tr><th>활동명</th><td colspan="1">물놀이를 가요</td><th>연령</th><td>만 3세</td></tr>
<tr><th>목표</th><td colspan="3">• 수영장에서 지켜야 할 규칙을 알고, 안전하게 물놀이를 한다.
• 물을 이용한 다양한 놀이를 경험한다.</td></tr>
<tr><th>자료</th><td colspan="3">• 수영복, 수영모자, 구명조끼, 튜브 등</td></tr>
<tr><th rowspan="4">놀이경험</th><th>유아의 놀이</th><th>교사의 놀이지원</th><th>편성 및 교수학습</th></tr>
<tr><td>• 수영장으로 가서 수영복과 튜브, 구명조끼를 준비해 둔다. 다가와 자신의 물품을 살펴보는 유아가 있다.</td><td>• 교사의 의도적인 상호작용, 개입 없이 환경만 제공한다.</td><td></td></tr>
<tr><td>• 수영복을 입고 구명조끼를 착용 후 물에 가까이 다가 가는 유아가 있으나 겁을 내고 물에서 멀리 떨어지는 유아도 있다.</td><td>– 수영장 사진을 보며 물놀이를 해 본 경험에 대해 이야기 나눈다.
– 물놀이를 해 본 적이 있니?
– 누구와 갔었니?
– 수영장(또는 바다, 계곡 등)에서 무엇을 해 보았니?
– 수영장(또는 바다, 계곡 등)에서 재미있게 놀이하려면 어떤 것이 필요할까?
– 수영장(또는 바다, 계곡 등)에 가면 어떤 약속이 필요할까?
– 물놀이할 때 어떤 점을 주의해야 할까?
– 물놀이하기 전에는 어떤 운동을 하면 좋을까?</td><td>상호작용하기
(질문하기)</td></tr>
<tr><td>• 먼저 준비 운동을 한 후 교사가 먼저 물을 만져 보고 몸에 살짝 끼얹어 본 후 발을 물 안으로 집어 넣자 유아들이 옆으로 다가와 교사의 행동을 따라 하기도 한다.</td><td>– 갑작스럽게 물에 들어 가면 몸이 놀랄 수 있으니 물놀이 전 준비운동을 해볼까?
– 몸에 물을 조금씩 끼얹어 볼까?
– 물놀이 할 때 어떤 약속을 지켜야 할까?
– 어떻게 놀이를 하면 즐겁게 놀이할 수 있을까?</td><td>상호작용하기
(참여하기)</td></tr>
<tr><th rowspan="2">놀이확장</th><td>• 준비된 물놀이 용품 외에 다른 필요한 용품은 무엇인지 알아본다.
• 어린이집으로 돌아와 물놀이 영역을 꾸며 본다.</td><td>– ○○이는 어떤 물놀이를 하고 싶니?
– 우리가 오늘 가 보았던 물놀이 장소 말고 다른 곳에 가 본 적 있니?
– 어린이집으로 돌아와 물놀이를 해 보는 건 어떨까?</td><td>상호작용하기
(질문하기)</td></tr>
<tr><td colspan="3">• 물놀이 도구(물총, 비치볼 등)로 다양한 놀이를 한다.</td></tr>
</table>

	• 미술영역으로 연계하여 재활용품으로 물놀이 장난감을 만들어 본다. • 역할영역에서 수건이나 인형 옷 빨기, 인형 목욕시키기, 소꿉용품 설거지하기 등 물을 이용한 놀이를 할 수 있다.
유의사항	• 유아가 스스로 활동할 수 있도록 강요하지 않는다. • 교사는 많은 지식을 알려 주려 하지 않는다.

사진첨부

물 · 모래놀이 지원 실제

<table>
<tr><th>활동명</th><td colspan="2">물속의 물감을 탐색해요</td><th>연령</th><td>만 2세</td></tr>
<tr><th>목표</th><td colspan="4">• 여러 가지 색에 관심을 갖는다.
• 물에서 물감들이 섞이는 과정을 탐색한다.</td></tr>
<tr><th>자료</th><td colspan="4">• 다양한 색의 물감, 물통, 물, 붓</td></tr>
<tr><th rowspan="4">놀이경험</th><th>유아의 놀이</th><th>교사의 놀이지원</th><th colspan="2">편성 및 교수학습</th></tr>
<tr><td>• 준비된 자료를 탐색하는 영아가 있다.</td><td>• 교사의 의도적인 상호작용, 개입 없이 환경만 제공한다.</td><td colspan="2"></td></tr>
<tr><td>• 가까이 다가와 물감과 물통을 만져 보는 영아가 있다.</td><td>– 통에 담긴 물과 물감과 붓이 있네.
– 만져 보니 느낌이 어때?
– 물속에 무엇이 보이니?
– ○○이가 붓을 만지고 있구나.
– 이건 어떻게 사용하는 걸까?</td><td colspan="2">상호작용하기
(질문하기)</td></tr>
<tr><td>• 교사가 붓을 물에 넣어 흔들어 보고, 물감 뚜껑을 열자 영아가 다가와 교사를 따라 붓을 물에 넣어 흔들어 보기도 한다.</td><td>– 붓에 물감을 묻혀 물 위에 떨어트려 볼까?
– 물감을 떨어트리면 어떻게 될까?
– 무슨 색으로 해 볼까?
– 물에 물감이 떨어지니 어떤 모양으로 보이니?
– 자동차로 보이는구나. 그럼 두개의 색을 섞어 보자.
– 이번엔 ○○이가 떨어트려 볼까?</td><td colspan="2">상호작용하기
(참여하기)</td></tr>
<tr><th rowspan="2">놀이확장</th><td>• 물감을 이용해 다양한 그림을 표현할 수 있도록 한다.
• 물감을 물에 섞어 분무기에 넣고 전지에 뿌려 보며 비를 표현해 본다.</td><td>– 물감으로 다른 놀이를 해 볼까?
– ○○이가 그려 보고 싶은 것은 무엇이니?
– 물감을 분무기에 넣고 뿌리니 어떤 그림이 보이니?
– 뿌려진 물감이 무엇으로 보이니?</td><td colspan="2">상호작용하기
(질문하기)</td></tr>
<tr><td colspan="4">• 물감으로 그림을 그려요(예술, 신체): 물감을 사용해 그림을 그려 본다.
• 물감 분무기를 뿌려요(감각탐색, 예술): 물감을 섞은 물을 분무기에 넣어 비를 표현한다.</td></tr>
</table>

유의사항	• 유아가 스스로 활동할 수 있도록 강요하지 않는다. • 교사는 많은 지식을 알려 주려 하지 않는다.

사진첨부

물 · 모래놀이 지원 실제

<table>
<tr><th>활동명</th><td colspan="2">물에 뜨고 가라앉는 악어</td><th>연령</th><td>만 1세</td></tr>
<tr><th>목표</th><td colspan="4">• 물에 뜨고 가라앉는 놀잇감을 탐색한다.
• 물을 이용한 놀이를 경험한다.</td></tr>
<tr><th>자료</th><td colspan="4">페트병 교구(EVA를 이용해 악어 꾸미기)–물이 담긴 악어, 물이 담기지 않은 악어, 세숫대야, 물, 수건</td></tr>
<tr><th rowspan="5">놀이경험</th><th>영아의 놀이</th><th colspan="2">교사의 놀이지원</th><th>편성 및 교수학습</th></tr>
<tr><td>• 여러 종류의 교구를 제공하자 영아가 관심을 보이며 다가가서 살펴본다.</td><td colspan="2">• 교사의 의도적인 상호작용, 개입 없이 환경만 제공한다.</td><td></td></tr>
<tr><td>• 여러 종류의 교구에 관심을 보이며 만져 보고 흔들어 보기도 한다.</td><td colspan="2">– 악어와 물이 담긴 세숫대야가 있네.
– 악어 친구가 무엇을 하고 싶은지 물어볼까?
– 어? 선생님이 악어를 물속에 넣어 주었더니, 어때?</td><td>상호작용하기
(질문하기)</td></tr>
<tr><td>• 영아는 교구에 관심을 보이며 교사의 상호작용에 따라 활동을 스스로 물에 뜨는 것과 가라앉는 것을 실험하고 관찰한다.</td><td colspan="2">– 둥둥~ 떠 있네. 다른 악어도 넣어 볼까?
– 무거운 악어야. 어? 가라앉네.
• 영아 스스로 페트병을 넣고 물에 뜨고 가라앉는 페트병을 탐색하게 한다.
– 둥둥~ 뜨는 악어도 있고 물속에서 헤엄치는 악어도 있네.
– 발만 쏘옥, 물속에 들어간 악어도 있구나.
– OO가 다시 악어를 물속에 넣어 보자.</td><td>상호작용하기
(참여하기)</td></tr>
<tr><td>• 페트병에 물의 양을 다르게 넣고 잠김의 높이가 다름을 관찰하도록 한다.
• 페트병 악어에 매직이나 스티커를 붙여, 영아들의 흥미가 지속될 수 있도록 한다.</td><td colspan="2">– 우리 페트병에 물을 다르게 넣어 볼까?
– 어떤 악어가 잠겼니?
– ○○야 페트병을 어떻게 꾸며 보고 싶니?</td><td>상호작용하기
(질문하기)</td></tr>
<tr><th>놀이확장</th><td colspan="4">• 물 마라카스 놀이(신체, 감각 · 탐색, 예술): 페트병에 물을 넣고 단추, 스팽글 등 다양한 재료를 넣고 흔들며 물의 움직임을 탐색해 본다.
• 물 조리개 놀이(바깥놀이, 감각 · 탐색): 페트병에 구멍을 뚫어 물을 담으며 구멍 사이로 흐르는 물을 탐색하며 놀이해 본다.
• 물에 뜨고 가라앉는 놀잇감(감각 · 탐색): 교실의 놀잇감을 수조에 넣어, 물에 뜨고 가라앉는 놀잇감을 분류해 본다.</td></tr>
</table>

유의사항	• 영아가 스스로 활동할 수 있도록 강요하지 않는다. • 교사는 많이 지식을 알려 주려 하지 않는다.

사진첨부

물 · 모래놀이 지원 실제

활동명	물 그림을 그려요	연령	만 2세
목표	• 모양의 변화를 탐색한다. • 간단한 도구를 이용해 바닥에 그림을 그려 본다.		
자료	붓, 물, 물통, 구멍이 뚫린 페트병		
놀이경험	**영아의 놀이**	**교사의 놀이지원**	**편성 및 교수학습**
	• 여러 종류의 자료를 제공해 주고 지켜본다. 영아가 관심을 보이며 다가와 만져 본다.	• 교사의 의도적인 상호작용, 개입 없이 환경만 제공한다.	
	• 구멍이 뚫린 페트병을 만져 보며 흔들어 본다.	– 오늘 어린이집에 올 때 날씨가 어땠니? – 오늘 밖에서 놀이할까? – ○○이는 붓이랑 물통과 분무기를 본 적이 있니? – 이것들을 가지고 밖에서 어떤 놀이를 해볼까? – 붓을 사용해 본 적이 있니? – 물통은 어떻게 사용했니?	상호작용하기 (질문하기)
	• 교사가 자료를 탐색하는 모습을 보여 주고 영아가 따라 할 수 있도록 돕는다.	– 물 묻힌 붓으로 바닥에 그림을 그리면 어떻게 될까? – 붓이 지나간 자리의 색이 변했네? – 물을 뿌리면 어떻게 될까? – 바닥에 무슨 모양이 생겼니? – 동그라미처럼 보이는구나. – ○○이도 벽에도 물 그림을 그려 볼까? – ○○이는 어떤 모양을 그릴 거니? – 동글동글 동그라미를 그리는구나. – 이번에는 어떤 그림을 그려 볼까? – 반짝반짝 별처럼 예쁘다. – 이번엔 돌에 물 그림을 그려 보자.	상호작용하기 (참여하기)

		– 동그란 돌에는 무엇을 그릴래? – 꽃에게 물을 주고 있구나.	
놀이확장	• 영아가 붓과 페트병을 이용해 다양한 놀이를 할 수 있도록 한다.	– ○○이는 어떤 놀이를 하고 싶니? – 물에 붓을 적셔 그림을 그리는구나. – 물총은 어떻게 쏘는 거니?	상호작용하기 (질문하기)
	• 물을 적신 붓으로 글자를 끼적여 본다. • 페트병으로 물총놀이를 한다.		
유의사항	• 영아가 스스로 활동할 수 있도록 강요하지 않는다. • 교사는 많이 지식을 알려 주려 하지 않는다.		

사진첨부

물 · 모래놀이 지원 실제

<table>
<tr><td>활동명</td><td colspan="2">물총으로 그린 '벽화'</td><td>연령 만 4세</td></tr>
<tr><td>목표</td><td colspan="3">• 여름에 할 수 있는 물놀이에 대해 알아본다.
• 벽화그림에 대해 관심을 가진다.
• 여러 가지 도구를 사용하여 벽화그림을 그려 본다.</td></tr>
<tr><td>자료</td><td colspan="3">물총, 붓, 여벌옷, 비상약</td></tr>
<tr><td rowspan="4">놀이경험</td><td>영아의 놀이</td><td>교사의 놀이지원</td><td>편성 및 교수학습</td></tr>
<tr><td>• 다양한 물총놀이 용품을 제공하고 지켜본다. 유아들이 다가와 물총과 여러 준비물들을 살펴본다.</td><td>• 교사의 의도적인 상호작용, 개입 없이 환경만 제공한다.</td><td></td></tr>
<tr><td>• 다양한 종류의 준비물들에 관심을 보이고 만져 본다.</td><td>– 여름에 할 수 있는 놀이에는 무엇이 있을까?
– 여름이 되면 무슨 놀이를 하고 싶니?
– 벽화에 대해 이야기 나눈다.
– 벽화가 무엇인지 알고 있니?
– 벽화를 본 적이 있니?</td><td>상호작용하기
(질문하기)</td></tr>
<tr><td>• 교사가 준비물들을 탐색하는 모습을 보여 주고 유아들 역시 탐색하며 살펴볼 수 있도록 한다.</td><td>– 우리도 벽화를 그려볼까?
– 어떤 그림을 그리면 좋을까?
– 어떤 도구를 사용해 볼까?
– 물총을 본 적이 있니?
– 물총놀이를 해 본 적 있니?
– 붓은 어디에 사용하는 걸까?</td><td>상호작용하기
(참여하기)</td></tr>
<tr><td rowspan="2">놀이확장</td><td>• 영아가 다양한 재료를 이용하여 그림을 그려 볼 수 있도록 한다.
• 물감을 이용하여 놀이를 진행해 본다.</td><td>– 물감으로 다른 그림을 그려 볼까?
– 어디에 그리면 좋을까?
– 붓 이외의 다른 방법으로도 표현해 볼까?</td><td>상호작용하기
(질문하기)</td></tr>
<tr><td colspan="3">• 물티슈 그림 놀이(감각탐색, 예술): 물티슈에 그리기 도구를 사용하여 자유롭게 그림을 그려 본다.
• 물감 불기 놀이(예술): 여러 가지 색의 물감을 입으로 불어 표현해 본다.</td></tr>
<tr><td>유의사항</td><td colspan="3">• 영아가 스스로 활동할 수 있도록 강요하지 않는다.
• 교사는 많이 지식을 알려 주려 하지 않는다.</td></tr>
</table>

사진첨부

물 · 모래놀이 지원 실제

<table>
<tr><th>활동명</th><th>물과 기름이 만나면?</th><th>연령</th><th>만 3세</th></tr>
<tr><td>목표</td><td colspan="3">• 물과 기름이 섞이지 않고 분리되는 것을 경험한다.
• 바닷속 풍경에 대해 관심을 가지고 표현한다.</td></tr>
<tr><td>자료</td><td colspan="3">플라스틱 병, 물감, 물, 기름, 매직, 스팽글</td></tr>
<tr><td rowspan="4">놀이경험</td><td>영아의 놀이</td><td>교사의 놀이지원</td><td>편성 및 교수학습</td></tr>
<tr><td>• 다양한 자료들을 준비한다. 유아들이 다양한 자료들을 관심있게 관찰한다.</td><td>• 교사의 의도적인 상호작용, 개입 없이 환경만 제공한다.</td><td></td></tr>
<tr><td>• 기름과 스팽글을 살펴본 후 만져보는 유아도 있다.</td><td>– 바다를 다녀온 적이 있니?
– 바다에는 무엇이 있을까?
– 바닷속은 어떤 모습일까?
– 우리가 상상하는 바닷속 풍경을 그려볼까?
– 물과 기름을 탐색해 볼까?
– 여기 물과 기름이 있네. 기름은 어디에 사용될까?
– 기름의 냄새는 어때?
– 물과 기름이 만나면 어떻게 될까? 왜 그렇게 생각했어?
– 플라스틱 병 안에 기름과 물감을 탄 물을 넣을 텐데 무엇을 먼저 넣어 볼까?</td><td>상호작용하기
(질문하기)</td></tr>
<tr><td>• 교사가 준비물들을 탐색하는 모습을 보여 주고 유아들 역시 탐색하며 살펴볼 수 있도록 한다.</td><td>– 물과 기름이 만났네. 어떻게 됐지?
– 한번 흔들어 볼까?
– ○○이가 흔드니 작은 방울이 생겼구나.
– 어? 물과 기름이 안 섞이네?
– 물과 기름은 왜 섞이지 않는 걸까?
– 물병 안에 스팽글 등을 넣어 움직임을 관찰해 볼까?</td><td>상호작용하기
(참여하기)</td></tr>
<tr><td rowspan="2">놀이확장</td><td>• 영아가 다양한 재료를 이용하여 놀이할 수 있도록 한다.
• 과학적인 현상을 관찰할 수 있는 놀이를 한다.</td><td>– 기름을 이용하여 다른 그림을 그려볼까?
– 우리가 그린 그림을 몸으로 표현해 볼까?
– 과학영역에서는 어떤 놀이를 하면 좋을까?</td><td>상호작용하기
(질문하기)</td></tr>
<tr><td colspan="3">• 오일로 그림 그리기(감각탐색, 예술): 면봉에 기름을 묻혀 그림을 그린 후, 주변을 물감으로 칠해 본다.</td></tr>
</table>

	• 물과 기름을 표현해요(신체): 물과 기름이 되어 서로 섞이지 않는 모습을 신체 표현해 본다. • 거품이 생겨요(과학): 거품이 나는 액체와 물감, 물을 섞어서 거품이 생기는 현상을 관찰해 본다.
유의사항	• 영아가 스스로 활동할 수 있도록 강요하지 않는다. • 교사는 많이 지식을 알려 주려 하지 않는다.

사진첨부

Chapter 15

신체운동놀이

1. 신체운동놀이 개념과 교육적 가치
2. 영유아를 위한 신체운동놀이 활동

1 신체운동놀이 개념과 교육적 가치

유아기는 끊임없이 신체를 움직이며 사회적 관계를 배우고 형성해 가는 시기이다. 따라서 유아기의 신체 활동은 단순히 신체를 이용한 움직임 이상으로 중요하며 교육적 의미가 크다. 신체움직임을 통해 유아 자신의 경험과 생각을 표현하는 활동은 신체 발달뿐만 아니라 모든 측면의 성장과 발달에 기여한다. 특히 영유아기의 풍부한 신체 활동 경험은 일생 동안의 신체 활동이나 운동 능력, 기초체력 등을 좌우하게 되므로 가능한 한 많은 신체 활동을 어린 시절에 경험하는 것이 필요하다(Gallahue & Ozmun, 2009; pica, 2004).

이처럼 신체 활동을 통해서 유발되는 신체 접촉과 놀이는 유아 자신의 다양한 감정 상태를 전달함으로써 감정 상태를 부호화하고 다른 사람의 감정 상태를 읽는 능력을 키워 주며, 이를 통해 사회적 상호작용을 넓혀 줄 것이라는 점에서 신체 활동의 중요성과 교육적 의의는 강조되고 있다. 유아기의 놀이는 대부분 신체 활동에 기초하고 있으며, 이는 인간이 평생 동안 살아가는 데 필요한 생존과도 연관되므로 유아기의 신체 활동은 신체 발육과 운동기능 발달 차원을 넘어 그 이상의 교육적 가치가 있다(남효순 외, 2018).

Gallahue(1982)에 의하면 운동 발달은 태아기 반사 운동단계(0~1세)부터 시작되어 초보 운동단계(0~2세), 기본 운동단계(2~7세경)를 거쳐 전문 운동단계(7세 이상)로 변화되어 간다고 한다. 이 중 2세경부터 7세 사이의 시기는 기본 운동단계로서 초보 단계에서의 안정된 직립자세로부터 달리기, 점핑, 호핑, 갤러핑, 스키핑과 같은 이동 동작 패턴이 발달한다. 또한 던지기, 받기, 차기와 같은 물체 조절이나 조작 양식은 쥐기와 놓기와 같은 초보 기술에서 발달된 것이다(박대근, 2004).

운동놀이를 통해 유아들은 이동기술, 비이동기술, 조작기술 등을 익힌다. 자세히 살펴보면 다음 〈표 15-1〉, 〈표 15-2〉, 〈표 15-3〉과 같다(Graham et al., 2004). 〈표 15-1〉의 이동기술은 신체를 한 지점에서 다른 지점으로 완전히 옮기는 것을 의미한다. 유아들이 움직임 기술을 자동적으로 획득하고 발달시키는 것으로 보이지만, 훈련과 격려, 적절한 지도가 없으면 숙련된 단계에 이르기가 어렵다. 이에 반해 〈표 15-2〉의 비이동기술은 서 있거나 무릎으로 서 있거나, 앉아 있거나, 누워 있는 자세로 만들어지는 움직임을 말한다.

표 15-1 이동기술

걷기 (walk)	걷기는 무게를 한 발의 발끝에서 다른 발의 발꿈치로 옮기는 동작을 말한다. 팔과 다리는 서로 반대로 교차한다. 3세가 되면 양발로 번갈아 계단을 오르내린다.
점프 (jump)	점프는 몸을 위로 들어 두 발로 내려오는 것이다. 뛰어 오를 때 발가락이 땅에서 가장 나중에 떨어지고, 내려올 때는 가장 빨리 땅에 닿아서 두 발로 착지하는 것이다. 내려올 때는 무릎을 구부려서 내려오는 충격을 흡수한다. 3세가 되면 한 발을 들어 뛰는 동작부터 시작하여 두 발 뛰기가 가능해진다. 약 20cm 높이에서 뛰어내리고, 4세경에 약 80cm의 넓이 뛰기를 할 수 있고, 4~5세경에 약 25cm 정도를 뛰어 넘을 수 있다(Gallahue & Ozmun, 2002). 약 2세가 되면 두 발로 균형을 잃지 않고 점프하여 올라갔다 내려올 수 있다. 5세가 되면 다리 근력이 충분하여 점프 양식을 완성할 수 있다.
뛰기 (leap)	달리기와 비슷하지만 무릎과 발목의 동작이 더욱 크다. 땅에서 뛴 다음에 무릎이 앞으로 나오고 발이 앞쪽으로 땅에 닿는다.
갤러핑 (galloping)	갤러핑은 일정하지 않은 리듬으로 진행된다. 걷기와 달리기를 조합한 것으로 한쪽 다리를 내밀고 다른쪽 다리를 내민 다리에 끌어다 붙이는 동작의 연속이다. 3세가 되면 모양을 따라 할 수 있고 5세에는 능숙하게 할 수 있다.
호핑 (hopping)	호핑은 발을 위로 들어 움직일 때 한 발을 들어서 땅에 내리면 다른 발이 공중에 있게 한 발로 뛰는 것이다. 3세 때 약 3회 정도를 뛰며, 4세 때 한 발로 4~6회를 뛰며, 5세 때 한 발로 8~10회를 뛰게 된다(Gallahue & Ozmun, 2002).
슬라이딩 (sliding)	옆으로 갤러핑을 하는 것이다. 앞발이 앞서 가고 다른 발이 따라가는 것으로 한 번의 동작 내에서 리듬이 일정하지 않다.
스키핑 (skipping)	한 번 뛰고 호핑하는 것으로 갤러핑이나 슬라이딩과 마찬가지이고 한 번의 동작 내에서 리듬이 일정하지 않다. 발이 번갈아 바뀐다. 4세부터 미약하지만 흉내 내기 시작할 수 있으며 5세가 지나면 능숙하게 할 수 있다.

표 15-2 비이동기술

뻗기 (stretch)	스트레칭은 몸과 신체 부분을 뻗는 것으로 신체의 한 마디나 그 이상의 마디가 수직이나 수평으로 되는 것이다
구부리기 (bend)	구부리기는 신체의 두 연결 부분을 몸의 중앙 쪽으로 향하게 하는 것으로, 전체의 몸을 구부리기도 하고, 팔, 손가락, 다리, 목과 같은 신체의 일부를 구부리는 것이다. 구부리기와 뻗기가 함께 발생하기도 하는데, 이는 신체의 일부가 일단 구부려지면 다시 자연스럽게 펴지기 때문이다.
떨기 (shake)	흔들기는 긴장과 이완을 포함하는 떨리는 움직임을 말한다. 흔들기는 신체 부위로도 할 수가 있고, 전체 몸으로도 할 수가 있다.
돌리기 (swing)	돌리기는 축을 중심으로 하여 원이나 활과 같은 모양을 만드는 것이다. 돌리기는 힘과 추진력을 필요로 한다. 돌리는 동작은 몸 전체를 돌리거나 상체나 몸통만을 돌리거나 머리로, 팔로, 다리로 돌린다.
꼬기 (twist)	몸 전체를 돌리는 것과는 달리 꼬기는 축을 중심으로 몸의 일부분을 꼬는 것이다. 목, 다리, 팔, 몸체를 중심으로 하여 쉽게 꼴 수 있고, 손목, 발목, 어깨, 엉덩이를 신체 다른 부위에 꼴 수도 있다.
피하기 (dodge)	피하기는 자신을 향해 오는 물건을 피하기 위해서 빠르고 힘차게 몸을 움직이는 것을 말한다. 이것이 달리기와 연합되면 피하기는 이동기술이 된다. 그러나 정지된 동작으로 하는 경우가 많기 때문에 구부리기, 뻗기, 꼬기, 떨어지기와 같은 비이동동작으로 구분한다.
떨어뜨리기 (fall)	떨어뜨리기는 높은 위치에서 몸을 움직여서 수그리거나, 옆으로, 위로, 반듯이 하여 몸을 떨어뜨리는 것이다. 떨어뜨리기는 갑자기 힘차게 움직이는 것이지만 느린 동작으로 할 수도 있다.

조작이라는 단어는 퍼즐, 블록 혹은 소근육을 사용하여 어떤 물체를 만지는 것을 떠올리게 만든다. 그러나 신체 운동에서 조작기술은 대근육 기술과 다른 사물도 포함한다. 따라서 〈표 15-3〉의 조작기술은 한 가지 사물을 조작하는 대근육 운동기술로 정의할 수 있다.

표 15-3 조작기술

당기기 (pull)	당기기는 저항을 받으며 어떤 것을 한 장소에서 다른 장소로 끌어오는 데 사용된다. 이러한 움직임을 통해 어깨가 펼쳐지고 구부려진다. 당기기는 걷기와 같은 이동 움직임을 조합하여 확장된다.
밀기 (push)	밀기는 저항을 받으며 물건을 한 곳에서 다른 곳으로 보내는 것이다. 밀기는 팔을 안으로 끌어당겨서 팔을 최대한 뻗을 수 있게 될 때까지 지속하는 것이다. 이것은 이동동작과 결합되어 확장된다. 밀기는 당기기보다 쉽다.
들어올리기 (lift)	들어올리기는 물건을 한 장소에서 다른 장소로 운반하는 것으로 낮은 곳에서 높은 곳으로 옮기는 것이다. 이 기술은 하나의 물건이나 깡통을 운반하는 것이며 그렇기 때문에 이동동작이 될 수도 있다. 낮은 위치에서 높은 위치로 옮길 때 무릎을 구부렸다가 다시 펴는 것이다. 들어올릴 때 팔과 다리와 몸통을 당기고 미는 것과 같은 행동이 동시에 일어난다.
치기 (strike)	치기는 팔을 강하게 움직여서 물건을 목표한 방향으로 돌리는 것이다. 치기를 할 때 팔이 구부려져야 하고 힘 있게 빨리 펼쳐야 한다.
던지기 (throwing)	던지기는 손을 사용하여 몸으로부터 물건을 움직여 밖으로 보내는 것이다. 어릴 때에는 아래로 던지지만 좀 더 크면 두 손으로 아래로 던지고 그 후 한 손으로 머리 위로 던질 수 있게 된다. 2~3세 때는 목표 방향으로 서서 두 발을 고정시키고 신체를 회전시키지 않고 던지며, 4~6세 때는 몸통을 돌리며 한 발을 앞으로 내딛으며 던질 수 있고, 6세가 되면 팔과 반대쪽 다리를 앞으로 내밀고 허리와 어깨까지 사용한다.
차기 (kicking)	차기는 팔과 발로 어떤 물건에 힘을 가하는 것이다. 이러한 기술은 눈과 발의 협응과 신체의 통제와 통합을 요구한다. 먼 거리에 떨어지는 것을 차는 것은 좀 더 성숙한 차기이며 정확하게 차는 것은 그 후에 고려해야 할 점이다.
공굴리기 (ball rolling)	던지기와 마찬가지로 몸으로부터 멀리 땅위로 공을 굴리는 것이다. 공굴리기 기술은 볼링과 공차기와 같은 것과 연합된다.
튀기기 (bouncing)	튀기기는 드리블링이라고 표현되기도 하는데, 한 손이나 두 손으로 물건을 아래쪽 방향으로 치는 것이다. 공을 튀기는 것은 눈과 손의 협응에 중요하다.
잡기 (catching)	잡는 기술은 손으로 공을 받고 통제하는 것으로, 물건에 초점을 맞춰 조절하는 것을 말한다. 약 3세까지 잡기 동작은 팔을 벌려 고정된 자세로 팔과 가슴으로 공을 잡는다. 4세의 초보 하위 단계 동안에 유아는 시각적으로 공을 추적하고 공을 잡기 전에 눈을 깜박인다. 4~5세부터 공의 위치에 따라 몸과 팔을 움직여 받는 능력을 보인다. 손바닥으로 공을 잡는 행동은 5~6세부터 가능해진다. 약 6세가 되면 아동은 공받기가 끝날 때까지 공을 눈으로 추적하고 팔로 공을 받을 준비를 한다. 잡기는 물건이 자신에게 오는 것을 두려워하는 일부 아이들에게는 좀 어려운 일이다. 부드럽고 색깔이 있는 물건을 이용하고 크고 부드러운 공을 이용하는 것이 두려움을 없애고 눈이 쉽게 따라갈 수 있도록 도와준다.

운동놀이의 교육적 가치는 다음과 같다(김수영 외, 2018).

첫째, 운동놀이는 신체의 균형, 민첩성, 협응성, 유연성, 순발력 및 지구력 등 신체 전반의 능력을 향상시킨다.

둘째, 운동놀이는 환경에 대한 적응능력을 높여 주어 질병에 대한 저항력과 면역기능을 향상시킨다.

셋째, 운동놀이를 통해 근육을 강화하여 보다 정교하고 조화롭게 근육과 관절을 발달시킨다.

넷째, 운동놀이는 유아의 정서적 긴장을 해소시키고 자신의 신체를 원하는 대로 움직일 수 있다는 확신을 통해 자신감과 성취감을 느끼게 하여 건전한 자아개념 형성에 도움이 된다.

다섯째, 운동놀이를 통해 민첩한 행동반응과 상황에 대한 적절한 판단력, 침착성을 형성하게 되어 안전능력이 증진된다.

여섯째, 운동놀이를 통해 놀이친구와 협동적 관계 혹은 경쟁적 관계를 경험하고 남의 의견을 존중하고 순서를 지키며 서로 돕는 것과 같은 사회적 기술을 증진시킨다.

일곱째, 운동놀이를 통해 높이, 거리, 무게, 균형 및 공간개념이 형성되는 등 지적 발달이 이루어진다.

신체운동놀이 시 교사는 유아가 신체활동에 흥미를 가지고 참여할 수 있도록 자유롭고 허용적인 분위기를 조성해야 하며 유아와 함께 활동에 적극적으로 참여하여야 한다. 또한 긍정적이고 적극적인 상호작용을 통해 유아가 신체활동에 적극적이며 즐겁게 참여할 수 있도록 한다. 교사의 역할을 살펴보면(남효순, 2013).

첫째, 유아들의 적극적인 신체활동 참여를 격려한다. 유아들은 교사의 관심과 격려를 통해 새로운 활동에 대하여 자신감과 만족감을 얻을 수 있으며 다음 단계로의 도전에 적극적인 참여를 하게 된다.

둘째, 신체활동 중 유아 자신의 탐색과 오감을 활용할 수 있는 기회를 제공하며 이를 통해 유아가 자신의 가치를 인정하도록 한다. 유아가 다른 사람과 나만의 독특한 점을 찾기 위한 탐색을 할 수 있도록 유도하며 남이 아닌, 유아 자신의 어제와 오늘을 비교할 수 있는 기회는 긍정적 자아 개념을 갖게 한다.

셋째, 신체활동 중에 역할을 돌아가면서 경험하도록 기회를 골고루 준다. 게임의 술래나 리더, 관람자 등 다양한 역할을 공유하는 것은 유아에게 다른 사람의 느낌, 감정, 생각 등을 조망할 수 있는 기회가 된다.

넷째, 경쟁보다는 정서적으로 편안하고 협력적인 분위기를 조성한다. 이기고 지는 것에 중점을 두기보다는 모든 유아가 참여할 수 있으며 협동하여 정서적으로 안정된 분위기에서 의미 있는 신체활동 시간이 이루어질 수 있도록 지지하고 격려한다.

다섯째, 유아의 반응에 민감하게 반응하고 공감해 준다. 유아 개개인에게 관심을 기울여 주고 활동을 지속할 수 있도록 자신감을 주고 격려하는 언어를 사용한다. 교사가 유아의 기본적 욕구를 파악하고 반응할 때 유아들은 타인을 돕고 자신에 대해서도 유능감과 가치감을 갖게 된다.

2 영유아를 위한 신체운동놀이 활동

신체활동의 실제

<table>
<tr><th>활동제목</th><td colspan="2">볼링 놀이</td><th>활동연령</th><td>만 1세</td></tr>
<tr><th>활동목표</th><td colspan="4">• 볼링공과 볼링핀을 탐색한다.
• 볼링 놀이의 방법을 알아본다.
• 볼링공을 굴리며 즐겁게 놀이한다.</td></tr>
<tr><th>활동자료</th><td colspan="4">볼링공, 볼링핀, 안전 바</td></tr>
<tr><th rowspan="4">활동과정</th><th>영아</th><th colspan="3">교사</th></tr>
<tr><td>• 볼링공과 볼링핀을 탐색하며 생김새와 움직임을 살핀다.</td><td colspan="3">– 동그란 볼링공과 톡 건드리면 쓰러지는 볼링핀이 있구나~</td></tr>
<tr><td>• 볼링공을 굴려 볼링핀을 넘어뜨릴 수 있다.</td><td colspan="3">– 자, 누가 먼저 해 볼까?
– 볼링공이 데굴데굴 잘 굴러가는구나~
– 와~ 두 개나 쓰러졌네. 정말 잘했다!</td></tr>
<tr><td>• 넘어진 볼링핀을 영아가 스스로 세워 다음 게임을 할 수 있다.</td><td colspan="3">– 쓰러진 볼링핀을 세워 줄 수 있어요?
– 잘 세웠으니 다시 한번 공을 굴려보자~</td></tr>
<tr><th>활동의 확장</th><td colspan="4">• 친구가 쓰러뜨린 볼링핀을 세워 주며 도움을 줄 수 있다.
• 볼링핀을 옆으로 눕혀 데굴데굴 굴리기 놀이를 할 수 있다.</td></tr>
<tr><th>유의사항</th><td colspan="4">• 다른 영아가 공을 굴릴 때 볼링핀을 만지지 않도록 안전에 유의한다.
• 볼링핀이 쓰러지지 않아도 영아가 실망감을 느끼지 않도록 격려한다.</td></tr>
</table>

사진첨부

신체활동의 실제

<table>
<tr><td>활동제목</td><td>테이프 거미줄 놀이</td><td>활동연령</td><td>만 1, 2세</td></tr>
<tr><td>활동목표</td><td colspan="3">• 거미와 거미줄에 대해 관심을 가진다.
• 거미줄의 특성을 안다.
• 테이프로 거미줄에 종이 공을 던져 붙일 수 있다.</td></tr>
<tr><td>활동자료</td><td colspan="3">투명테이프, 신문지 또는 잡지, 거미 그림, 머리띠</td></tr>
<tr><td rowspan="4">활동과정</td><td>영아</td><td colspan="2">교사</td></tr>
<tr><td>• '거미가 줄을 타고 올라갑니다' 동요를 부른다.</td><td colspan="2">• 음원을 들려주고 아이들과 함께 노래와 율동을 하며 거미에 대한 관심을 이끌어 낸다.
– 어? 거미 노래가 나오네. 함께 불러 볼까요?</td></tr>
<tr><td>• 테이프로 만든 거미줄을 탐색하고 거미를 붙인다.</td><td colspan="2">– 거미는 어디에 살까?
– 거미줄을 왜 끈적끈적 할까?
– 거미줄이 끈적거려서 거미가 잘 붙는구나.</td></tr>
<tr><td>• 종이를 찢고 둥글게 공을 만들어 거미줄에 던져 붙인다.</td><td colspan="2">– 종이를 찢어 볼까?
– 이제 둥글게 둥글게 공을 만들어 보아요.
– 종이 공을 만들어서 거미줄에 던져 붙여 보아요.</td></tr>
<tr><td rowspan="2">활동의 확장</td><td>• 배고픈 거미에게 먹이를 만들어 본다.</td><td colspan="2">– 거미가 좋아하는 먹이에 대해 알아보고 먹잇감을 점토로 만들어 본다.</td></tr>
<tr><td colspan="3">• 거미가 어떤 것을 먹고 사는지에 대해 관심을 가진다.
• 소근육을 이용해서 점토로 먹이를 만들어 보거나 찍기틀을 이용해서 거미에게 먹이를 만들어 준다.</td></tr>
<tr><td>유의사항</td><td colspan="3">• 아이들 눈높이를 고려해서 적당한 위치에 테이프가 잘 떨어지지 않도록 단단히 붙인다.
• 테이프의 끈끈한 면이 아이들을 향해 붙인다.</td></tr>
</table>

사진첨부

신체놀이 지원 실제

놀이	방석 징검다리 건너기	활동연령	만 4세

유아가 가족들과 나들이 시 징검다리를 건너 보았던 경험을 이야기 나누며, 동그란 방석을 바닥에 깔아 징검다리를 만들어 건너는 놀이를 하였다.

"나는 한 발씩 건너 볼래."

"나는 두 발로 통통 뛰어 볼 거야."

"난 자꾸 미끄러져서 속상해."

교사의 놀이지원 실제	편성 및 교수학습
유아들이 방석 징검다리 건너기를 하며 한 발로 건너기, 두 발 동시에 뛰어 건너기, 지그재그로 놓고 밟기, 줄줄이 손 잡고 건너기 등 다양한 놀이를 하였고, 방석이 미끄러워 유아의 안전이 우려되어 미끄럼 방지 스티커를 방석 바닥에 부착하여 주고, 자신 있게 건널 수 있도록 격려하였다.	상호작용 (관찰하기, 격려하기)
	안전 지원 (유아가 미끄러지지 않도록 방석 바닥에 미끄럼 방지 스티커 부착)

신체놀이 지원 실제

놀이	보자기로 놀이해요	활동연령	만 4세

유아들이 보자기의 부드럽고 미끄러운 촉감을 활용하여 보자기 썰매놀이와 공 던져 올리기 놀이를 하였다.

"얘들아 누가 빨리 가나 시합하자!"

"나는 너무 힘이 없어서 앞으로 안 나가는데…… 선생님, 저 좀 끌어 주세요."

"우리 짝 지어서 공 던져 올리기도 해 보자."

교사의 놀이지원 실제	편성 및 교수학습
유아들이 보자기의 미끌미끌한 촉감을 이용하여 썰매타기 놀이를 하며 혼자 힘으로 나아가기, 서로 끌어 주기, 친구와 빨리 가기 시합을 하며 즐거워하였고, 짝을 지어 공 던져 올리기 놀이를 하며 함께 박자를 맞추어 공이 떨어지지 않도록 집중하고 협력하는 모습을 보였다. 한 유아가 썰매가 나가지 않아 도움을 요청하여 교사가 끌어 주며 놀이에 참여하였다.	상호작용 (관찰하기, 놀이 참여)

신체놀이 지원 실제

놀이	제기차기	활동연령	만 5세

유아들이 우리 고유의 명절에 많이 접하는 제기차기 놀이를 하며,
한 발 차기, 앞으로 차기, 뒤로 차기 놀이를 해 보고, 친구와 많이 차기 시합드 하였다.

"나보다 많이 찰 수 있는 사람 나와 봐!"

"나는 발이 아파서 실내화 신고 찰래."

"우리 제기 직접 만들어서 놀아 볼까?"

교사의 놀이지원 실제	편성 및 교수학습
다양한 방법으로 제기차기 놀이를 하던 유아들이 플라스틱 병뚜껑을 이용하여 직접 제기를 만들고 싶어 하여, 교실로 장소를 이동 후 만들기 재료를 제공해 주고 제기를 만들 수 있도록 방법에 도움을 주었다.	상호작용 (관찰하기)
	활동, 자료의 변화 (유아가 원하는 활동으로 확장, 만들기 자료 지원)

참고문헌

강원유아교육진흥원(2020). 유치원 1급 정교사 자격연수 놀이중심 교육과정 실천 사례.

경기도(2019). 놀이 2018 유아교육, 놀이로 풀다.

고문숙, 임영심, 황정숙(2006). **영유아 놀이지도**. 경기: 양서원.

고여훈, 엄정애(2010). 유아들의 거친신체 놀이 양상과 이에 영향을 주는 요인. **아동학회지, 31**(4), 75-90.

교육부, 보건복지부(2019). 개정 누리과정 해설서.

권지연(2002). 유아의 인지 양식와 성격에 따른 놀이스타일의 차이. 동덕여자대학교 대학원 석사 학위논문.

권혜진 외(2016). **아이와 교사가 즐거운 놀이지도**. 경기: 양서원.

김경철, 장연주(2016). **놀이지도**. 경기: 양성원.

김나영, 윤호열(2008). **영유아 운동놀이 프로그램**. 경기: 양서원.

김명순(2018). 아동의 놀이할 권리 보장을 위한 정책과제. **보건복지포럼, 259**, 57-75.

김민선(2020). 유치원 1급 정교사 자격연수 놀이중심 교육과정 실천 사례.

김수영, 김수임, 정정희(2007). **놀이지도**. 경기: 양서원.

김은영 외(2019). 누리과정 개정 정책연구. 수탁보고 2019-03. 서울: 교육부.

김현자, 노희연, 이윤경, 이 영(2016). 놀이지도. 서울: 동문사.

남효순, 신지혜, 전선영(2020). 예비 영유아교사를 위한 놀이지도. 경기: 어가.

박정연, 이성희(2009). 부모의 양육태도와 유아의 놀이성과의 관계. **Montessori교육연구, 14**(1), 40-57.

김수희

박정옥, 김미량, 김수희(2017). **영유아 놀이지도**. 경기: 양서원.

박찬옥, 정남미, 곽현주(2012). **놀이지도**. 서울: 정민사.

박찬옥, 정남미, 곽현주(2018). **놀이지도**. 경기: 양성원.

박찬옥, 정남미, 곽현주(2020). **놀이지도**. 경기: 양성원.

보건복지부, 교육과학기술부(2013). 3~5세 연령별 누리과정 교사용 지침서.

서울특별시교육청(2017). 유치원 교육과정 및 유아평가.

손승민, 박인영, 김미옥, 이순희(2020). **놀이지도**. 서울: 공동체.
손혜숙, 김연희, 이승숙(2020). **놀이지도**. 서울: 정민사.
송혜린, 신혜영, 신혜원, 조혜진(2012). **놀이지도**. 서울: 다음세대.
신유림 외(2014). **놀이지도**. 서울: 창지사.
신은수, 김은정, 유영의, 박현경, 백경순(2011). **놀이와 유아교육**. 서울: 학지사.
신은수, 박현경(2006). 쌓기 영역의 교재교구를 활용한 구성놀이가 유아의 공간조망능력에 미치는 효과. **사회과학연구, 12**, 117-132.
심성경, 백영애, 이영희, 함은숙, 변길희, 김나림, 박지애(2017). **놀이지도**. 경기: 공동체.
오미경, 이은미, 송윤이, 황은순(2016). **놀이지도**. 경기: 공동체.
오연주, 박애순, 최전화, 이명윤(2020). **놀이지도**. 서울: 창지사.
유호순, 김희태(2014). **놀이지도**. 서울: 한국방송통신대학교 출판부.
이미경(2014). 놀이의 형태적 특성에 의한 어린이 도서관 공간디자인 연구. 이화여자대학교 디자인대학원 석사학위논문.
이성한, 이귀숙, 하진희, 문형은, 하연희(2014). **놀이지도**. 서울: 동문사.
이숙재(2006). **유아를 위한 놀이이론과 실제**. 서울: 창지사.
이숙재(2009). **유아를 위한 놀이의 이론과 실제**. 서울: 창지사.
이순형 외(2014). **놀이지도**. 서울: 학지사.
이춘복, 황소형, 신희의, 정정란, 구현아, 김희제(2017). **영유아교사를 위한 놀이지도**. 서울: 창지사.
임재택, 하정연, 조채영(2002). **선생님! 바깥놀이 해요**. 서울: 양서원.
전남련, 최진원, 권경미(2007). **놀이지도**. 경기: 학현사.
조연경(2006). 구성주의 접근법을 통한 모래놀이에서 유아의 과학적 개념 및 태도의 변화. 성신여자대학교 대학원 석사학위논문.
지성애(1994). **유아놀이지도**. 서울: 정민사.
지성애, 채영란, 신금호, 박희숙, 박유영(2015). **놀이지도**. 경기: 정민사.
최석란(2020). **놀이지도**. 서울: 동문사.
최석란, 이경희, 이상화, 서원경(2006). **놀이지도**. 경기: 공동체.
충남유아교육진흥원(2020). 2020 상설연구학교 보고서.
하정연, 좌승화, 조채영(2016). **영유아 놀이지도**. 경기: 공동체.

Bateson, G. (1955). Atheory of play fantasy. *Psychiatric Research Reports, 2,* 39-51.
Berlyne, D. E. (1960). *Conflict, arousal and curiosity*. New York: McGraw Hill. & E. Aronson.
Chaillé, C., & Britain, L. (2000). **유아과학교육의 구성주의적 접근**(이종희, 김선영 공역). 서울:

교육과학사. (원서 1991 출판)

Fantuzzo, J., & Sutton-Smith, B. (1994). Assessment of preschool play interaction behaviors in young low-income childres: Penn Interactive Peer Play Scale. *Early Childhood Reserch Quarterly*, 10, 105-120.

Frost, J. L., & Klein, B. L. (1979). *Children's play and playgrounds*. Boston: Allyn and Bacon.

Garvey, C. (1977). *Play*. Cambridge, MA: Harvard University Press.

Hughes, F. P. (2010). **유아의 놀이와 발달**. 김수영, 김수임, 허선자 공역. 서울: 창지사.

Hughes, M., & Hutt, C. (1979). Heart-rate correlates of childhood activities: Play, exploration, problemsolving and day dreaming. *Biological Psychology, 8,* 253-263.

Hutt, C., Tyler, S., & Christopherson, H. (1989). *Play exploration and learning: A natural history of the preschool.* London: Routledge.

Johnson, J. E., Christie, J. F., & Yawkey, T. D. (1999). *Play and early childhood development*. New York: Addison Wesley Longman, Inc.

Johnson, J. E., Christie, J. F., Wardle, F. (2005). *Play development and early education*. New York: Pearson, Allyn and Bacon.

Kamii, C., & DeVries, R. (1992). **물리적 지식활동**(이경우, 문미옥 공역). 서울: 창지사. (원서 1978 출판)

King, N. R. (1979). Play: The kindergartners' perspective. *The Elementary School Journal, 80*(2), 81-87.

Liebeman, J. (1977). *Playfulness: It's relationship to imagination and creativity*. New York: Acdemic Press.

Lindberg, L., & Swedlow, R. (1985). *Early Childhood education: A guide for observationandparticipation.* Boston, MA: Allyn and Bacon.

Mitchell, E. D., & Mason, B. (1948). *The theory of play*. New York: Barnes.

Parten, M. B. (1932). Social participation among preschool children. *Journal of Abnormal and Social Psychology, 27,* 243, 243-269.

Rubin, K. H., Fein, G. C., & Vandenberg, B. (1983). Play. In P. H. Mussen (ED.), *Handbook of child psychology* (4th ed.). New York: Wiley.

Rubin, K. H., Fein, G. G., & Vandenderg, B. (1983). Play. In. E. M. Hetheringtion (ed.), Socialization, personality and social development. *Handbook of Child Psychology.*

Seefeldt, C. (1987). *The early childhood curriculum: A review of current research.* New York & London: Teachers College, Columbia University.

Smilansky, S. (1968). *The effects of sociodramatic play on disadvantaged preschool children.* New York: Wiley.

Tizard, B., Philips, J., & Plewis, L. (1976). Play in preschool centers. Play measures and their relation to agr, swx and IQ. *Journal of Child Psychology and Psychictry, 17*, 251-264.

의왕시육아종합지원센터 https://www.uweducare.or.kr

제주유아교육진흥원 https://www.jjkids.go.kr/jjkids

찾아보기

〈인 명〉

〈내 용〉

ㄱ

저/자/소/개

■ 이신주

신라대학교 대학원 교육학박사
현, 수성대학교 유아교육과 교수
　2019 개정누리과정 전문 강사요원
〈논문 및 저서〉 영유아 언어교육, 놀이지도 외 다수

■ 김경아

강원대학교 교육학박사 수료(유아교육)
전, 경북전문대학교 사회복지과 겸임교수
현, 어린이집 원장
〈논문 및 저서〉 숲 유치원 연구방법 외 다수

■ 김경림

강원대학교 대학원 교육학박사
현, 경북전문대학교 사회복지과 겸임교수
〈논문 및 저서〉 유아수학교육 외 다수

■ 김태경

부산대학교 대학원 교육학박사
현, 수성대학교 유아교육과 교수
〈논문 및 저서〉 유아과학교육, 놀이지도, 영유아프로그램 개발과 평가 외 다수

■ **김혜영**

한남대학교 사회문화행정복지대학원 아동복지학과 석사
일본 다마미술대학교 대학원 미술연구과 석·박사
현, 대전과학기술대학교 아동보육과 교수
〈논문 및 저서〉 보육교사인성론 외 다수

■ **윤미경**

강원대학교 교육학박사 수료(유아교육)
전, 경북전문대학교 사회복지과 겸임교수
〈논문 및 저서〉 교사의 전문성 인식과 교수 효능감 외 다수

■ **허은경**

충북대학교 대학원 문학박사(아동복지학 전공)
현, 충북보건과학대학교 사회복지과 외래교수
위캔어린이집 대표
〈논문 및 저서〉 부부간의 상호작용과 결혼만족도 및 신체적 · 심리적 건강: 자기효과와 상대방효과 외 다수

놀이지도

1판 1쇄 인쇄 — 2021년 2월 5일
1판 1쇄 발행 — 2021년 2월 10일

저 자 - 이신주 김경아 김경림 김태경 김혜영 윤미경 허은경
발 행 인 - 강철원
발 행 처 - 양성원
주 소 - 경기도 파주시 검산로 173번길 29-20
전 화 - 031-946-3861(代)
팩 스 - 031-946-3864
이 메 일 - tnwpub@naver.com
홈페이지 - tnwpub.co.kr
출판등록 - 2015년 8월 31일 제 2015-000211 호

ISBN 979-11-6126-341-0

정가 20,000원